KB208765

괴물들

Monsters

괴물들
숭배와 혐오, 우리 모두의 딜레마

클레어 데더러 지음
노지양 옮김

괴물들: 숭배와 혐오, 우리 모두의 딜레마

발행일. 2024년 9월 30일 초판 1쇄
2025년 3월 25일 초판 5쇄

지은이. 클레어 데더러
옮긴이. 노지양
디자인. 6699프레스
펴낸이. 정무영 정상준
펴낸곳. (주)을유문화사

창립일. 1945년 12월 1일
주소. 서울시 마포구 서교동 469-48
전화. 02-733-8153
팩스. 02-732-9154
홈페이지. www.eulyoo.co.kr

ISBN. 978-89-324-7523-3 03300

• 책값은 뒤표지에 있습니다.
• 잘못된 책은 구입하신 곳에서 바꾸어 드립니다.

나의 가장 좋은 선생님들이었던
루 바캇과 윌 바캇에게

자기 자신에게 언제라도 물어야 하지만 묻지 않는 것.

나는 괴물인가 혹은

이것이 곧 인간이라는 의미인가?

클라리시 리스펙토르

예술 작품을 두고 의견을 제시하는 것이
항복하는 것보다 더 유혹적인 법이다.
예술이 요구하는 이 항복은 관대함 혹은 사랑에 가깝다.

셜리 해저드

이 책은 도대체 어떤 결말로 끝이 날까. 호러 소설을
읽는 것처럼 마음이 울렁거렸다. 그간 말로도 글로도
차마 꺼내지 못했던 내 속내들이 책 곳곳에서
우수수 떨어졌다. 가제본을 읽을 때 나의 취미는 인상
깊은 글귀를 복사해 내 메일함에 저장해 놓는 일인데,
빼곡히 다섯 장을 채웠다. 당혹스러우면서도 통쾌한
미스터리 같은 이 책을 서둘러 읽어 보라고
권하고 싶은 몇 명의 친구, 작가들이 선뜻 떠올랐다.

엄지혜(작가, 『태도의 말들』 저자)

도덕적, 법적, 윤리적 경계에서 추락해 버린 천재 괴
물 혹은 괴물 천재를 다룬 경우는 적잖이 있어 왔다.
그러나 저자는 가행과 범죄의 얼룩을 나열하는 데
그치지 않고 그들의 작품에 생의 감수성을 빚진 우리
의 복잡한 심정을 솔직하게 바라봄으로써 스스로를
차별화한다. 특히 예술가들의 이토록 얼룩진
작품들을 끝내 버리지 못하는 이유를 파헤치고
거듭해 톺아 보는 과정은 기막힐 정도로 집요하다.

윤혜정(국제갤러리 이사, 『인생, 예술』 저자)

세상은 젠더든 계급이든 하나의 모순으로만 이루어져
있지 않다. 일반론, 보편성, 일관성으로는 아무것도
설명할 수 없다. 이것이 이 책의 딜레마에 대처하는
맥락적 지식이다. 맥락적 지식은 수용자의 위치성,
발화의 발신지(장소성), 수용자와 사회가 맺는 상황을
반영하는 국지적 지식을 의미한다. 그리고 각자의

맥락적 지식들이 공론장에서 경합하는 것이
팬의 딜레마를 '해결'하는 방법이라고 생각한다.

정희진(〈정희진의 공부〉 편집장, 문학박사)

어떤 관점을 더 잘 알게 되는 것과 그 관점을
정당화하는 것은 매우 다르며, 생각을 생각으로
남겨두는 것과 행동으로 옮기는 것 사이에도 대단히
큰 차이가 있다. 외면할 수 없는 진실은 이것이다.
가장 사악한 생각조차도 평범하다는 것, 인간은 때로
악에 매혹된다는 것. 나는 어둡고 비열한 이야기가
삭제된, 표백된 윤리적 세계가 아닌 자기 안의
가해자성을 들여다보느라 스스로 분열하는 세계에서
안전함을 느낀다. 이 책이 바로 그런 공간이었다.

하미나(『미쳐있고 괴상하며 오만하고 똑똑한 여자들』 저자)

우리가 우리 안의 괴물성을 안고 살아가야 하는
것처럼, 타인의 괴물성과 마주해서도 그것을
어떻게든 다루어야 한다. 단순히 '취소'를 누르는
것만으로는 괴물도, 괴물에 대한 우리의 갈 곳 잃은
감정도 사라지지 않는다. 우리가 가진 얼룩으로
계속해서 이런 질문과 담론을 만들어 가는 일이
중요할 것이다. 무엇보다 우리는 희망한다.
우리의 사랑이 그들의 권력이 되지 않기를.

한정원(시인, 『시와 산책』 저자)

이 책에 쏟아진 찬사

눈부시다. 폴란스키나 피카소, 헤밍웨이, 우디 앨런, 마일스 데이비스 등의 작품을 좋아한다면 데더러의 굴곡진 여정을 함께하는 것이 자신에게 줄 수 있는 최고의 선물이 될 것이다.

『타임』

깊은 사유와 자기 성찰이 담긴 작품으로, 불가능을 가능케 하는 훌륭한 책이다. 데더러는 괴물 같은 자신과 그 잠재력, 그리고 그것이 아름다움과 파토스와 함께 존재할 수 있는 방식을 마주함으로써 자신을 형성한 예술에 대한 사랑을 받아들이게 된다. 그녀는 자신이 사랑하는 것을 사랑하라고 말한다. 그것은 누구에게도 변명의 여지가 없다.

『뉴요커』

대화하는 듯하고 명확하며 대담하면서도 강압적이지 않다. 데더러는 비판적 통찰력을 보여 준다. 도덕이 강조되는 이 시대에 열린 마음으로 이러한 주제에 접근하는 데더러의 본능은 찬사받을 만하다.

『월스트리트 저널』

지적인 만족감을 선사하는 올해 최고의 논픽션 도서

『타임스』

저자는 절벽 아래 휘몰아치는 바닷속으로 과감히 뛰어들어 첨벙거리며 젓는 것을 두려워하지 않는다.

『뉴욕 타임스』

기사를 각색한 수많은 논픽션 책과 달리, 『괴물들』은 하나의 논제를 수백 페이지에 걸쳐 길게 늘어놓지 않는다. 오히려 자신의 주장을 종잇조각처럼 구겨 버리고 새롭게 시작하려는 사람의 글을 읽는 일은 정말 짜릿하다. 그녀는 자신의 가정에 끊임없이 도전하고, 자신의 생각에서 결함을 찾는 데 그치지 않고 기꺼이 도전한다.

『샌프란시스코 크로니클』

데더러는 나쁜 짓을 한 사람들의 예술에 대해 어떻게 생각할 수 있는지에 대한 생생하고 개인적인 탐험을 제시한다. 불편하고 속상한 쪽으로 기울더라도 옳고 그름, 선과 악으로 쉽게 평면화될 수 있는 주제에 대해 거대하면서도 미묘한 대화를 펼친다.

『배니티 페어』

최근 몇 년간 읽은 평론 중 가장 훌륭하다. 소름 돋을 정도로 날카롭고, 적재적소에 알맞은 의문을 제기하며, 매우 진지하고 어려운 주제인데도 읽기가 즐겁다. 내가 관심 갖는 모든 주제를 물어보고 싶다.

닉 혼비(소설가)

일러두기

1 인명, 지명 등의 외래어 표기는 기본적으로 국립국어원의 외래어 표기법을 따랐으나, 일부 관례로 굳어진 표기는 예외로 두었다.

2 책·잡지·신문은 『 』, 글이나 시는 「 」, 영화·앨범·미술 전시, TV 프로그램 제목은 〈 〉, 노래 제목은 ' '로 표기했다.

3 본문 중 고딕체는 원서에서 이탤릭체나 대문자로 강조한 부분이다.

4 본문의 각주는 옮긴이 주, 미주는 저자 주다.

차례

괴물들

Monsters

프롤로그

아동 성폭행범

로만 폴란스키

이 모든 것이 시작된 날을 정확히 기억한다. 2014년 봄비가 내리던 어느 날, 나는 소름 끼치도록 끔찍한 천재를 상대로 외로운 전쟁, 솔직히 상상 속의 전쟁을 치르고 있었다. 당시 내가 쓰던 책을 위해 로만 폴란스키란 사람에 대해 조사를 하다가 그의 극악무도함에 질려 잠시 정신을 차릴 수가 없었다. 가히 기념비적이었다. 그랜드 캐니언처럼 규모가 압도적인 데다 골짜기가 한없이 깊어 약간 어리둥절하기까지 했다.

1977년 3월 10일—나는 지금 이 날짜를 외워서 쓰고 있다—로만 폴란스키는 서맨사 게일리를 자기 친구 잭 니컬슨의 할리우드 힐스 집으로 데려왔다. 그는 서맨사를 자쿠지로 데리고 가 옷을 벗게 한 다음 퀘일루드[1]를 먹였다. 잠시 후 그는 서맨사가 앉아 있던 소파로 가서 그녀의 질에 삽입을 하고 그녀의 몸을 뒤집어 항문에 삽입을 한 후에 사정했다. 이 모든 세부 사항들을 종합한 후 매우 단순한 사실 하나만이 남겨졌다. 열세 살 소녀가 항문 강간을 당함.

그러나 여기서 잠깐. 나는 폴란스키의 중죄를 익히 알고 있으면서도 여전히 그의 작품을 소비할 수 있었다. 아니 소비하고 싶었다. 2014년 봄과 여름에 그의 영화 몇 편을 보았고, 그 작품 자체의 미학에 몰두한 나머지 그의 범죄에 휘둘리지 않을 정도였다. 나는 이 사람의 작품이나 이 사람을 사랑하지 않아야 했다. 다들 그에게 분노하며 그의 작품을 불매하고 소송을 걸고 있었다. 그럼에도 나는 내 거실에 앉아서 그의 작품 〈혐오Repulsion〉, 〈악마의 씨Rosemary's Baby〉, 〈차이나타운Chinatown〉을 보고 있었다.

이보다 더 아늑하고 안전한 공간을 상상할 수 없을 것이었다. 우

1　최면성 진정제

리 집은 범죄라고는 한 건도 일어나지 않은 섬의 한가운데에서도 산림 지역 한가운데의 들판 한가운데에 있었다. 거실은 남향이라 태평양 연안 북서부의 우중충한 오후에도 해가 잘 든다. 모양이 제각각인 가구들이 너무 질서정연하지 않게 놓여 있고—솔직히 약간 낡은 느낌으로—벽면은 책과 그림으로 가득하다. 어쩌면 문화업계 종사자, 적어도 문화 향유자들의 생활 공간으로 국제 공인을 받을 만한 집이라고도 할 수 있었다. 이 방의 모든 사물, 특히 벽을 가득 메우고 있는 책들은 인간의 문제는 신중한 사고와 깊은 통찰에서 나온 윤리 의식만 적용하면 풀 수 있을 거라고 말하고 있었다. 그러니까 전형적인 인문학도의 방이다. 약간만 더 과장해 본다면 계몽주의가 직접 하사한 방이라고 부를 수도 있을 터였다. 방 하나가 많은 것을 말해 주기도 하는데 특히 모든 책장이 이케아 제품이었을 때 짐작 가는 것들이 있다. 하지만 한 가지는 확실해 보인다. 이 방에서는 모든 것이 인간의 사고로 치료될 수 있다.

그것이 내가 자리를 잡고 로만 폴란스키 영화를 볼 때 내 머리에 자리 잡고 있던 사고의 틀이었다. 그래, 이제부터 로만 폴란스키의 문제를 풀어 보자. 너무도 끔찍한 일을 저지른 인간을 사랑하는 문제에 관해 생각해 보자. 나는 의식 있는 소비자이자 바람직한 페미니스트가 되고 싶었지만 그와 동시에 예술이라는 세계의 시민이고 싶었고 교양 없는 속물의 반대편에 서고 싶었다. 나에게 이 문제, 이 수수께끼란 쌍둥이처럼 닮았으면서도 모순적인 기준 앞에서 무엇이 올바른 행동인지 밝혀내는 것이었다. 이 문제는 해결 가능하다고 확신했다. 다각도로 생각해 보면 반드시 답은 나올 터였다. 나는 폴란스키의 초기작부터 시작하기로 하고, 그가 미대를 졸업하기도 전에 만든 데뷔작 〈물속의 칼Knife in the Water〉을 보았다. 이 영화는 대학교 때

처음 보고 두려움에 몸서리를 쳤는데 그것이 전부는 아니라 혼란스러웠다. 영화는 너무 예쁘고 너무 무서웠다. 이번에도 여전히 그렇게 느껴졌다. 그다음에는 중기 작품들인 〈테넌트The Tenant〉, 〈악마의 씨〉, 〈차이나타운〉으로 넘어갔다. 모두 이전에 여러 번 본 영화들이었다. 폴란스키의 범죄를 자세히 알게 된 지금 이 영화에 대한 나의 평가가 180도 바뀔 것이라 예상했으나 그런 일은 일어나지 않았다. 그 지식은 그냥 어딘가에 떠돌고 있을 뿐이었다.

1960년대와 1970년대에 발표된 소위 그의 명작들을 지나 이제 좀 더 최신작으로 들어갔다. 〈유령 작가The Ghost Writer〉는 그의 광팬이나 일부 영화광을 제외하고는 보지 않았을 법한 영화였다. 영화 속 유령 작가인 이완 맥그리거는 전 영국 수상 피어스 브로스넌의 자서전 작업을 의뢰받는다. 하지만 이 영화는 이 단순한 줄거리로 예상할 수 있는 영화가 아니다. 전형적인 심리 스릴러였어야 할 영화는 폴란스키의 손안에서 더 기이해지고 더 훌륭해진다. 사실 이 영화의 첫 장면을 보자마자 나는 혼란에 빠져들어 말문이 막혔다. 너무 좋아서였다. 저 장면은 왜 저렇게 근사하고 왜 저렇게 마술적이지? 사실은 굉장히 단순한 장면이다. 여객선 갑판으로 들어가는 열린 문 앞에 자동차 한 대가 서 있을 뿐이다. 하지만 불길하고 음산하며 위협적이다. 지금 이 글을 쓰면서도 그 장면을 머릿속으로 그릴 수 있고, 그 강렬하고 반박할 수 없는 아름다움을 느끼고 있다.

어떤 면에서는 그 폴란스키적 순간에서 그의 영상미학의 위대함을 체감할 수 있었다. 이는 〈차이나타운〉의 그 유명한 로스앤젤레스강 장면도 아니고 〈악마의 씨〉와 함께 자주 언급되는 '초콜릿 쥐' 장면도 아니다. 〈혐오〉의 카트린 드뇌브가 네글리제를 입고 복도를 기어가는 장면도 아니다. 그다지 유명하지 않은 영화의 유명하지 않은 장면이었으나 여전히 나를 떨리게 했다. 폴란스키 영화에서는 버려도 되는 장면들 또한 단단하게 빛난다. 그를 폄하하는 사람들 앞에 던져진 진주와 같다.

그의 범죄를 용서했기에 그의 영화를 사랑한다는 것이 아니었다. 용서 같은 건 일어나지 않았다. 그 사건이 일어난 시대적 조건과 개인사를 이해한다 해도 마찬가지였다. 당시에 성인 남성과 십 대 소녀와의 섹스는 지금과는 달리 정상적인 일처럼 취급되면서 영화나 음악의 소재로 사용되기도 했다. 시간이 지나 피해자 게일리는 그를 용서한다고 말한 바 있고, 폴란스키 또한 어떤 면에서는 환경의 피해자로 어머니는 아우슈비츠의 가스실에서 죽었고 아버지는 포로수용소로 끌려갔다. 그의 아내와 태아는 맨슨 패밀리에게 살해되었다. 폴란스키의 인생에 드리운 비극을 부정할 수는 없다. 결국 20세기를 대표하는 두 비극이 그에게, 한 개인에게 일어났다. 그래도 이런 맥락을 모두 파악하고 있다고 해서 용서 쪽으로 마음이 기울지는 않았다. 이 문제를 앞뒤로 꼼꼼히 따져 보니 참작이 되어 그의 범죄가 그렇게까지 최악은 아니었다고 결정 내린 것도 아니었다. 사실 나는 그의 영화가 그저 훌륭했기 때문에 더 보고 싶었다.

나는 스스로에게 폴란스키는 천재이고 그것이 문제 해결의 전부라고 말했다. 하지만 영화를 보면 볼수록 찌릿한 통증에 가까운 불쾌한 느낌을 무시하고 넘어갈 수 없었다. 아니 진실을 말하자면 찌릿한 통증 이상이었다. 내 양심이 나를 방해하고 있었다. 폴란스키의 죄라는 망령이 이 방을 떠나지 않았다.

그제야 나는 생각만으로 로만 폴란스키의 문제를 해결할 수 없음을 알았다. 시인 윌리엄 엠프슨은 인생이란 결국 분석으로 풀 수 없는 모순 사이에서 자신을 지키는 일의 연속이라고 했다. 나도 그 모순 한가운데에 있었다.

폴란스키의 영화가 형편없었다면 그는 관객에게 아무 고민거리도 아니었을 것이다. 그저 블랙홀이 되어 버린 수많은 남자 중 한 명이었을 것이다. 하지만 그렇지가 않다.

현대 인물들 중에서 명징한 괴물성과 명징한 천재성이라는 두 가지 힘을 평등하게 만들어 조화를 이룬 인물은 한 명도 없다.

폴란스키는 세기의 명작이라 불리는 작품 중 하나인 〈차이나타운〉을 만들었다.

폴란스키는 열세 살 서맨사 게일리에게 약물을 먹여 성폭행을 했다.

이렇게 화해할 수 없는 두 사실이 존재한다.

이 모순 사이에서 어떻게 나를 온전히 지킬 수 있을까?

나의 푹신한 거실 소파는 점차 가시방석이 되어 갔다. 폴란스키를 두고 대체 뭘 어떻게 해야 할지 몰랐다. 아무리 명확하지 않다 해도 이 일에 대해 무언가를 해야만 한다는 느낌이 들기 시작했다. 결정을 내릴 필요가 있었다.

나에게 지시를 내려 줄 전문가가 있기를 바랐다. 과거 어떤 철학자 중에 한 명이 이 수수께끼를 풀어내지 않았을까. 나는 대학에서 정신사를 공부한 적이 있지만 이 문제를 정식으로 언급했던 철학자는 한 명도 떠오르지 않았다. 어느 날 오후 나의 학부 시절 교수님께 이메일을 보냈다. 그는 정신사학자이기도 하고 양끝이 말려 올라간 콧수염을 기른, 쾌활하고 똑똑한, 데이비드 로지[2] 소설에 나올 만한 캐릭터다. '보내기'를 누른 후에 상상 속에서 내 손을 탈탈 털었다. 존경하는 교수님은 이 까다로운 문제를 단번에 해결해 줄 답을 갖고 계실 것이다.

이제 와 돌아보니 나는 문제가 생기면 본능적으로 거의 항상 백인 남성 전문가를 찾는 나에게 스스로 매료되어 있었던 것 같다. 이 문제를 외주 주고 싶다는, 권위자를 찾고 싶다는 충동이 가장 앞섰다. 이 방면의 권위자 같은 건 없다는 생각은 머리를 스치지도 않았다.

> (나의 메일 전문)
> 교수님 안녕하세요,
>
> 요즘 잘 지내시죠? 갑자기 메일을 쓰는 연유는 근자에 한 가지 질문이 계속 머리를 떠도는데 혹시 교수님께서 도와주실 수 있지 않을까 싶어서입니다.
> 저는 현재 로만 폴란스키에 대한 장문의 글을(아직 책이라고 말하기에는 부끄러워서) 쓰고 있습니다. 폴란스키와 관련된 논점 중의 하나로, 우리가 어떤 아티스트의 작품을 사랑하면서도 그의 도덕성을 혐오하는 문제에 대한 기존의 논문이나 글이 있을 것으로 사료되는데 어디서부터 시작해야 할지 모르겠습니다. 아리아나 허핑턴의 피카소 책 외에요. 교수님이 추천하실 만한 책이 있을까요?
> 안이하게 교수님의 전문성을 빌리고자 하는 저를 넓은 마음으로 이해해 주시기를 바라며.
>
> 존경을 담아 C.

---

2 David Lodge(1935~). 영국 소설가이자 비평가로 학계의 삶을 풍자하는 캠퍼스 소설로 잘 알려져 있다.

음, 교수님은 도움을 주시지 못했다.

그는 역시나 개인사적 문제가 많은 작가인 V. S. 나이폴의 책을 읽어 보라고 제안했고 또 파시스트를 지지했던 위대한 예술가들, 이를테면 에즈라 파운드에 대해 생각해 보라고 답장했다.

이는 내가 원한 답과 거리가 멀었다. 나는 사랑하던 남자 예술가들에게 실망하고 배신당하는 경험을 평생 해 왔다고 해도 과언이 아니다. 존 레넌은 아내를 폭행했다. T. S. 엘리엇은 반유대주의자였다. 루 리드는 폭행, 인종주의, 반유대주의로 비난을 받았다(이런 위반은 사실 상상 불가의 영역은 아니다). 나는 괴물 목록을 작성하고 싶지는 않았다—결국 예술사가 그 일을 해 오지 않았나? 나는 서서히 예술가들이 아닌 팬에 대해 알아내고 싶다는 깨달음에 다다랐다. 폴란스키의 문제는 이제 본인의 문제만이 아니라 내 문제가 되었다. 멀리 아이디어 하나가 깜빡이고 있었다. 관객의 자서전을 쓰고 싶었다.

그런 책은 약간은 불가사의하고 비밀스럽다고 할 수 있다. 정확히 어디에서 일어난 일을 쓰면 되지? 내 머리에서? 책을 읽고 영화 보는 내 거실에서? 음악을 듣는 자동차 안에서? 극장이나 미술관이나 록 클럽에서? 갑자기 이 모든 단조로운 장소들이 드라마 촬영지처럼 보이기 시작했다.

+ + +

내가 관객의 자서전을 정직하게 쓴다면, 괴물 같은 남자들의 작품을 소비하는 사람들에 대해 쓴다면 그 자서전에서는 작품 자체의 탁월함과 범죄의 흉악성이라는 두 요소의 균형을 맞춰야 할 것이다. 누군가 온라인 계산기를 만들어 준다면 얼마나 좋을까. 이용자가 예술가 이름을 입력하면 컴퓨터가 그의 죄질과 작품성을 계산하여 판결을 내린다. 이 창작자의 작품은 소비해도 됩니다, 소비하면 안 됩니다.

계산기는 농담 삼아 해 본 소리고 고려 대상도 아니다. 그러나 우리의 도덕관이 우리의 예술 사랑(역시 독일어로는 이를 나타내는 용어가 있다. 혹은 있다고 들었다. 리베 추르 쿤스트Liebe zur Kunst라고 한다)과 조화를 이룰 수 있어야 하지 않을까. 나는 보편적으로 사용되는 저울, 보편적인 답변이 어딘가에 존재하기를 바랐다. 물론 사람마다 다른 저울을 갖고 있을 것이다. 고등학교 때 집단 성폭행을 당한 친구는 여성을 유린하고 학대한 창작자의 모든 작품이 폐기되어야 한다고 말했다. 청소년기에 예술로 구원받았다고 하는 게이 친구는 작품과 창작자는 완전히 구분되어야 한다고 말한다. 이 두 사람 말이 모두 맞을 수도 있다.

우리는 반드시 우리가 사랑해야 마땅한 것이나 사랑해야 마땅한 사람을 사랑하지 않는다. 우디 앨런은 본인을 변명하기 위해 에밀리 디킨슨의 시를 인용한 것으로 유명하다. “심장은 원하는 것을 원한다.” 오든은 언제나 그렇듯이 같은 말을 조금 더 점잖게 했다. “우리 심장의 갈망은 나선형의 코르크따개와 같으니.” 관객의 심장이 원하는 것 또한 나선형의 코르크따개 같다. 우리는 싫어해야 마땅한 사람들을 계속 사랑한다. 우리는 그 사랑을 스위치 끄듯이 꺼 버리지 못한다.

⁎ ⁎ ⁎

이 질문이 몇 년 동안 나를 사로잡았다. 영화평론가로, 서평가로, 단순히 관객이자 소비자이자 작품의 팬으로서도 그랬다. 아주 오랜 기간, 이 질문은 나만의 사적인 영역이었다. 재미도 있고 책임도 느껴 혼자서 풀어 보는 퍼즐이고 양모 인형 짜기나 축구 게임 같은 취미의 일종이었다. 순전히 개인적인 문제이고, 답변 또한 내 기분, 개별 예술가 및 그의 특정 작품에 따라 달라졌다.

이런 생각은 2016년까지 이어졌고, 그때까지만 해도 우리가 새로운 지형으로 진입할 줄은 꿈에도 몰랐다. 영웅들이 차례차례 쓰러지고 그들의 실패를 목격한 관객들의 반응은 더 이상 사적인 슬픔이 아닌 집단적 분노의 영역이 되었다. 나는 우리의 개인적인 고통이 정치적으로 변모하거나 우리의 세계가 훨씬 더 취약해 보일 줄은 전혀 몰랐다. 이 세상에서 일어나는 잔인한 일들이 앞으로 몇 년간 더 가시화될 것이었다. 마치 무대 왼쪽에서 등장한 악당처럼 시야에 잡힐 것이었다. 물론 이 잔인성은 새롭지 않았다. 이곳에 늘 있어 왔다. 우리 중 일부가 무시하고 있었을 뿐이다.

내가 여전히 폴란스키 마니아라는 정체성에서 벗어나지 못하고 있을 때 〈악마의 씨〉에 대한 라디오 다큐멘터리 제작사 쪽에서 내 의견을 추가해 달라는 요청이 들어왔다. 스튜디오 녹음을 하기로 한 전날 밤에 이 영화를 다시 보았다. 영원 같은 시간이 걸렸다. 나는 침대에 누워 영화를 얼마든지 천천히 보는 사치를 누리며 모든 프레임마다 정지 버튼을 눌렀다. 영상의 형식과 구도에 사로잡혔다. 폴란스키가 존 카사베츠와 미아 패로의 아파트 장면을 바닥에서 촬영한 방식은 관객에게 지옥의 시야를 선사한다. 나는 이 영화의 유머, 미학, 독특한 연기, 여성의 공포를 불러일으키는 방식에 놀랐다.

로즈메리는 시크한 짧은 흰 드레스를 입고 비달 사순 헤어라는 짧고 부풀린 머리를 하고 자신의 불행한 운명 속으로 걸어간다. 그녀는 남편, 의사, 즉 그녀가 믿어야 하는 남성들이 만들어 놓은 길을 가야 한다. 점점 조여 오는 남성 통제의 이 올가미는 자신이 엄마의 역할로만 축소된다고 느낀 여성이라면 누구나 느꼈을 감정이다. 그녀는 점차 자신의 감정이나 직관을 무시하도록 종용받는다. 다시 말해서, 많은 이에게 매우 평범한 경험이 이 영화를 더욱 위협적이고 비범하게 만든다. 로즈메리는 임신으로 건강이 악화되어 체중이 급격히 빠지고 위경련까지 일어난다. 파티에서 친구들은 그녀를 부엌으로 데려간 뒤 남편이 들어오지 못하게 문에 바리케이드를 쳐 놓고 무슨 일이 일어났는지 말해 보라고 한다. 의식 고양 모임이나 미용실에서 볼 법한 여자들끼리의 진실 고백 시간이다. 아프고 핼쑥해진(그녀의 배 안에서 악마가 자라고 있기 때문에) 로즈메리는 식탁 의자에 털썩 앉아서 실은 괜찮지 않다고 고백한다. 여자들은 그녀 주변에 몰려든다. 사실 이 동네 여성들의 꽃무늬 원피스와 완벽한 머리와 인공적인 얼굴들은 전혀 혁명적으로 보이지 않는다. 그러나 그들은 로즈메리를 둘러싸고 공감하는 작은 레지스탕스 군대가 된다. 로즈메리를 토닥여 주고 눈물을 닦아 주고 위로를 해 주고 무엇보다 지금 일어나는 일은 옳지 않다고, 의사와 남편(다시 말해, 남성 기득권층)이 그녀를 다치게 한다고 말한다. 하지만 이 여자들이 떠나자 로즈메리는 다시 가부장제의 거미줄 속으로 들어간다. 그녀의 운명은 봉인된다. 이 영화는 페미니스트들이 열렬히 반대하는 이력을 가진 감독의 작품으로서는 깜짝 놀랄 정도로 페미니즘적 비전을 담고 있다.

영화에 몰입하여 미친 듯이 메모하느라 너무 늦게 잠들었고, 다음 날 아침에 다크서클이 턱밑까지 내려와 있었다. 겨우 침대에서 나와 라디오 스튜디오로 향했다.

〈악마의 씨〉가 영화사상 매우 저주받은 영화 중 하나라는 점은 짚고 넘어가야겠다. 이 영화의 제작 과정과 제작 이후에 끔찍한 사건들이 연달아 일어났다. 개봉 몇 달 전에 영화 사운드트랙 작곡가가 집에서 아이들과 장난하다가 뇌사 상태가 되었고, 이듬해 사망했다. 프로듀서인 윌리엄 캐슬은 1968년 6월 영화 개봉 직후에 신장 결석으로 거의 죽음까지 갔었다. 작가 아이라 레빈은 결혼한 그해에 파국을 맞았고 미아 패로의 결혼도 깨졌다. 그리고 찰스 맨슨이 폴란스키의 임신한 아내를 살해하는 사건이 벌어졌다.

그저 영화를 봤을 뿐인 나 또한 탈 없이 지나가지 못했다. 수면 부족으로 인한 좀비 같은 얼굴로 라디오 방송국에 가기 위해 시애틀 시내를 걸어가다가 발을 헛디뎌 넘어졌고 발목이 심하게 꺾였다. 그 통증으로 인한 충격으로 나는 기절했다. 서 있는 상태에서 기절한다는 것은 이러하다. 넘어짐을 막아 주는 것이 하나도 없다. 따라서 선 상태로 기절하면 그대로 엎어진다. 그러니까 얼굴이 가장 큰 강도로 바닥을 때린다.

정신을 차렸을 때는 사방이 피투성이였다. 내 이가 윗입술을 뚫고 나갔다. 얼굴에는 이전에는 없었던 구멍이 나 있었다. 어떤 것도 그 전에 속한 곳에 있지 않았다.

내 주변에 모인 사람들이 공포로 가득한 얼굴로 나를 내려다봤다. 그 첫 몇 초 동안 그들은 나와는 다른 하나의 나라, 온전한, 부상 없는, 멀쩡한 사람들의 나라에 속해 있었고 나는 다른 나라에, 부러진 인간의 나라에 속해 있었다. 그 순간부터 오랫동안 다른 나라에서 살아야 했다. 나는 도시 한 블록을 내려가는 도중에 넘어졌는데, 그 블록에 처음 발을 디딜 때는 트렌치코트를 입은 주부, 내 집과 아이들과 직업을 책임지는 진지한 중년 여성이었다. 하지만 20미터 후에는 동물이 되어 있었다. 다른 사람들을 두렵게 하는 존재가 되어 있었다.

나는 인도에 엎어져 있었다. 얼굴은 갈라지고 치아는 들쑥날쑥하고 피부는 벗겨진 채로. 〈악마의 씨〉의 저주가 나에게로 내린 모양이었다. 좋든 싫든 나는 내 뮤즈이자 사랑하는 사람, 내 괴물 앞에 무릎을 꿇고 있었다.

1

호명

우디 앨런

일단 목록부터 작성하기로 했다.

로만 폴란스키, 우디 앨런, 빌 코즈비, 윌리엄 버로스[1], 리하르트 바그너, 시드 비셔스[2], 비디아다르 나이폴[3], 존 갈리아노[4], 노먼 메일러[5], 에즈라 파운드[6], 카라바조[7], 플로이드 메이웨더[8]. 잠깐, 운동선수 이름을 거론하기 시작하면 끝이 없으니 여기서 멈추자. 여자들 중에는 없을까? 여자들 목록을 만들다 보면 아무래도 머뭇거려진다. 앤 섹스턴[9]? 조앤 크로퍼드[10]? 실비아 플라스? 자해도 포함시켜야 하는 걸까? 역시나 다시 남자로 돌아가야겠다. 파블로 피카소, 레드 벨리[11], 마일스 데이비스, 필 스펙터[12]. 당신의 목록도 첨가해 보자.

---

1 William Burroughs(1914~1997). 미국 비트 세대의 대표 작가로 아내 조앤 볼머를 총으로 쏴 죽였다.

2 Sid Vicious(1957~1979). 섹스 피스톨즈의 베이시스트. 약에 취해 여자친구의 복부를 칼로 찔렀다.

3 Vidiadhar Naipaul(1932~2018). 2001년 노벨문학상 수상자. 이슬람에 대한 편협한 시각이 담긴 저서를 집필했다.

4 John Galliano(1960~). 크리스티앙 디오르 수석 디자이너로 인종차별적인 발언을 했다.

5 Norman Mailer(1923~2007). 미국의 소설가로, 아내를 펜나이프로 찔러 살해할 뻔한 적이 있다.

6 Ezra Pound(1885~1972). 미국의 시인. 무솔리니와 친분을 과시하고 파시즘에 부역했다.

7 Michelangelo da Caravaggio(1571~1610). 이탈리아의 화가. 술버릇이 고약하기로 악명이 높았고, 살인을 저질러 사형선고를 받기도 했다.

8 Floyd Mayweather(1977~). 미국 전직 권투선수. 가정폭력 및 여러 건의 경범죄 혐의로 유죄 판결을 받은 바 있다.

9 Anne Sexton(1928~1974). 미국의 작가. 우울증으로 인한 자살로 생을 마감했다.

10 Joan Crawford(190?~1977). 미국의 배우. 여러 번 불륜을 저질렀고 자녀 학대 논란이 있었다.

11 Lead Belly(1888~1949). 미국의 가수, 작곡가, 기타 연주자. 폭행죄로 여러 차례 수감되었다.

매주, 아니 매일 새 인물이 추가된다. 찰리 로즈[13], 칼 안드레, 조니 뎁.

이들은 끔찍한 말이나 행동으로 비난받았고 그와 동시에 훌륭한 작품을 만들어 냈다. 이들의 혐오스러운 언행은 훌륭한 작품의 감상을 방해한다. 이들의 훌륭한 작품을 보고 듣고 읽고 싶지만 이들의 과거 행적에 대한 기억은 사라지지 않는다. 수많은 예술가와 창작자들의 괴물 같은 면, 그들의 '괴물성'에 대한 각종 정보가 홍수처럼 밀려든다. 우리는 돌아선다. 역겨움이 워낙 크기 때문에 쉽게 극복할 수 있다. 글쎄…… 항상 그럴까? 그렇지 못하다. 계속 이들의 작품을 보면서 예술가와 작품을 분리하거나 분리하려는 노력을 한다. 그 어느 쪽이든 머릿속이 복잡하다.

생산자와 생산품을 어떻게 구별할 수 있을까? 예를 들어 링 사이클[14]을 감상하기로 결정한 다음 곧바로 의도적인 망각 속으로 들어가면 되는 것일까? (어떤 이들에게는 망각이 더 쉽지만 어떤 이들에게는 그렇지 못하다. 1938년 이후 바그너의 작품은 이스라엘에서는 거의 연주되지 않았다.) 아니면 우리는 뛰어난 천재에게는 특별사면권이 생긴다고, 어떤 행동이든 할 수 있는 자유이용권 같은 것이 주어진다고 믿는 걸까?

우리의 답은 상황에 따라 어떻게 달라지는가? 처벌을 하기도 하고 엄한 판정을 내리기도 하고 관중이 되지 않겠다고 결심하기도 하는데, 이 과정에서 항상 일관된 태도를 유지하는가? 어떤 작품은 창

12 Phil Spector(1939~2021). 음반 프로듀서, 작곡가. 2003년 배우 라나 클락슨을 총으로 쏴 죽였다.

13 Charlie Rose(1942~). 미국의 언론인, 토크 쇼 진행자. 수년간 방송국 여성 부하 직원과 인턴을 성추행했다.

14 Ring Cycle. 바그너의 4부작 음악극 〈니벨룽겐의 반지Der Ring des Nibelungen〉

작자의 범죄로 인해 소비할 수 없는 상태가 되어 버리기도 했다—빌 코즈비의 성폭행 혐의가 제기된 후에 〈코즈비 쇼The Cosby Show〉를 마음 편히 볼 수 있는 사람이 얼마나 있을까? 아니 기술적으로 보지 못하는 건 아니지만 그 쇼를 볼 때 정말로 그 쇼를 본다고 할 수 있을까? 그보다는 우리의 잃어버린 동심의 세계에 잠깐 발을 담그는 정도가 아닐까?

실용주의적으로만 생각하면 간단히 풀 수 있는 문제일까? 이를테면 그 문제의 인물이 아직 생존하고 있어 그 작품을 소비할 때 그가 경제적 이득을 얻는다면 지지를 보류하거나 철회해야 하는 것일까? 우리의 지갑으로 투표권 행사를 하고 있는 걸까? 그렇다면 로만 폴란스키의 영화를 무료 스트리밍으로 보면 어떨까? 혹시 친구 집에서 보면 괜찮은 걸까?

이 질문들은 시간이 흐를수록, 사실 새로운 시대에 진입하면서 더 다급해지고 절실해졌다. 하지만 이 새로운 시대란 무엇인지부터 생각해 보아야 한다. 새로운 시대가 출연한다고 해서 바로 알아보는 것도 아니다. 새로운 시대가 푯말을 들고 서 있지도 않다. 어쩌면 "새로운 시대"라는 표현 자체가 적절하지 않을 수도 있다. 새로운 시대라기보다는 이전까지는 현실을 쉽게 무시해 오던 사람들이 더 이상 무시할 수 없는 현실이 있음을 깨닫는 시대라고 할 수 있다. 그 새로운 현실은 2016년 10월 7일에 분명히 드러났다. 나는 그날 우리 집 거실에 앉아 있었다. 햇살이 내리쬐던 오후와 어두컴컴한 저녁에 죄책감을 느끼면서도 로만 폴란스키의 영화에 몰두했던 그 거실에서 〈액세스 할리우드Access Hollywood〉[15] 영상을 반복해서 보고 있었다.

이는 관중이 되는 특정한 방식이라 할 수 있는데, 이들은 무언가를 강박적으로 보면서 자신들이 눈을 떼지 않는 것만으로도 현실을 바꾸거나 책임감을 갖는다고 생각한다. 두 번의 걸프전과 9/11 때도 그랬고 더 시간을 거슬러 어린 시절 우리 가족이 워터게이트 사건을 보기 위해 TV 앞에 옹기종기 모여 있을 때도 우리 안에 흐르던 생각이었다. 보는 것만으로 무언가 행동하고 있다고 느끼는 것이다.

나는 버터 바른 토스트에 커피를 마시면서 공화당 대통령 후보가 여자의 성기를 움켜잡느니 마니 하고 있는 광경을 지켜보았다. 굳이 자세히 말하지 않아도 무슨 이야기를 하는지 아실 것이다.

이 방송을 보는 나는 혼자가 아니었다. 내 몸 안에 켜켜이 쌓인 기억들, 너무나 많은 여성이 공유하는 기억들과 함께 보고 있었다. 또한 내 안에는 그 기억을 부정하고 싶은 나도 있었다. 그 부정이 너무 깊게 자리하고 있어서,

당신이 스타면 여자의 성기를 움켜잡을 수도 있죠. 뭐든 다 할 수 있어요.

이런 말을 들으면서도 그가 폭력을 묘사하고 있는 줄도 몰랐다. 소셜 미디어에서 이 뉴스에 대한 반응을 훑어보다가 누군가가 "명백히 폭력이잖아"라고 말한 다음에야 폭력일지도 모른다고 생각했다.

그 이상한 뉴스가 보도된 날에 한 가지 좋은 일이 일어났는데, 앞으로 점점 커질 사회 운동의 예고편이 등장했다. 켈리 옥스퍼드의 트위터 피드에서 일어난 일로, 모델이자 베스트셀러 작가인 그녀는 평소 나의 자존심을 건드리는 사람이었다. 저렇게 예쁜데 글까지 잘 써서 베스트셀러 작가가 된다고? 하지만 옥스퍼드는 그날 이런 트윗을 했다. "여성 여러분, 당신이 당한 최초의 성추행을 트위터에 올려

15 미국 일간 연예 전문 프로그램

주세요. 단순히 통계를 내려는 것이 아닙니다. 내가 먼저 시작할게요. 시내버스에서 한 노인이 내 '성기'를 잡고선 웃고 있었습니다. 열두 살 때였죠." 옥스퍼드의 원 트윗에서 가장 인상적인 단어는 "최초"였다. 그 뒤로도 두 번째, 세 번째로 이어지는 목록이 있음을 암시했다.

내게도 첫 경험이 있다. 최초의 성추행은 가족의 친구에게 열세 살 때 당했다. 처음일 뿐이다. 그 후로 두 번의 성폭행 시도가 있었고 거리에서 수차례의 신체적 폭력이 있었으며, 원하지 않은 신체 접촉은 몇 번이었는지 셀 수도 없다. 이후 열네 시간 내내 그 트윗 타래를 눈이 빠지게 들여다보았는데 옥스퍼드는 자신의 첫 성추행을 묘사하는 여성들의 트윗을 백만 개 넘게 받았다. 어떤 시점에서는 1분에 최소 50개의 트윗이 쏟아진 적도 있다. '#미투 운동'이 폭발하기 1년 전이었다.

이 모든 여성은 눈을 비비고 주위를 둘러보며 이렇게 말했다. "흠, 방금 폭력이라고 한 거 나한테 일어났던 일인데." 바위는 뒤집어졌고, 그 밑에 있던 성sex 해충 한 무리가 갑자기 자신들 위로 쏟아지는 햇살에 놀랐는지 우왕좌왕하고 있었다.

그날은 당시 현실이라는 매끄러운 화면 위에 진한 가로선이 하나 그려진 순간처럼 느껴졌더랬다. 분명 오동작이었고, 선거를 끝장낼 만큼의 본인 과오에 의한 오류였다. 당연히 힐러리 클린턴이 당선되고 정상적인 일상으로 돌아올 것이었다. 물론 우리는 새로운 조짐을 느끼고 있었다. 정상적인 일상이 그렇게까지 좋지 않다는 것, 힐러리 클린턴이 당선된다 해도 많은 이에게 점점 더 가혹해지는 현실은 계속될 것이며 자유주의 역시 우리 스스로를 보호하는 데 실패한 계획일 뿐이라는 것 말이다.

그럼에도 나는 이것만큼은 원치 않았다. 우리가 받아들이고 살아온 현실이라는 이 매끄러운 화면에 균열이 나는 것을 원치 않았다. 어쨌든 곧이어 내가 원하는 것이 무엇인지는 중요하지 않게 되었다. 트럼프 시대의 불평과 소음이 우리의 새로운 현실임이 밝혀졌다. 이후 몇 달간 이 녹취 사건은 대통령 후보 트럼프의 당선 가능성에 전혀 영향을 미치지 않으리라는 것이 명백해지면서 이 녹취 테이프의 비윤리적이고 메스꺼운 영향력만 점차 증가했다. 그 불평과 소음 안이 우리가 사는 곳이었다.

그래서 이 소음 한 가운데서, 이 불평의 맥락 안에서 나에게도 끝없는 소음이 들려왔다. 나는 질문하고 또 질문했다. 나쁜 남자들이 만든 훌륭한 작품에 대해 우리는 무엇을 할 수 있을까?

+ + +

하지만 잠깐만 멈춰서 비판적인 글에 자주 등장하는 '우리'가 과연 누구일지 생각해 보자. 우리는 도피용 비상구다. 우리는 가볍다. 우리는 개인의 책임을 은근슬쩍 내려놓는 동시에 손쉬운 권위라는 탈을 쓰는 방식이다. 우리는 타인이 어떻게 생각해야 하는지 자신이 전부 알고 있다고 진심으로 믿는, 중도 남성 비평가의 목소리다. 우리는 부패한 단어다. 우리는 속임수다. 진짜 해야 할 질문은 다음이다. 나는 어떤 예술을 사랑하면서 그 예술가를 미워할 수 있을까? 당신은 할 수 있나? 내가 '우리'라고 할 때의 우리는 '나'를 의미한다. 나 그리고 당신 말이다.

어떤 의미로든 분명히 폴란스키가 더 나빴다. 하지만 우디 앨런은 일반 관객이 자기 탐구를 깊게 하게끔 만든 인물이었다. 창작자의 행위가 창작품의 소비를 방해할 수 있다는 이야기를 꺼낼 때 우디 앨런은 하나의 판단 기준이었다. 거의 모든 사람이 우디에 대한 자기만의 입장이 있었다.

다음은 누군가 실제 했던 말이다.

"〈미드나잇 인 파리Midnight In Paris〉는 정말 황홀한 영화가 맞잖아. 다른 문제들은 마음에서 지우고 싶어."

"아, 난 이제부터 우디 앨런 영화를 보러 가는 일은 없을 거야."

"그의 영화를 보고 자랐다고 해도 과언이 아니야. 그의 영화가 정말 좋아. 아직도 내 삶의 일부야."

"미아 패로가 꾸민 음모 아닌가."

"그 사람 최근작들이 후져서 다행이지. 이제 걱정할 필요가 없잖아." (맞다. 이건 내가 한 말이다.)

수많은 루머와 혐의가 우디 앨런이라는 사람 주변에 파리 떼처럼 윙윙거렸다. 그의 딸 딜런 패로는, 한 형제는 지지하고 한 형제는 부인하는 가운데 앨런이 일곱 살 때 자신을 성추행했다는 주장을 굳게 밀고 나갔다. 우리는 진실을 알지 못하고 앞으로도 알 수 없을지 모른다. 다만 한 가지 명백하게 아는 건 우디 앨런이 그의 파트너 미아 패로의 입양딸이었던 순이 프레빈과 동침했다는 사실이다. 그가 순이와 처음 잤을 때 순이는 고등학생이거나 대학교 1학년 학생이었고 그는 세계에서 가장 유명한 영화감독이었다.

딜런 패로가 제기한 우디 앨런 성추행 혐의에 대해서는 아직까지도 논란이 계속되고 있지만, 나에게는 순이 이야기야말로 앨런 영화에 대한 나의 관점을 흐트러트리고 재정비하게 만든 사건이었다.

개인적으로는 그와 순이의 관계야말로 그가 저지른 가장 치명적인 배신이었다. 어렸을 때 나는 내가 우디 앨런인 줄 알았다. 직감적으로 그가 스크린 위에서 나를 대신하고 있다고 느꼈거나 그렇다고 믿기도 했다. 저 사람은 나야. 이는 그의 천재성 중에서도 독보적인 면이라 할 수 있는데 그에게는 관객이 그와 동일시하게 만드는 탁월한 능력이 있다. 이 동일시가 점점 확대되는 이유 중 하나는 그의 영화 속 페르소나의 무력함 때문이다. 그는 어린아이처럼 키가 작고 삐쩍 마른 데다 이 무심하고 이해할 수 없는 세계 안에서 매 순간 혼란을 느낀다(우디 앨런 이전에는 비슷한 캐릭터로 채플린이 있었다). 나는 어린 소녀가 성인 남자 감독에게 느끼기에는 과도할 정도로 그에게 공감했고 그를 친근하게 느꼈다. 미쳤다고 할지도 모르지만 그와 나는 같은 부류라고, 그는 나에게 속했다고도 생각했다. 그는 우리 같은 사람, 그러니까 여리고 나약한 사람이었다. 그러나 순이 사건 이후에는 어땠을까? 포식자로 보일 뿐이었다.

어떻게 애인의 자녀와 동침을 할 수 있지? 비정상적이고 소름끼치는 인간이 아니면 할 수 없는 일 아닌가. 내 머릿속 우디 옹호자들이 몰려와 무슨 주장을 펼칠지 나도 안다. 첫째 우디는 순이의 아버지가 아니었고, 순이 엄마의 남자친구였을 뿐이라고. 내가 너무 히스테릭한 반응을 보인다고 말할지도 모른다. 하지만 나는 이런 종류의 관계에 대해서 알 만큼 아는 사람이다. 나를 키운 건 엄마와 엄마의 남자친구 래리였다. 그래서 확신을 갖고 말하건대 래리는 내 아버지나 마찬가지였다.

따라서 우디를 보면 내 안의 특정한 지점에서 감정적 반응이 일어났다. 1970년대에 어린 시절을 보낸 나는 내 몫만큼(이 경우 어느 정도의 몫이어야 할까?)의 약탈적 성인들을 경험했고 그들 중에 내

부모는 없었다.

사실 우디가 순이의 아버지가 아니었다는 개념을 받아들이려면 래리와 나와의 관계, 내 인생에서 가장 소중한 관계에 대한 나의 개념 자체를 무너뜨려야 한다. 아마 이것이 우디 앨런과 순이 뉴스를 향한 내 반응을 푸는 열쇠일지도 모른다. 나는 남들보다 더 격하게 반응했다. 왜냐하면 내 삶에는 엄마의 남자친구라는 사람이 있었고 그는 내가 지금까지도 애정을 느끼고 존중하는 분이다. 우디와 순이 이야기, 적어도 그 이야기는 내게 래리와 나 사이라는 어렵고 미묘하고 다치기 쉬운 관계를 왜곡해 버리는 방식으로 다가왔다.

다시 말해서 내 반응은 논리적이지 않다. 감정적이다.

지금은 그 사건으로부터 많은 세월이 흘렀기에, 나는 우디 앨런의 작품 세계를 다시 방문하여 그의 작품에 치명적인 결함이 있었는지 알아보고 싶었다. 그리하여 비가 주룩주룩 내리던 어느 오후에 거실 소파에 엎드려 있다가 사소한 범법 행위를 저질렀다. 〈애니 홀Annie Hall〉을 온라인으로 주문한 것이다. 간단했다. 내 손에 쥐어진 스마트 리모컨의 확인 버튼을 몇 번 누르기만 하면 되었다. 영화가 시작될 때까지 기다리다 과자 봉지에 손을 넣어 몇 개 집어먹기도 했다. 범법 행위치고 드라마적이진 않았다.

검은 화면에 흰 글씨의 크레딧과 타이틀이 지나갔고 그의 오랜 동료인 잭 롤린스, 찰스 H. 조프 같은 이름이 익숙한 서체, 세계에서 두 번째로 세련된 영어 서체로 적혀 있었다(아마도 첫 번째는 『뉴요커*The New Yorker*』의 서체가 아닐까 싶다. 『뉴요커』는 세리프체가 관객의 좋은 취향을 축하해 주는 또 하나의 장소다).

그래서 〈애니 홀〉은 어땠느냐 하면, 좋았다. 이전에 열두 번도 더 본 영화였으나 여전히 나를 사로잡는 매력이 있었다. 〈애니 홀〉은 기발한 명구, 아스테어의 부드러운 신발, 리본에 매달린 헬륨 풍선 같은 영화다. 〈애니 홀〉은 가장 좋은 의미에서 경박하다. 그렇기에 이 영화와 관련해 가장 자주 회자되는 요소가 애니의 옷이라는 점 또한 놀라운 일이 아니다. 남성용 조끼와 타이, 치노 팬츠를 입고 챙 넓은 검은 모자 아래에서 눈을 살짝 내리깔고 있는 애니는 진지한 남자들의 진지한 옷을 훔쳐 입는 도둑이다. 애니는 남자들의 세상에 몰래 들어가 그들이 놓은 덫을 간단하게 망가뜨려 버린다. 힘을 얻기 위해서가 아니라 그저 재미를 위해서다.

스타일이야말로 〈애니 홀〉의 모든 것이라 할 수 있다. 바로 그 점이 이 영화의 천재성이고 우디 앨런의 천재성이다. 영화의 주인공 앨비는 세상의 종말에 대해 끊임없이 떠들지만(앨런은 이 영화 제목을 '안헤도니아'[16]로 하려고 했다), 애니의 터무니없고 조리라고는 없는, 거의 비언어적이라 할 수 있는 세계관이 이 영화를 가볍게 들어 올려 공중에 띄운다. 애니의 미소, 애니의 선글라스, 애니의 의미심장한 흰 슬리브리스 셔츠야말로 애니의 철학이고 애니의 의미다. 그녀의 말 사이 침묵, 단어와 단어 사이 의미 없는 음절은 대사만큼이나 중요하다. "그 사람이 대본에 쓰기 전에는 내 평생 '라-디-다'라는 말을 해 본 적이 없어요. 하지만 나는 문장을 완성할 수 없는 인물이었죠." 키튼은 케이티 쿠릭과의 인터뷰에서 애니 캐릭터가 어떻게 구축되었는지 설명했다. 애니만의 말투는 키튼의 입에서 생명을 얻었지만 그 말투 또한 하나부터 열까지 정교하게 계획되고 세심하게 고조된 대본의 산물이다.

---

16 Anhedonia. 무쾌감증

러브 스토리 또한 앞뒤가 들어맞지 않는다. 이 영화는 사랑을 믿지 않는 사람들을 위한 러브 스토리라 할 수 있다. 애니와 앨비는 만났다 헤어졌다 만난다. 그러다 영원히 헤어진다. 그리고 끝. 그들의 관계는 처음부터 끝까지 별다른 의미가 없고 아무런 가치도 없다.

궁극적으로 애니의 후렴구 "라-디-다"는 이 연애 사업을 지배하는 정신으로, 이 의미 없는 음절이야말로 앨런의 구멍가게 실존주의와 필연적으로 사망에 이르는 사랑에 대한 유쾌한 표현법이라 할 수 있다. "라-디-다"는 무엇을 의미할까. 아무것도 중요하지 않음을 의미한다. 결국 우리는 모든 걸 잡쳐 버릴 텐데 그사이 재미있게 놀자, 이러나저러나 우리 심장은 부서지고 상처받고 끝날 거야, 정말 하찮지 않니?

키튼은 기꺼이 바보로 보이기로 작정했고 앨런은 한없이 가벼운 그녀를 담으며 영화를 제멋대로 만들기로 작정했다. 감독과 배우인 두 사람은 영화 내내 이리저리 흔들린다. 평형을 유지하는 것이 기품이고, 우아함은 완전히 넘어지지 않는 데에 있다.

〈애니 홀〉에서 다이앤 키튼의 연기를 모든 미국 여성이 따라 하려고 시도했지만 죄다 실패했기 때문에 이후 그녀의 연기는 모방 불가능하다는 것이 기정사실화되었다. 스타일이란 쉬워 보이지만 알고 보면 쉽지 않다. 이는 〈애니 홀〉 전반에 걸쳐 관통하는 진실이기도 하다. 모든 것이 쉬워 보이는데 이상하게 하나도 쉽지 않다. 조잡한 형식, 엉뚱한 농담과 애매모호함이라는 감정의 결합, 해피 엔딩의 거부가 성인의 일시적 우정이라는 일반적 느낌을 여기저기 흩뿌리면서 적당한 수준으로 조절된다.

〈애니 홀〉은 20세기 가장 위대한 코미디 영화로 〈베이비 길들이기Bringing Up Baby〉[17]보다, 때로는 〈캐디쉑Caddyshack〉[18]보다 더 그러한데 모든 코미디의 중심에 도사리는 표현할 길 없는 허무주의를 인정했기 때문이다. 그리고 정말 웃기기 때문이다. 〈애니 홀〉을 다시 본다는 건 잠시나마 자신이 인류에 속해 있다는 것을 느끼는 것이다. 이 영화를 보면 소속감을 강매당하는 기분이 든다. 이 조작된 연대가 사랑 자체보다 더 아름다울 수도 있다. 시뮬라크르[19]가 이 시뮬라크르가 흉내 내려는 것보다 더 진짜처럼 느껴진다. 그것이 바로 내가 생각하는 위대한 예술의 정의이기도 하다.

솔직히 항상 인류와 연결되어 있다고 느끼면서 돌아다니지는 못한다. 이는 드물게 찾아오는 기쁨이다. 그리고 이제 나는 이 영화를 만든 우디 앨런이 끔찍한 사람처럼 행동했기 때문에 그 느낌을 버려야 할 것 같다. 하지만 반드시 그래야 할까? 이건 그렇게 정당한 처사는 아닌 것 같다.

앞서 말했듯이 앨런이 대안으로 생각해 둔 〈애니 홀〉의 제목은 '안헤도니아'였다. 쾌감을 느끼는 능력을 상실한 상태를 말한다. 나 또한 근래 쾌감을 경험하는 능력, 특히 예술을 소비하며 얻는 능력이 우울증, 지루함, 산만함 때문에 언제 잃을지 모를 위험에 처해 있다고 느낀다. 그에 더해 이제 창작자의 이력을 고려해야 한다고 한다. 나의 쾌감을 방해하는 예술가의 이력을 늘 염두에 두어야 한다.

〈애니 홀〉을 보고 그다음 주에 전 직장 동료인 세라와 커피를 마

17 캐서린 햅번, 케리 그랜트 주연의 1938년 영화
18 골프장을 둘러싼 인물과 사건을 그린 1980년 영화
19 가짜 복사물

시러 갔다. 우리는 시애틀 캐피톨 힐의 어두컴컴한 카페에서 아이들과 글쓰기에 대해 이야기를 나눴다. 장밋빛 뺨과 영민한 검은 눈을 지닌 세라는 눈보라에 갇힌 용기 있는 개척자들이 나오는 동화책 속 캐릭터와 똑 닮았다. 그러니까 사랑스럽게 합리적인 사람의 표본과도 같다. 내가 지나가는 말로 우디 앨런에 대한 글을 쓰고 있다고, 아니 생각을 해 보고 있다고 말하자 세라는 자기 동네의 작은 헌책 기부 도서관에 온통 앨런이 쓴 책과 앨런에 관한 책들로 가득하다는 이야기를 해 주었다. 그 이야기를 하며 둘 다 웃음을 터뜨렸는데 아마도 여성일 가능성이 매우 높은 분노한 팬들이 책에서 그의 이름을 보는 것조차 참을 수 없어 조그만 다락방 같은 동네 도서관에 그의 책을 내다 버리고 오는 이미지가 바로 연상되었기 때문이다.

우리는 계획을 세웠다. 그 친구가 나를 위해 그 버린 책들을 모두 가져다주면 내가 자료로 쓰기로 했다. 당시에는 생각하지 못했으나 다소 부정한 방식으로 우디 앨런의 책을 얻었지만 돈을 내고 사지 않았으니 이는 윤리적 문제가 제기된 창작자의 작품을 소비하는 완벽한 방법이라 할 수 있었다. 우리는 헤어졌고, 내가 차에 올랐을 때 세라에게 문자 메시지가 한 통 왔다.

"그런데 우디 앨런에 대한 내 감정은 어디다 두고 와야 할지 모르겠네." 문자의 내용이었다.

평소 같으면 이 "감정"이라는 단어가 너무 나약하고 모호하고 여성스럽게 느껴져 거부감이 들었을 수도 있었다. 하지만 세라는 굉장히 지적이고 똑똑한 사람이기에 그녀의 문자를 다시 한번 주의 깊게 읽어 보았다. 세라는 이 시대 깨우친 관중의 전형이라 할 수 있었다. 그녀가 우디 앨런에 대한 감정을 정리하기 어렵다면 나머지 우리 같은 사람들에게 어떤 희망이 있겠는가?

나는 여성들을 대상으로 의견 수집에 나섰다. 또 한 명의 지적이고 똑똑한 친구, 입심 좋고 매력적인 테크 기업 중역인 친구에게 우디 앨런에 대한 책을 쓰고 있다고 말해 보았다. "나, 안 그래도 우디 앨런에 대한 생각이 너무 많아." 친구가 흥분하며 말했다. 우리는 그 친구 집 베란다에서 와인을 마시고 있었고 그녀는 자리를 잡고 본격적으로 이야기를 꺼냈다. "일단 너무 너무 화가 나! 이미 순이 때문에 한 번 열받았는데 또 다른 사건이 터진 거잖아. 그 딸 이름이 뭐더라? 딜런? 딜런 사건이 터졌을 때 그 딸을 대놓고 심하게 비난했잖아. 우디 앨런이 순이에 대해 말하는 방식과 태도도 그래. 자기가 그녀의 삶을 부유하고 윤택하게 해 줬다는 식으로 말하잖아!"

우리는 이런 것들을 감정이라 부른다.

내 친구는 우디 앨런에 대한 생각이 많았다고 했지만 그녀가 말하는 내용은 생각이라고 할 수 없었다. 내 생각에 바로 이것이 괴물 천재의 작품을 고려할 때 우리 중 많은 이에게 일어나는 일이다—우리는 스스로 윤리적 사고를 하고 있다고 말하지만 실은 도덕적 감정을 품고 있다. 우리는 감정에 관련된 단어들을 나열하면서 의견이라고 부른다. "우디 앨런이 한 짓은 잘못된 행동이다." 하지만 감정은 생각보다 어딘가 조금 더 근본적인 곳에서 나온다. 사실은 이렇다. 나는 우디와 순이 이야기를 듣고 기분이 나빴어. 생각하지 않았어. 감정을 느꼈지. 나는 어떤 식으로든 개인적으로 모욕을 당한 기분이었어.

이번에는 내가 어떤 식으로 복잡한 감정을 느꼈는지 알려 주고 싶다. 〈맨해튼Manhattan〉을 다시 보면서였다.

많은 사람과 마찬가지로—얼마나 많을까? 많은 여성일까? 많은 엄마일까? 소녀였던 여성들일까? 도덕에 민감한 사람들일까?—나는 오랫동안 〈맨해튼〉을 보지 못하고 있었다.

물론 어릴 때 본 영화였다. 십 대 때 이 영화를 보고 나서 처음 느낀 감정은 당혹스러움이었다. 이 영화 속에서 그려지는 관계를 신뢰하지 못하고 믿지도 못했다. 영화 전체가 거짓말이나 환상 위에 세워진 것처럼 보였다. 하지만 당시에는 그 감상을 표현할 단어가 내게는 없었다. 그래서 나 자신의 의견을 추측해 볼 수밖에 없었다. 그러면서도 어떤 요소에는 분명 매혹되었다. 거슈윈의 음악이라든가 흑백 화면, 아이작의 세련된 거실로 내려가는 나선 계단, 퀸즈보로 브리지, 침대에서 먹는 중국 음식 같은 것들이 좋았다. 〈맨해튼〉은 결국 맨해튼에 대한 영화였다. 세련된 도시 생활을 열망하는 도시인을 위한 일종의 여행 블로그였다. 〈맨해튼〉을 보며 헤밍웨이에 대한 E. L. 닥터로의 혹평이 떠올랐다. 닥터로는 사후에 출간된 헤밍웨이의 그다지 훌륭하다는 평가를 받지 못하는 소설 『에덴 동산*The Garden of Eden*』을 읽고 이런 리뷰를 썼다. "헤밍웨이가 초기 위대한 소설에서 이룬 업적이 미국 지역 독자들에게 어떤 요리를 주문하고 어떤 술을 선호하고 유럽 하인 계급을 어떻게 다루는지에 대해서나 가르쳐 주는 여행 작가의 작품이었다는 생각에 거의 우울해지기까지 했다." 〈맨해튼〉 또한 교사의 가이드북이다. 이 영화를 보고 있으면 앨런이 자신의 젊고 더 순수한 자아에게 부르주아 소비의 미덕을 교육하고 싶어 하는 것 같은 느낌을 받는다.

그리고 아주 오랜 세월 동안, 족히 몇십 년 동안, 나는 이 영화가 우디 앨런이 감독한 최고의 영화라는 동시대인의 찬사에 동조해 왔다. 그것이 나의 세련된 취향을 나타내고 내가 현실에 발붙인 사람이자 페미니즘이 가진 한계에 얽매이지 않았음을 증명하는 방법이라 여겼다. 길리언 플린이 소설 『나를 찾아줘*Gone Girl*』에서 묘사한 '쿨한 여자'의 문화적 취향 버전이라 할 수 있었다. "남자들은 항상 그 말을 최고의 칭찬으로서 말한다. 그렇지 않나? 그 여자 쿨해. 쿨한 여자라는 건 내가 섹시하고 똑똑하고 풋볼과 포커에 열광하고 야한 농담을 하고 트림을 하고 비디오게임을 하고 싸구려 맥주를 마시고 스리섬과 항문 섹스를 좋아하는 사람이란 뜻이다." 그리고 그 쿨한 여자는 영화 〈맨해튼〉을 좋아하는 사람이겠지. 플린은 쓴다. "남자들은 이런 여자가 존재할 거라 진짜로 믿는다." 여기서 요점은 그런 여자가 존재하지 않는다는 것이다. 그녀는 상상 속의(아니면 그다지 상상 속이 아닌) 남자를 즐겁게 해 주기 위해 이런 것들을 좋아하는 척하는 여자라는 역할을 수행하고 있다—어쩌면 현실 속의 남자일 수도, 그녀 머릿속의 남자일 수도 있다. (클레어 베이 왓킨스는 에세이 『영합에 관하여*On Pandering*』에서 이에 대해 잘 설명했다. "나는 내 마음속에 가부장제의 미니어처 복제품을 만들어 놓았다.") 〈맨해튼〉에 관한 내 태도도 그랬다. 이 영화를 처음 본 후의 내 반응을 내가 신뢰하지 않았고 왠지 생각해야 할 것만 같은 것을 생각했다.

하지만 처음 느꼈던 묘한 불쾌감은 사라지지 않았고 이후로 이 영화를 다시 보고 싶은 마음은 들지 않았다. 한 번도 없었다. 내 취미가 좋아했던 영화 다시 보기인데도 그러했다.

'우디 앨런에 대해 생각하기 프로젝트'를 한창 진행 중이었는데도 이상하게 〈맨해튼〉에는 손이 가지 않았다. (우디 앨런의 광적인 팬은 아니라 〈셀러브리티Celebrity〉는 보지 않았지만) 나는 앨런이 만든 대부분의 영화를 보았고 어떤 시점에서 이제는 〈맨해튼〉도 다시 볼 필요가 있다는 사실에 직면했다.

그리고 그날이 왔다. 다시 한번 소파에 자리를 잡았을 때 1차 코즈비 재판이 열리고 있었다. 2017년 6월이었다.

트럼프 취임 몇 달 후였다. 사람들은 불안해하고 괴로워했는데 여기서 말하는 사람들은 여자들을 말하고 여자들이란 곧 나를 의미한다. 길에서 여자들끼리 눈이 마주치면 고개를 절레절레 흔들고 말없이 걸어갔다. 여자들은 이 상황이 지긋지긋했다. 여자들은 지친 몸을 이끌고 대규모 시위에 나섰다. 페이스북에 장문을 올리고 트위터에 단문을 올리고 분을 삭이며 산책을 다녀와 미국시민자유연맹ACLU에 돈을 기부하면서 생각했다. 왜 내 파트너와 우리 애들은 설거지가 저렇게 쌓여 있어도 손 하나 까딱 안 할까. 여자들은 설거지 패러다임의 해악을 깨닫고 있었다. 여성들은 너무 바빠 급진파가 될 시간도 없었는데 점점 급진파가 되어 갔다. 앨리 러셀 혹실드의 『세컨드 시프트*Second Shift*』[20]가 출간된 건 1989년이었는데, 어찌 된 일인지 2017년에 그때보다 나아진 것이 없다고 느껴졌다. 혹은 그렇게 보였다.

설거지가 내 우울의 원인일 때가 많았다.

내 몸은 평균 체격인 사람이 수용 가능한 최대치의 분노로 채워져 있다고 느끼고 있었는데도 용량을 초과하려는 듯 분노의 감정은 점점 증가했다. 처음에는 여성이자 페미니스트라는 나의 개인적인 입장에서 비롯된 분노였다. 앞서 말했듯이 나는 그 영역에서 특히 심한 모욕감을 느꼈다. 하지만 내 분노는 이제 그물을 더 넓게 드리우고 있었고 벌벌 떠는 사슴처럼 흔들리는 다리로 새로운 대상을 찾아 나섰으니 바로 불평등이 번성할 수 있게 허락하는 이 시스템 자체였

---

20 국내에는 『돈 잘 버는 여자 밥 잘 먹는 남자』란 제목으로 2001년 출간되었다. 가사와 직장 일을 병행하는 여성들의 '2교대 근무' 현실을 살펴보고 대안을 제시하는 내용이 담겨 있다.

다. 트럼프는 급진 우파를 생성하고 있었다. 내가 알던 것과는 다른 방향의 급진파들이 출연했다. 현 상태에 대한 의문을 던진다는 건 불편하고 심지어 어색하기까지 했다.

의견, 감정, 분노가 쏟아졌음에도 불구하고 열린 마음으로 〈맨해튼〉을 재시청하기로 결심했다. 많은 사람이 앨런의 걸작이라 생각하고, 그렇다면 나도 그 의견에 휩쓸릴 준비가 되어 있었다. 오프닝 장면에서 살짝 휩쓸려 갈 뻔했다. 흑백 화면 위로 'Rhapsody in Blue'의 저항할 수 없는 선율에 우스울 정도로 완벽하게 맞춘 점프 컷들이 지나갔다. 영화가 시작되면 아이작(앨런의 캐릭터)이 친구인 예일(농담 아니라 이름이 예일?)과 예일의 아내 에밀리와 커플 데이트를 하러 간다. 앨런이 요즘 만나는 상대는 열일곱 살 고등학생 트레이시다.

정말 무서운 것은 이 장면이 아무렇지 않게 지나간다는 점이다. 노 빅 딜No big deal, 별일 아닙니다. 저는 고등학생과 자는 사람입니다. 물론 우디 앨런의 캐릭터 아이작은 이 관계가 오래가지 않으리라는 것을 알고 있지만 이 관계의 도덕적 함의에 대해서는 크게 고민하지 않는다. 아이작은 우리 엄마가 "낙엽만 굴러도 까르르" 한다고 하는 고등학생과 잔다. 앨런은 윤리적 양면성에 매료되어 있는데 딱 하나 중년 남자와 십 대 소녀의 성관계라는 주제에 관해서는 고뇌하는 모습을 볼 수가 없다. 현대 도덕의 날카로운 관찰자이자 중기 작품에서는 거의 플로베르라 불릴 만큼의 심리 분석의 대가로 알려져 있는 사람이 이 문제에서만큼은 갑자기 바보 멍청이가 된다. 아이작은 이 관계에 대한 자신의 모호한 태도를 몇 마디로 드러낼 뿐이다. "그녀는 열일곱이야. 나는 마흔둘이고, 그녀는 열일곱이라고. 내가 이 친구 아빠보다 늙었어. 믿어지니? 나는 어떤 여자와 데이트를 하는데, 그 여자 아빠와 맞짱을 뜰 수도 있어."

그러나 이러한 대사는 진지하게 이 상황의 도덕성을 추궁한다기보다는 시청자를 무장 해제하기 위한 몸짓에 불과하다. 발뺌의 몸짓이라 할까. 누군가는 앨런이 관객에게 일종의 예술적 그루밍을 하고 있다고 느낄지도 모른다. 심지어 자신에게 하고 있을지 모른다. 괜찮다, 괜찮다 하면 이 일이 기적적으로 괜찮아지기라도 할 것처럼 말이다.

"고등학교 여자애들은 말이다, 못생긴 애들도 예뻐." 고등학교 때 우리 학교의 한 선생님이(성별은 남) 나에게 직접 한 말이다. (나중에 그는 여고생들과 여고생들의 미모에 압도당해 가끔 화장실에 가서 자위를 해야 한다고 말한 적이 있다.)

트레이시의 얼굴, 즉 매리얼의 개방성이 느껴지는 평평한 얼굴은 밀밭과 햇살을 연상시킨다(아이다호의 얼굴이다). 트레이시의 성격 역시 얼굴과 비슷한 느낌으로 매혹적이면서 평범하다. 앨런은 트레이시를 이 영화에서 성인 여성들이 절대 될 수 없는 방식의 착하고 순수한 인물로 그린다. 또한 앨런이 쓴 대본에 따르면 트레이시는 현명하기도 하여 완전히, 기적처럼 신경증으로 고통받지 않는 유일한 여성 캐릭터다.

트레이시는 그 존재만으로 영광스럽다. 오브제와 같은, 비활성 존재다. 과거의 유명한 영화 배우들처럼 그녀의 얼굴은 아이작이 나열한 인생을 살아야 할 이유 중의 하나다. "한 가지씩 대 볼까. 그라우초 막스, 윌리 메이스, 세잔의 사과와 배, 샘 우 레스토랑의 게 요리, 음, 트레이시의 얼굴." (수십 년 만에 이 영화를 보면서 아이작의 목록이 페이스북에 가끔 올라오는 감사 목록과 비슷해서 놀랐다.)

앨런/아이작은 트레이시와의 섹스를 통해 이상적인 세계, 죽음을 망각한 그 세계에 가까이 간다. 트레이시는 단순히 성적 대상이 아니다. 앨런은 훌륭한 감독이기에 트레이시에게도 발언권을 주는데 다행히 트레이시는 머리가 텅 빈 여자가 아니다. "아저씨 걱정이 내 걱정이에요." 트레이시는 아이작에게 관계의 건강함을 확신시켜 준다. "우리 섹스는 정말 좋잖아요." 아이작은 그녀의 말에 비로소 안심한다. 그녀가 구현한 단순한 아름다움을 만끽하면서 죄책감에서 벗어난다.

반면 이 영화의 다른 여성들에게는 그 이점이 없다. 〈맨해튼〉의 성인 여성들은 정서가 불안정하고 죽음을 지나치게 인식한다. 그들은 모든 망할 것을 똑똑히 인식한다. 생각하는 여성은 자기 세계에만 갇혀 있고 몸, 아름다움, 삶 자체와 자꾸만 멀어지려 한다.

〈맨해튼〉에서 다이앤 키튼은 성장해 〈애니 홀〉이라는 성장 소설에서 벗어났다. 메리는 성인 여성이며 배운 사람이다. 앨런은 그녀를 가식과 허세의 화신처럼 묘사한다. 예를 들어 그녀가 '반 고흐'의 'ㄱ'을 마치 콧물이 나올 것처럼 과장된 후두음으로 발음하게 한다. 그녀와 아이작이 전시회 오프닝에서 대화를 나누는 중에 그녀는 특정 작품이 '빼어나다'는 것을 강조한다.

> **아이작: 스틸 큐브가 빼어난가요?**
>
> **메리: 그래요. 나에게는 텍스추얼해 보여요. 무슨 말인지 알아요? 완벽한 통합성과 함께 소극적인 수용 능력을 훌륭하게 보여 주는 작품이죠. 1층의 나머지 작품들은 다 쓰레기고.**

여기서 메리의 지나친 지성은 웃음거리가 된다. 하하하. 이 자체는 재미있는 풍자가 될 수도 있었겠지만, 이를 사랑스럽고 타락하지 않은 트레이시에 대한 앨런의 무조건적인 숭배와 대조하면서 퇴색되었다. 물론 앨런은 과거에도 다이앤 키튼을 마음껏 응시했지만 그 안에는 일종의 복잡함이 있었다. 〈애니 홀〉이 명작인 이유는 우디 앨런이 한 여성의 반짝이는 성격과 독특한 개성을 중심으로 서사를 만들었기 때문이다. 그는 애니를 통해 자신이 가진 인간에 대한 애정을 굴절시켜 보여 주었다. 앨런은 트레이시에게도 애니에게 주었던 관심을 주지만, 트레이시는 사람이기보다는 대상이기에 나에게는 그의 비전이 밀실 공포 체험이나 답답한 제약처럼 느껴진다. 지금 '변태적'이라는 말을 하지 않으려 최대한 노력하고 있다.

〈맨해튼〉에서 여성은 아름다운 오브제가 될 수도 있고(트레이시의 얼굴은 내가 좋아하는 것들 목록 중 사과와 게 요리 사이 어딘가에 위치한다), 오브제가 되지 못하면 좌절하거나 무기력하거나 우스꽝스러운, 하나의 캐리커처가 된다.

이 영화에서 가장 인상적인 장면은 칵테일파티에서 한 세련된 여성이 높은 톤으로 툭 던지는 한마디다. "드디어 오르가슴을 느꼈는데 의사가 진짜 오르가슴이 아니라고 하네요." 아이작은 (매우 우스운) 대답을 한다. "가짜 오르가슴 느꼈어요? 정말요? 나는 가짜 오르가슴도 느낀 적 없는데. 나의 최악의 오르가슴은요,"—그는 여기서 손가락을 흔들며 말한다—"돈 위에서 한 거예요."

이 영화를 본 모든 여자가 헛소리를 하는 사람은 여자가 아닌 의사라는 사실을 안다. 하지만 우디/아이작은 그렇게 보지 않는다.

여자가 생각을 할 수 있으면 절정에 오를 수 없고, 여자가 절정에 오를 수 있으면 생각을 할 수 없다.

* * *

〈맨해튼〉이 아저씨와 여고생 사이의 관계의 복잡성을 진정성 있게 적극적으로 검토하려고 하지 않은 것처럼, 말이라면 어디에서도 뒤지지 않을 청산유수인 앨런도 순이 이야기를 할 때만큼은 갑자기 말재주가 없는 사람이 된다. 1992년 『타임*Time*』과의 인터뷰에서 월터 아이작슨이 새로운 관계에 대해 묻자 앨런은 이후 대단히 유명해진 대사를 날린다. 그것은 반성이라곤 찾아볼 수 없는, 자신의 도덕적 결함에 대한 어리석은 일축이었다.

"마음이 원하는 걸 원하는 거죠."

한번 들으면 영원히 머리에서 떠나지 않는 문장이 아닐 수 없다. 원하건 아니건 그 즉시 외우게 된다. 자기 자신 외에는 그 무엇도 존중하지 않는 자의 발언이다. 불합리함을 오만하게 내세우고 있다. 우디는 말을 이었다. "이런 일에 논리는 통하지 않습니다. 누군가를 만나서 사랑에 빠지면 그것으로 끝인 거죠."

나는 그 여자를 내 맘대로 주물렀죠.[21]

방송에서 이런 말을 반복해서 들어야 했던 그해 여름 〈맨해튼〉을 끝까지 보는 건 적지 않은 고역이었다. 몇 번이나 멈추었다가 다시 보아야 했고 소셜 미디어에 트럼프의 막말이 보도되는 순간에 영화 〈맨해튼〉을 본다는 것의 문제에 대해 토로했다. (나는 정말로 이 막말의 시간이 순간이기를 간절히 바랐다.) "〈맨해튼〉은 천재적인 작품입니다. 이제 소인은 물러납니다. 클레어 안녕!" 개인적으로 잘 모르는 (중년, 백인, 남성) 작가가 이와 같은 댓글을 남기고 사라졌다. 그동안 소셜 미디어에 이보다 더 수위 높은 글들, 그중 일부는 마

21 2005년 라디오 방송 진행자 빌리 부시와 트럼프 사이의 대화 녹취록 중

치 밸러리 솔라나스[22]처럼 우리 인류의 반을 차지하는 남성을 박살 내고 싶다는 욕망을 표현하는 글도 있었는데 그때도 이 남성 작가는 침묵했었다. 그러나 내가 〈맨해튼〉을 보고 난 후의 가벼운 감상을 고백하자마자—나는 이 영화를 보며 "약간 불쾌"했다고 말했다—이 남성은 갑자기 나와의 영원한 이별을 선언하면서 내 페이지에서 사라져 버렸다.

그가 보기에 나는 평론가로서의 임무를 저버렸다. 나는 훈계와 궤변만 일삼았고 나의 감정을 극복했어야 했지만 그러하지 못했다. 그리고 천재의 작품을 제대로 평가하지 못했다. 하지만 이 상황에서 누가 더 감정적인 사람일까? 가상의 방에서 갑자기 뛰쳐나간 사람 아닌가?

그 이후로 몇 개월가량 똑똑한 사람, 멍청한 사람, 젊은 사람, 나이 든 사람 할 것 없이 수많은 남자와 이 대화를 반복하게 될 운명이었다. "〈맨해튼〉은 영화의 미학으로만 판단해야 합니다." 그들은 입을 모아 말했다.

〈맨해튼〉을 보기 어려웠던 이유가 이 영화가 우디 앨런의 소름 끼치는 사생활과 너무 닮아 있었기 때문이라면 그 반대의 경우도 마찬가지다. 〈코즈비 쇼〉 시청이 사실상 불가능한 이유는 인자하면서 엄한 아버지 클리프 헉스터블[23]이 우리가 아는 빌 코즈비와 거리가 너무 멀기 때문이다.

22 Valerie Solanas(1936~1988). 미국의 급진적 페미니스트이자 작가로, 앤디 워홀 살인 미수 사건의 범인으로 유명하다.

23 〈코즈비 쇼〉에서 빌 코즈비가 분한 역할

이러한 종류의 논쟁은 그 이후 몇 달 동안 점점 더 과격해지고 뜨거워졌다. 돌이켜보면 늘 있었던 일이라 할 수도 있지만 분명 댐의 물이 계속 차오르는 느낌이었고 마침내 2017년 10월에 댐이 터져 버리고 말았다. 나는 우리를 새 시대로 데려온 인물이 하비 와인스틴[24]이라는 이상한 사실에 대해 종종 생각한다. 사실 우리가 집단적 분노 잔치를 벌여야 할 이유가 부족했던 적은 없다. 앞서 말한 코즈비 재판도 장기간 이어지고 있었다. 또한 우리에겐 베르톨루치[25], 로저 에일스[26], 빌 오라일리[27]가 있었고 줄줄이 사탕처럼 이어지는 트럼프 관련 사건들도 있었다.

그럼에도 불구하고 아무 일도 일어나지 않는 것 같았고, 아무 일도 중요하지 않아 보였다. 하지만 어떤 일은 주목해야만 했고, 그 일은 조디 캔터와 메건 투히의 와인스틴 보도였다. 지속적이고 조직적이며 결과를 책임지지 않는 폭행 스토리가 있었다. 이유가 무엇이었는지 모르지만 이 보도로 인해 형세가 역전되었다. 사실 미투 운동은 10년 전부터 존재해 왔다. 흑인 인권 운동가 타라나 버크가 성폭행과 성차별을 겪은 여성들을 (그 이후 시대와 비교하면 주로 오프라인으로) 지원해 주는 시스템이 바로 미투 운동이었다. 와인스틴 혐의가 공개된 후 얼리사 밀라노가 트위터에 #미투를 사용하면서 미투는 며

24 Harvey Weinstein(1952~). 미국의 영화감독, 영화제작자. 여배우들에 대한 성범죄로 전 세계의 '미투 운동'을 촉발한 인물이다.

25 Bernardo Bertolucci(1941~2018). 이탈리아의 영화감독. 〈파리에서의 마지막 탱고Last Tango in Paris〉의 강간 장면이 배우와의 상의 없이 촬영되었다고 하여 논란이 되었다.

26 Roger Eugene Ailes(1940~2017). 폭스 뉴스 회장으로 직장 내 성추행으로 고소당하여 사임했고 이 사건이 영화 〈밤셸Bombshell〉로 제작되었다.

27 Bill O'reilly(1949~). 폭스 뉴스 캐스터. 성추행 혐의로 퇴출되었다.

칠 만에 온라인을 잠식했다. 2017년 10월 7일 밤에 올라온 백만 개의 트윗은 증식하고 또 증식했다. 그 후 몇 주 동안 루이 C.K., 맷 라우어, 찰리 로즈, 알 프랑켄, 그리고 모든 업계의 남성들에 대한 고발이 이어졌다. 나의 업계에도 있었다.

나는 앞서 '우리'라는 단어가 사용되는 방식, 즉 동의를 암시하거나 강요하기 위해 사용하는 '우리'에 불만을 표한 바 있다. 하지만 미투 운동에서는 '우리'가 다르게 사용되었다. 이 단어 '우리'는 수치스러워해야 하는 이들에 대한 대대적인 공격이 될 수 있었다. 우리는 돋보기였고 확성기였다.

여파는 끝나지 않았다. 이제 사람들이 자신의 영웅에 대해 어떻게 해야 할지 고민할 차례였다. 그간 동굴에서 혼자 머리를 싸매고 외로이 고민했는데 이 동굴이 갑자기 공적인 영역이 된 것이다. "작품과 창작자를 분리해야 할까요?"라는 질문이 문을 활짝 열고 사람들, 모든 사람을 불러 모았다.

십 대 때 일기에 "오늘은 남자들 때문에 기분이 별로 좋지 않다"라고 쓴 적이 있었다. 2017년 가을에도 나는 남자들 때문에 기분이 별로 좋지 않았고, 다른 많은 여자도 남자들 때문에 기분이 별로 좋지 않았다. 많은 남자들 또한 남자들 때문에 기분이 좋지 않았다. 가부장도 가부장제에 실망했을 터였다.

⁎ ⁎ ⁎

모든 남자가 그런 건 아니다. 당연하다! 어느 날 밤 한 남성 작가와 공교롭게도 맨해튼에서 〈맨해튼〉에 대해 이야기를 나눌 기회가 있었다. 이 남성 작가는 어떤 역할을 수행하기를 좋아하는 문필가 중 한 명으로, 타이를 매고 블레이저를 입고 적은 양의 여성혐오와 갈색 술을 텀블러에 넣어 마시는 사람이었다. 그를 만날 때마다 왠지 모르게 긴장되었다. 우리는 메트 브로이어 지하에 있는 대리석으로 장식된 고급 레스토랑에서 식사를 하고 있었다. 우리는 스테이크보다 더 흥미로운 무언가, 초원과 숲을 자유롭게 달리고 뛰어다니던 존재보다 흥미로운 무언가를 먹고 있었다. 우리는 기본적으로 문명의 정점에 있었다. 어쩌면 우리는 불쌍한 매리얼 헤밍웨이가 아니라 최강 포식자로서의 우리 위치에 대해 더 고민했어야 했을지 모른다.

나는 내가 밝혀질까 봐 긴장했다. 무언가로 밝혀진다는 거지? 여자?

우리 대화는 일종의 놀이처럼 진행되었다.

여성 작가가 말한다. "음, 제대로 구현하지 못한 것 같아요."

남성 작가, 날카롭게 묻는다. "어떤 의미에서요?"

"모든 게 심드렁했어요. 아이작은 여자 친구가 고등학생이라는 사실에 왜 그렇게 담담한 거죠?"

"아니에요, 아니에요. 굉장한 죄책감을 느껴요."

"그 문제로 농담이나 하는데요? 죄책감을 안 느끼거나 충분히 느끼지 않아요."

남성 작가가 말한다. "당신은 계속 순이 생각만 하느라 영화에 색을 입혀 버리고 있잖아요. 그래도 영화 볼 줄 아는 줄 알았는데."

남성 작가는 권위 있는 집단에 속했다. 나도 문학 이론을 공부했다. 비평가들이 수십 년 동안 작품을 작가 중심으로 읽는 것에 대한 오류에 대해 논한다는 걸 알고 있다. 특히 신비평가들의 저작, 20세기 전반기 미국 비평들은 결벽증적으로 작품을 작가와 분리해야 한다는 개념을 공표해 왔다(이는 성경을 모든 교리와 신앙생활의 유일한 원전으로 취급하는 솔라 스크립투라sola scriptura처럼 비상식적인 프로테스탄트적 개념을 상기시킨다. 그것이 어떤 결과를 낳았는지 우리는 모두 알고 있다). 클린스 브룩스(블루스 뮤지션에 속하지 않은 사람들 중 가장 멋진 이름의 소유자)는 비평집 『잘 빚어진 항아리 *The Well Wrought Urn*』에서 시는 역사적 맥락, 즉 작가의 전기적 맥락에서 분리되어야 하며 적어도 "시가 시로서 말하는 바에 대해서 최대한 면밀히 탐구해야" 한다고 썼다. 사실 이 말에는 과거 당돌했던 열세 살 때의 나처럼 반응하고 싶었다. 근데 왜요? 내가 아는 어느 교수님은 이 비평을 비평하면서 신비평이 작품과 창작자를 단절시킨 이유는 어떤 도덕적, 미학적 이상이 있어서라기보다는 미국의 문학 비평가들이 유럽에서 동떨어져 드넓은 미국 땅에 흩어져 있다 보니 중요한 자료를 찾기 어려웠다는 사실과 관련이 있을 것이라고 했다. 어쩌면 이러한 지리적, 역사적 배경으로 생성된 소위 이상적인 독서법 때문에 혹시 남자들이 나에게 〈맨해튼〉을 작품 자체로 봐야 마땅하다고 설명하고 있는 것은 아닐까.

하지만 그날 밤 식당에서는 그렇게 생각하지 못했다. 공정하고 냉정하게 생각하지 못했다. 그 반대였다. 기존 입장에 반박하지 않았다. 거기서 그 사람의 말을 막고 창작자의 이력이 영화 감상 경험에 색을 입혀서는 안 된다는 주장이 누구에게 이로운지 질문하지 않았다. 이 구조가 문제가 있다고 느꼈지만 깊이 생각해 보지 않았고 게다가 마티니 한 잔을 마신 상태였다. 그래서 나는 말을 돌렸다. 여성 작가는 말을 돌린다.

"순이에 대해 모르고 봤다고 해도 그 자체로 소름 끼치는 면이 있다고 생각해요."

"잊어버려요. 엄격하게 미학적 기준으로만 판단해야 합니다."

"그러면 그 영화의 어디가 그렇게 객관적이고 미학적으로 훌륭한 거죠?"

남성 작가는 "균형과 우아함"에 관한 무언가 굉장히 지적으로 들리는 말을 했다.

레스토랑에서는 은 식기가 부딪히는 소리가 났는데 마치 나이프와 포크가 또 다른 대화를 나누는 듯했다. 윤리와 미학과 감정의 혼란이 동반된 무거운 인간의 이야기 위에 더 맑고 선명한 대화가 오가고 있을지도 몰랐다.

그 여성 작가가 그 자리에서 쿠데타를 일으켰으면 좋았겠지만 그녀는 그렇게 하지 않았다. 그녀는 자기를 의심했다.

우리 중 누가 더 명확하게 보고 있었던 걸까? 감독의 여성에 대한 태도와 감독의 과거 여자 문제에 영향받지 않을 수 있는 능력을 가진 사람일까. 누군가는 그것을 특권이라고 부르지 않나? 자서전적 오류를 저지르지 않고 작품을 감상할 수 있는 사람은 누구인가? 혹은 프로젝트를 생기 있게 만드는 충동을 알아볼 수밖에—혹은 느낄 수밖에—없는 사람은 누구인가?

난 정말 궁금해서 묻는다.

자신들이 객관적이라 자부하는 관객들은 정말로 자기 생각만큼 객관적일까? 우디 앨런의 천재성이 드러나는 영역은 자아비판인데 〈맨해튼〉에서 그는 진정 자아비판을 해야 할 지점에서 항상 걸려 넘어지고 십 대와 잠을 자는데 그 영화를 걸작이라고 불러야 하나?

이 남자들은 정확히 무엇을 방어하는 것일까? 정말로 이 영화

자체일까? 아니면 다른 것일까?

만약 허리케인 순이가 우디 앨런이라는 땅에 착륙하지 않았더라도 영화 〈맨해튼〉과 영화의 친-소녀 반-여성 관점에 자연스러운 거부감과 분노가 일어났으리라 생각하지만, 우리는 알 수 없고 바로 여기에 논의의 핵심이 있다.

남자들은 우디 앨런이 왜 그렇게까지 여자들을 화나게 하는지 알고 싶다고 말한다. 결국 위대한 예술 작품이란 우리에게 어떤 감정을 느끼게 하는 것이니 내가 어떤 감정을 느끼든 말든 자유가 아닌가. 그런데 내가 〈맨해튼〉을 보고 약간 짜증이 났다고 하면 남자들은 말한다. "그 감정 말고요. 그건 틀린 감정이에요." 그는 권위를 갖고 이야기한다. 〈맨해튼〉은 천재적인 걸작이 맞습니다. 하지만 누가 그렇게 말할 수 있나? 권위가 말하길, 작품은 작가의 삶에 의해 훼손되지 않은 채 순수하게 남아 있어야 한다고 한다. 권위가 말하길, 자서전은 오류라고 한다. 권위는 작품이란 이상적인 상태(역사를 초월한 곳, 고산, 설원, 순수) 위에 존재한다고 믿는다. 권위는 창작자의 이력과 과거사를 알면 자연스럽게 나올 수밖에 없는 감정을 무시하라 말한다. 권위는 그런 것들에 코웃음을 친다. 권위는 자서전과 역사와 상관없이 작품을 감상할 수 있다고 주장한다. 권위는 남성 제작자의 편을 든다. 관객이 아니다.

나는 여기서 한 가지 사실을 발견했다. 나는 역사에 무관심할 수 없고 인물의 이력에 면역되어 있지 않다. 그렇게 할 수 있는 사람들이 있다면 바로 역사의 승리자들이다. (지금까지는) 그 승자는 남성이다.

여기서 옳고 그름을 따지려는 것이 아니다. 하지만 나는 관객이다. 이 상황과 현실을 순순히 인정하고 있을 뿐이다. 순이 사건은 〈맨해튼〉의 감상을 분명히 방해한다. 또한 영화 자체로도 근시안적이고 한계가 있다. 물론 영화에는 추앙받을 요소들도 있다. 이 모든 것은 사실이다. 단순히 앨런의 개인사가 상관없어야 한다는 말로 상관없게 만들려는 목적을 달성할 수는 없다.

나는 관객 입장에서 이야기하고 싶었다. 관객은 무언가를 보고 읽고 듣고 싶어 하는 사람들이고 그래서 그들은 관객이 된다. 그러나 주변을 돌아보면서 관객에게 새로운 임무가 생겼음을 알게 되었다. 현대사에서 나 자신을 발견하는 순간, 불현듯 씁쓸한 깨달음이 스쳐 간 순간에 관객은 다른 무엇이 되어 있었다. 새로운 괴물에 의해 새로운 분노를 계속 키우고 또 키우고 또 키워 가는 집단이 된 것이다. 관객은 괴물을 고발하는 드라마를 보며 전율을 느꼈다. 관객은 냉정하게 돌아서서 케빈 스페이시[28]의 영화 같은 건 앞으로 보고 싶지 않다고 결심했다.

관객의 심장에서 느끼는 감정이야말로 순수하고 의롭고 진실하다고 말할 수 있지 않을까. 하지만 여기에는 또 다른 무엇이 흐르고 있을 수 있다.

우리가 도덕적 감정을 느낄 때 자아도취라는 감정은 결코 뒷자리에 오지 않는다. 윤리적 언어의 침대에 감정을 살포시 올려놓기로 하고 그렇게 하는 스스로를 칭찬한다. 우리는 감정에 지배되고 그 감정을 중심으로 언어를 배열한다. 우리의 미덕을 전달하는 것은 세상에서 가장 중요하고 이상하게도 짜릿하게 느껴진다.

28 Kevin Spacey(1959~). 미국의 배우이자 영화감독. 십 대 소년 성추행 및 아홉 건의 성범죄 혐의로 기소되었다.

주의. '당신'도 아니고 '우리'도 아니고 '내'가 그렇다는 이야기다. 내가 주체다. 내가 관객이다. 그리고 내 안에는 나조차도 완전히 받아들일 수 없는 무언가가 도사리고 있음을 느낀다. 내가 우디와 순이를 험담할 때 느끼는 정당한 분노 속에서 나 또한 어떤 수준에서는 내가 완전히 올곧은 시민이 아님을 알고 있다. 일상적인 행동과 생각 안에서 나는 충분히 상식적인 인간이다. 그러나 나는 다른 무엇이기도, 어딘가 불쾌한 사람이기도 하다. 빅토리아 시대 사람들은 이 감정을 이해했기에 『도리언 그레이의 초상*The Picture of Dorian Gray*』이나 『지킬 박사와 하이드*The Strange Case of Dr. Jekyll and Mr. Hyde*』를 통해 인간의 극명한 이중성을 제시했다. 나는 인간의 조건이 자신 안의 사악함과 나약함을 은밀하게 의식하는 것이라 생각한다. 우리는 왜 끔찍한 일을 저지르는 사람들에게 매혹되곤 할까? 우리 안에, 내 안의 무언가가 그 끔찍함에 공명하면서 내 안에 그 끔찍함이 있음을 인식하는 동시에, 그 사실에 소스라치게 놀라서 문제의 괴물을 요란하게 비난하는 드라마에 짜릿함을 느끼는 건 아닐까.

괴물을 공개적으로 비난하는 이 심리 극장은 잘못된 길을 가르쳐 줄 수 있다. 여기에는 볼 만한 게 없다. 나는 괴물이 아니니까. 저기를 보라. 저기 저 남자를 자세히 보라. 볼 것이 많다.

다른 사람을 비난하려는 충동은 사실 정치적 충동이다. 앞서 나는 '우리'라는 단어에 대해 이야기했다. '우리'는 책임에서 벗어나는 탈출구가 될 수도 있다. 확성기가 될 수도 있다. 편 가르기가 될 수도 있다. 우리 대 그들. 도덕적인 사람들 대 비도덕적인 사람들. 어떤 사람을 더 잘못되고 그릇된 사람으로 만들면서 어쩌면 우리를 더 옳은 사람, 괜찮은 사람, 도덕적인 사람으로 만들고 있는 건 아닐까.

2

얼룩

마이클 잭슨

나는 이 남자들을 괴물이라고 불렀고, 이 세상도 그들을 괴물이라 부른다. 하지만 여기서 괴물이란 단어는 어떤 의미였을까?

괴물monster이라는 단어에는 내가 좋아하는 요소가 있다. 어마어마하다, 남성적이다, 고환이 있다, 옛날이야기에 나온다. 왠지 단어에도 털이 달려 있고 이빨이 나 있을 것 같다. 이 단어에는 다음과 같은 의미가 있기도 하다. 무언가 당신을 화나게 하고 괴롭게 한다. 사전상에는 무언가 공포스러운 것, 무언가 거대한 것, 성공과 관련된 것(흥행 괴물)이라고 나와 있기도 하다.

실은 나에게 '괴물'이라는 단어가 새롭게 다가온 계기가 있는데, 제니 오필의 소설 『사색의 부서*Dept. of Speculation*』에서 "괴물 예술가"에 대한 부분을 읽으면서다. 내가 아는 많은 여성 작가와 예술가가 이 단락을 공유했다. "나는 절대 결혼 같은 건 하지 않을 셈이다. 아내가 아닌 괴물 예술가가 될 것이다. 거의 대부분의 여성은 오직 예술에 자기 삶을 바치고 번잡한 일상에 신경을 쓰지 않는 괴물 예술가가 되지 못한다. 나보코프는 우산 하나도 자기 손으로 펴지 않았다. 우표에 침을 발라 편지 봉투에 붙이는 일은 모두 베라의 몫이었다."

아니, 저기요. 나도 우표에 침 묻히는 거 싫거든요. 이 페이지를 읽으며 가장 먼저 떠오른 생각이었다. 나도 되고 싶다, 괴물 예술가. 내 친구들도 같은 생각이었다. 내 친구인 예술가 빅토리아는 며칠 동안 "괴물 예술가, 괴물 예술가" 노래를 부르며 돌아다녔다.

이 '괴물'이라는 단어는 점점 더 복잡해지는 것 같기도 하고 그와 동시에 너무 단순하고 쉬워 보이기도 한다.

나는 이 괴물이라는 단어가 가진 한계와 이 괴물이란 단어가 모든 뉘앙스를 (마치 괴물처럼) 짓밟아 버리는 방식에 반발심이 생기기 시작했다. 이 용법에서의 괴물은 무언가 다른 것을 의미한다. 나는 괴물은 아니고 우리는 괴물이 아니다. 괴물이라는 단어는 문제의 인물이 너무 흉측해서 우리는 절대 그들처럼 될 수 없다고 가정하거나 주장한다. 물론 그 남자처럼일 경우가 많다.

첫 #미투 시즌 중에 피해자들은 서로에게서 힘을 얻어 괴물을 고발하기 시작했고, 광장에서 열리는 괴물 퍼레이드는 끝나지 않을 것 같았다. (물론 모르던 바는 아니었으나) 이 남자들은 어디에나 있었다. 그 말인즉슨 피해자들도 어디에나 있었다. 그동안 침묵하여 보이지 않던 피해자를 생각하면 할수록 '괴물'이라는 단어에 초점을 잘못 맞추고 있다는 생각이 들었다. '괴물'이란 단어는 계속 괴물 당사자들에게 조명을 비춘다. 이 카리스마 넘치는 매머드 같은 동물은 주변 모든 것은 물론 공기까지 빨아들일 것만 같다. 이 괴물의 이름을 열거하고 그들이 저지른 악행을 나열하는 것은 쉽고 간단하다. 하지만 그 목적이 뭘까? 우리는 어디로 갈까? 혹시 이들을 괴물이라 부르고 이들의 괴물성에 대해 글을 쓰고 이들의 괴물 범죄를 묘사하면서 이 괴물을 이야기의 중심에 두고 있지는 않을까?

나 또한 이 혐의에서 벗어날 수 없다. 나야말로 폴란스키 이야기를 반복하고 또 반복했으며, 지난번 책에서는 지푸라기라도 되는 듯이 폴란스키를 사용했으며, 이 책에서도 그의 주변을 맴돌면서 그를 나의 괴물로 만들고 있다.

내가 아는 페미니즘은 허물을 들춰내는 페미니즘이었다. 진실의 목소리이며 "나는 고발한다J'accuse"였다. 내가 이해하기로 이 세상에는 두 가지 존재 방식이 있다. 남자들을 괴물이라 부르는 페미니스트 그리고 문제를 무시하는 사람. 나는 스스로를 페미니스트라 여기지만 그와 동시에 비난과 지적이 전부가 아니라는 불편한 감정을 갖고 있기도 하다. 경멸하고 징벌하는 페미니즘이 하나의 덫처럼 느껴지기 시작했다. 근본적으로 내 페미니즘은 진보 이데올로기인데 점점 더 극좌로 향하는 내 정치관, 물질적 권력이 어디에서 어떻게 결합하는지에 관해 큰 그림을 보고자 하는 욕구와 충돌하기 시작했다. 나에게 가장 중요한 정치적 두 자아가 나란히, 그러나 어색하게 앉아 있었다. 누군가를 큰 목소리로 괴물이라고 부른다고 해서 그의 작품을 어떻게 해야 하는가,라는 문제가 단번에 해결되지는 않는다. 나는 얼마든지 폴란스키를 고발할 수 있지만 그럼에도 불구하고 폴란스키의 작품은 나를 부른다. 이 끈질긴 부름과 그의 작품을 내치지 못하는 나의 약한 의지는 나 자신에 대한 개념마저 흐트러트렸다. 내가 과연 내 주장대로 (혹은 타인의 주장대로) 페미니스트인지도 의문을 품게 만들었다.

처음에는 괴물이 만든 작품을 어떻게 대해야 할지만 고민했다. 하지만 생각할수록 딱 떨어지는 처방전만을 원한 게 아님을 깨달았다. 나는 두 권의 회고록을 썼고 그러다 보니 불편한 수식어이기는 하지만 회고록 작가로도 불린다. 회고록 작가로서 나는 수년 동안 글 안에서 처방과 묘사를 분리하기 위해 노력했다. 좋은 회고록은 작가의 삶을 진실하고 충실하게 묘사할 뿐 독자에게 어떻게 살아야 한다고 가르치지 않는다. 여기서도 같은 충동이 일었다. 나는 명확한 해결책보다는 문제의 분석에 더 관심이 있다. 우리가 이 작품을 소비했을 때 어떤 일이 일어나는가?

'괴물'이라는 단어는 순수한 호기심이나 이해 욕구와는 그다지 잘 어울리는 한 쌍이 아니다. 약간 우스꽝스럽고 과장되어 보이기도 하고, 솔직히 털어놓자면 히스테릭해 보이기도 한다.

어느 누구도 완전히 괴물이기만 한 건 아니다. 사람은 복합적인 존재다. 누군가를 괴물이라 부르는 것은 자아를 단면적으로 축소하는 것이다.

(어쩌면 오필도 이 이야기를 하고 싶었을지 모른다. 여자들은 그저 하나의 존재, 괴물 예술가가 되지 못한다. 그들은 나머지 삶을 놓지 못한다.)

지난 몇 년간 폴란스키를 생각하고 우디 앨런을 생각하고 내가 사랑했던 이 모든 복잡한 남자들에 대해 생각하면서 괴물이라는 단어는 새로운 의미를 갖게 되었다. 조금 더 미묘하고 원초적 의미로 다가왔다. 나에게 괴물의 의미는 특정 행동으로 인해 우리가 어떤 작품을 작품 자체로 이해하지 못하게 방해하는 사람이다.

내 마음속에서 괴물이란 일부 어두운 개인사와 작품을 분리할 수 없는 예술가였다(어쩌면 개인사의 밝은 측면과 작품이 어울리지 않는 황금빛 괴물이 있을 수도 있다. 다만 그 가능성은 거의 없거나 낮다).

'괴물'이라는 단어에 얼마나 허점이 많은지는 역사가이자 음악평론가인 친구와 마이클 잭슨 문제에 대해 메시지를 주고받다가 드러났다. 그는 이렇게 썼다(문자 메시지이지만 몹시도 품격 있는 문체였다).

> 최근 MJ의 음악에 대해 미학적, 도덕적 분석을 시도하고 있어. 잭슨 파이브 음악은 괜찮을까? 다른 방식이긴 했지만 그도 아동 학대나 착취에 연루되어 있지. 본인이 학대를 당했잖아. 그러면 'Don't Stop 'Til You Get Enough'나 'Rock With You' 시절은 어떨까. 그때는 분명 아동 성추행과는 전혀 관련 없는 시기였지? 하지만 얼룩에도 소급이 적

> **용될까? 그런데 그의 음악을 들으면 그 매력에 굴복당하지 않을 도리가 없잖아. 폴란스키 영화처럼 말이지.**

그때부터 얼룩이라는 이미지가 머리에서 떠나지 않았다(특히 마이클 잭슨과 그의 얼룩 없는 피부라는 맥락에서 더욱 의미심장한 이미지로 다가왔다).

'괴물'이라는 단어는 모든 분노를 담을 수 있는 여행 가방과도 같다. 그 말을 내뱉게 하는 분노도 있고 문제의 괴물의 친구나 적에게 그 말을 들었을 때의 분노도 있다. 그런데 얼룩은 괴물과 다르다. 얼룩은 그냥 슬프기만 하다. 지워지지 않아 더 슬프다.

아무도 얼룩이 생기길 원치 않지만 얼룩은 생긴다.

며칠 후 아침을 먹으러 간 식당에서 잭슨 파이브의 'I Want You Back'이 흘러나오는 바람에 마이클 잭슨에 대한 이 문자 메시지가 생각났다. 나는 의자에 걸터앉아 발로 박자를 맞추었다. 어쩔 도리가 없었다. 비평가 친구가 해 준 말이 정확했다. 식당에서 흐르던 음악의 매력에 굴복하지 않을 도리가 없었다. 그러나 그 순간에도 망친 기분이 들었다. 나는 차분하게 포크로 해시 브라운을 집어 올렸지만 그 순간 무언가 끔찍한 일이 일어나고 있다고 느껴졌다.

얼룩은 이런 방식으로 작동한다. 전기는 노래에 색을 입혀 식당에서 즐거워야 할 순간에도 색을 입힌다. 우리는 어떻게 착색이 일어나는지도 모른다. 이 얼룩에 대해서 결정을 내릴 수가 없다. 그러기엔 이미 늦었으니까. 얼룩은 모든 것을 건드린다. 우리가 원하건 원치 않건 작품은 착색되었고 이제 우리는 이 작품을 새롭게 이해해야 한다.

작품의 얼룩은 철학적인 의사 결정의 문제라기보다는 실용주의의 문제, 평범한 현실의 문제다. 그래서 얼룩이 그만큼 강력한 은유가 된다. 갑작스럽다. 영구적이다. 무엇보다 냉혹할 정도로 눈에 보이는 현실이다. 얼룩은 단순히 그냥 일어나 버린다. 얼룩은 선택이 아니다. 얼룩은 우리가 내리는 결정이 아니다.

얼룩 제거도 자발적이지 않다.

작품과 창작자를 분리해야 한다고 말하는 이들은 이렇게 말한다. 얼룩을 제거하면 되잖아요. 작품에서 얼룩을 지워 버려요. 하지만 얼룩이란 그런 식으로 작동하지 않는다.

우리는 와인 잔이 바닥으로 떨어지는 모습을 지켜볼 수 있지만 와인이 카펫에 얼마나 넓게 퍼질지를 결정할 수 없다.

얼룩은 하나의 행동이나 하나의 순간 때문에 시작되지만 그 순간으로부터 멀리 여행해 마치 따뜻한 물에 넣은 티백처럼 그 전체 인생을 물들인다. 얼룩은 시간의 흐름을 타고 가다 다시 역행하기도 한다. 소급 적용의 원칙이란 당신이 무언가 충분히 개자식스러운 행동을 했다면 그동안 내내 개자식이었다는 뜻이다. 이 냉정해 보이는 공식은 내가 치열하게 살아온 삶을 성문화한다. 내 삶에서도 현재의 순간이 과거를 새롭게 만들거나 새로운 진실로 채울 수 있다. 한 여성이 자신에게 일어난 일을 말해 학대 사실이 밝혀지면 얼룩은 과거로 거슬러 가 학대 당시와 그 이후뿐 아니라 그가 범죄를 저지르기 전의 시점까지 흘러간다. 우리의 범죄에 대한 지식이 그 사람에 대한 전반적인 평가에 영향을 미친다. 지식은 시간 여행자다. 그 사람을 보는 우리의 관점은 새로 알게 된 정보에 영향을 받아 달라질 수 있다.

이상하고 특이한 개인의 규칙은 이러한 지식에서 발생한다. 나는 개인적으로 폴란스키가 서맨사 게일리를 강간하기 이전에 만든 그의 영화를 보는 것이 심정적으로 더 편하다. 포식자이자 강간범인 폴란스키가 또 하나의 폴란스키로, 즉 선천적으로 재능 있는 폴란드 예술대학교 학생, 천재, 홀로코스트 생존자가 되기도 한다. 〈물속의 칼〉을 스트리밍할 때 우리는 아직 죄 없는 젊은 폴란스키에게 몇 달러라도 기부하고 싶어진다. 그 늙고 끔찍한 범죄자를 건너뛸 수 있을까? 우리는 그리하지 못한다. 그가 저지른 범죄라는 지식을 건너뛰지 못한다. 그 얼룩을 못 본 척할 수 없다. 그 얼룩이 그의 인생과 작품에 색을 입혀 버렸다.

얼룩은 어디까지 갈까? 괴물이 되기 전의 어린이까지 닿을 정도로 멀리 갈까? 그렇다면 그 아이가 당한 경험에 대해서는 어떻게 해야 할까? 비평가 친구가 지적했듯이 어린 MJ는 착취적인 환경에서 자랐다. 그 착취 또한 시간 여행을 하여 과거로 향했다가 미래로 이어진다. 우리는 이것을 인과관계라 부른다. 우리는 이 남자들이 끔찍하게 행동할 수밖에 없었던 이유를 간절히 찾고 그 설명 안에서 휴식을 취하려고 한다. 우리는 스스로에게 말한다. MJ의 범죄는 그가 당한 아동 착취에서 비롯되었고 폴란스키의 범죄는 홀로코스트에서의 생존 투쟁과 가족 살해 사건에 의해 비롯되었고 R. 켈리의 범죄는 그가 어린 시절 당한(당했다고 하는) 성적 학대에 원인이 있다고. 이런 방식으로 우리는 괴물성을 설명한다.

어쨌든 우리는 좋든 싫든 얼룩진 작품과 함께 남겨진다. 그 행위는 행위에 닿는 모든 것을 물들인다. (그와 동시에 'I Want You Back'은 그 어느 때보다도 끝내주는 음악으로 들린다.) 우리 중 누구도 지금 우리가 아는 대로 마이클 잭슨을 알고 싶지 않았다. 우리는 계속 그를 사랑하고 싶었다. 〈리빙 네버랜드Leaving Neverland〉 다큐멘터리가 나왔을 때 어느 누구도 진심으로 그것을 보고 싶어 하지 않았다. 해야만 하지만 하고 싶지 않은 우울한 과제였다. 우리는 생존자들과 그들의 이야기의 목격자가 되어야 한다고 느꼈다. (하지만 나는 왜 다시 여기서 '우리'에 의존하는 걸까? 공유된 책임처럼 느껴져서일까?)

괴물성과 얼룩에 지쳐서 몇 달 동안 그 다큐멘터리를 보지 않았다. 하지만 내용을 모를 리는 없었다. 현대 사회답게 정보는 인터넷을 통해 내게로 왔다. 내가 그 정보를 소비했다기보다는 정보가 나에게 다가왔고 모공을 통해 피부로 침투했고 따라서 나는 그것을 공기처럼 들이마실 수밖에 없었다. 잭슨의 행위에 대한 확신은 좋건 싫건 받아들여야 하는 정보였다. 이제는 알아 버렸다. 그런데 내가 알고 싶었을까?

문제는 우리가 누군가의 인생에 대해 얼마나 많이 알 수 있는지 통제할 수 없다는 점이다. 그것은 그냥 우리에게 일어난다. 〈사인펠드Seinfeld〉를 켜면 원하건 원치 않건 마이클 리처즈[1]의 인종차별적 발언을 생각하지 않을 수 없다. 앎을 향한 이러한 움직임은 대중문화의 탄생과 함께 시작되어 지난 세기에 급성장했고 지금 이 순간에도 점점 더 번성하고 있다. 이제 스타의 개인사를 피할 방법은 없다. 내 생애 동안에도 어마어마한 변화가 일어났다. 이전까지 개인의 이력은 누군가 찾아내고 원하고 적극적으로 추구해야 얻을 수 있는 정보였다. 이제 그것은 사람들 머리 위로 폭격기처럼 떨어진다.

어렸을 때는 사랑하는 예술가에 관련된 정보 찾기가 하늘의 별 따기였다. 레코드 앨범과 책은 어느 날 우리 앞에 툭 떨어졌다. 마치

1 Michael Richards(1949~). 〈사인펠드〉에 등장하는 크레이머 역의 배우로 2006년 공연 도중 야유하는 흑인 관객에게 험한 발언을 쏟아냈다.

모든 맥락에서 닻줄이 떨어진 채 우주라는 신비한 검은 공간을 뚫고 마침내 우리에게 도달하는 것 같았다.

우리는 앨범 표지가 마음에 든다는 이유만으로 앨범을 샀다. 레코드점에서 몇 시간 내내 음반 수십 장을 넘겨보면서 표지의 글꼴이나 사진이나 분위기가 내 관심을 끌 때까지 기다렸다. 앨범은 불가해한 오브제였다. 『롤링 스톤*Rolling Stone*』이나 『*NME*』[2]에 귀퉁이 기사로라도 실리지 않았더라면 지금 내 손에 들려 있는 앨범이 정확히 무엇인지 아는 건 불가능에 가까웠다.

전기는 내 손에 닿지 않았다. 내 친구는 1970년대 후반과 1980년대 초였던 어린 시절에 제발 비틀스에 관한 새 책이 나오기만을 바라며 매일 서점을 찾았다고 한다. 그 시절 그런 책은 없었다.

아니 작품 자체를 찾기도 어려운 시절이었다. 사냥을 해야 겨우 손에 넣을 수 있었다. 우리는 막연히 어딘가에서 작품이 만들어지고 공연이 열린다고 느꼈고 내 곁으로 올 수만 있다면 다행이라 여겼다. 어쩌면 뉴욕이나 대도시에서는 달랐을 수 있지만, 당시 시애틀 같은 벽지에서는 문화적 지식을 얻기 위해 더듬거리며 손을 뻗어야 했다.

작품에 관한 정보를 제공하는 문서에는 거의 오컬트적인 힘까지 깃들어 있었다.

친구들은 어렵게 찾아간 머나먼 미술관에서 직접 본 그림의 엽서를 보냈고, 나는 내 방의 코르크 보드에 이를 핀으로 꽂아 놓곤 했다.

대학교 기숙사에서 나는 책상 위에 다이앤 아버스의 전기를 꽂아 두었는데, 이 책을 보물 1호로 간직하고 쓰다듬어 보곤 했다. 와,

2 영국의 음악 잡지

이분이 인간이었구나, 그 정도였다.

십 대 때는 시애틀 대학가의 뉴스 판매대에서 아르바이트를 했다. 손님들이 뜸한 시간대에는 영국 잡지 『*NME*』와 『멜로디 메이커Melody Maker』와 『*i-D*』를 넘겨보면서 여기 아닌 어딘가의 인생(그리고 음악)의 흔적을 찾았다. 가끔은 한 부 사서 몇 달 혹은 몇 년 동안 소장하기도 했다.

고등학교 역사 선생님에게 문화사 책인 칼 쇼르스케의 『세기말 빈*Fin-de-Siècle Vienna*』을 빌리기도 했다. 돌려 드리지 않았으니 훔친 것이나 마찬가지다. 이 책도 나의 또 하나의 보물 1호로 간직했다. 인터넷에서 예술의 이미지를 보지 못하던 시대였다. 칼 쇼르스케는 나에게 신이었다. 문화사 연구자라니. 인생을 가장 꿈같이 사는 방법 같았다. 클림트와 실레의 그림 사진에 손가락을 조심스레 얹어 보곤 했다. 지금처럼 언제든지 클릭하면 볼 수 있는, 흔하디흔한 이미지가 되기 전의 일이었다.

내가 영화에 관해 아는 것의 대부분은 넵튠 레퍼토리 극장에서 발행하는 뉴스 캘린더를 탐독하며 배웠다. 각각의 캘린더에는 개봉하는 영화에 대한 간단한 설명이 담겨 있었다. 그 격자무늬 안의 빽빽한 글씨들을 통해 나는 조지 큐커[3]를 알았고 〈이레이저 헤드Eraserhead〉[4]와 샘 페킨파[5]와 〈아이 엠 큐리어스I am Curious (Yellow)〉[6]에 대해 배웠다. 미국 내 모든 도시의 모든 고전 영화 극장에 이 영화들의 포스터가 붙

3 George Cukor(1899~1983). 미국의 영화감독. 〈스타 탄생A Star Is Born〉, 〈마이 페어 레이디My Fair Lady〉 등을 연출했다.

4 1977년 개봉한 데이비드 린치 감독의 장편 데뷔작이자 컬트 영화

5 Sam Peckinpah(1925~1984). 1960년대 서부극을 연출한 미국의 영화감독

6 스웨덴 감독 빌곳 셰만의 1967년도 영화

어 있었다는 건 이후 대학에 진학하고 나서야 알았다. 뉴턴빌이나 팰로앨토 같은 진보적인 도시의 예술 영화관에서 발간하는, 한 장은 진하고 한 장은 흐릿한 캘린더를 냉장고 자석으로 붙여 놓았고, 그중 얇은 종이가 미풍에 흔들리곤 했다.

이러한 귀한 문서들은 예술가의 전기는 고사하고 그저 작품이 존재한다는 것을 알려 주는 데에 중요했다.

하지만 더 이상 그렇지 않다. 이제는 창작자의 전기를 떨쳐 내는 것이 불가능해졌다. 우리는 전기 속에서 헤엄친다. 전기는 질릴 정도로 우리 가까이에 있다.

이것은 현대 아티스트들의 존재 방식이다. 그들은, 이를테면 해리 스타일스는 지난 10년 동안 공유된 정보의 바닷속에서 어떻게든 자기만의 신비로움을 간직해야 한다. 실제로 그가 가지고 있는 신비로움은 그가 영혼이 있는 실제 사람이라는 것, 이 모든 정보의 범람 속에서도 그 안에 사람이 존재한다는 놀라운 사실에 있다.

옛날 아티스트에 관한 전기적 사실도 얼마든지 알 수 있다. 비틀스 광팬인 내 친구는 비틀스에 관해 알고 싶은 것은 무엇이든, 특이한 정보든 시시콜콜한 정보든 다 알 수 있다. 존의 증조할아버지의 결혼식 장소를 알고 싶은가? 그 정도야 너무나 손쉽게 찾을 수 있다.

이런 정보들이 비틀스 음악을 감상하는 내 친구의 체험을 획기적으로 개선해 줄까?

모든 것이 모든 사람에게 상관있는 일이 되어 버렸다. (우연은 아니지만) 이 세상에 온갖 종류의 포르노 시장이 존재하듯이 세상의 모든 정보에도 시장이 있다.

어쩌면 나 또한 내가 가진 얼룩을 갖고 당신에게 다가갔을 수도 있다. 백인 중산층 페미니스트라는 얼룩이다. 어쩌면 당신은 내 해결 방식이라는 것이 이런 부류의 사람이 내리는 전형적인 결론이라 생각할 수도 있다. 어쩌면 나도 그렇게 생각했을 수도 있다. 어쩌면 처음에는 나의 발견은 자유주의 교리의 재확인이라 가정했을 수도 있다. 어쩌면 독자와 나 모두 놀랄 수도 있다.

⁎ ⁎ ⁎

인터넷이란 우리와 타인의 삶에 대한 공개로 이루어지기에 괴물의 필연성은 전기의 연료를 받아 콧노래를 흥얼거리는 인터넷이 주로 하는 일이다. '캔슬 컬처'[7]라는 단어 자체가 전기에 특권을 주는 일을 전제로 하고, 문화라는 개념 자체가 우리가 모든 사람의 모든 것을 알고 있다는 사실을 바탕으로 한다.

우리는 개인사가 노출된 시대에 살고 있고, 누군가를 유심히 살펴보면 적어도 하나의 얼룩은 찾아낼 수 있다. 모든 사람에게는 각자 살아온 이력이 있다. 다시 말해서 살아 있는 모든 사람은 취소(캔슬) 당했거나 취소당할 예정이다.

얼룩은 퍼지고 흘러 어쩔 수 없이 짙은 와인 자국을 남긴다. 개인사 노출의 결과다. 범죄는 사람이 저지르지만 얼룩은 작품에 남는다. 그리고 그 작품을 다루는 건 관객인 우리 몫이 된다.

7 cancel culture. 유명인이 논란이 될 만한 행동이나 발언을 했을 때 팔로우를 취소하고 지지를 철회하는 문화로 '미투', '블랙 라이브즈 매터Black Lives Matter' 운동 이후부터 확산되었다. 조리돌림이나 마녀사냥으로 변질될 수 있다는 우려도 나오고 있다.

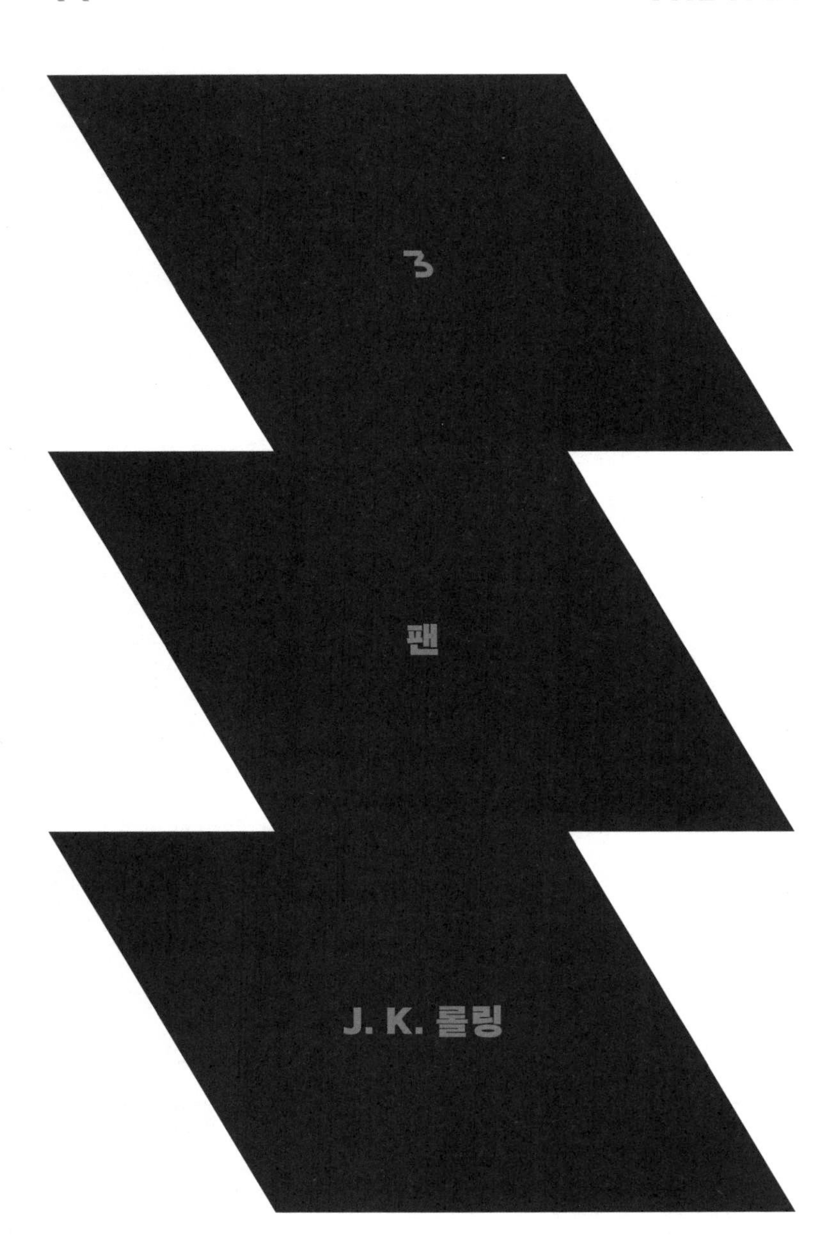
3
팬
J. K. 롤링

역사 안에서 이 순간에 관한 자명한 사실은 우리가 팬의 시대에 살고 있다는 것이다. 공인들뿐 아니라 많은 사람의 이력과 전기가 중요해지면서 그 그림자인 이른바 '캔슬 컬처'가 급상승했고 팬 문화 또한 급부상했다. 기계적 재생산 시대의 종반전이 점점 가속화되면서 팬의 가치는 떨어지기도 하고 승화되기도 한다. 재생산을 기준으로 기획된 작품에는 대량의 소비자가 필요할 수밖에 없다. 시장이 무리 없이 돌아가기 위해서 관객인 '나'는 '우리'가 되어야만 한다. 팬으로서 우리는 중요하지만 특별하지는 않다. 우리는 결코 혼자가 아니다. 벌떼와 같은 군중의 한 명이다. 비틀스를 위해 누군가 눈물을 흘린다고 말할 때 그건 나의 눈물이 아니라 집단의 눈물이다.

팬은 집합적 유기체의 일부가 되어야 함에도 불구하고 자신이 이 팬덤 안에서 독보적으로 강력한 존재라 믿는다. 관객 중의 한 명은 한 작품의 소비자이고 그 작품에 의해 정의되지는 않는다. 반면에 팬은 한 명의 소비자인 동시에 소비자 이상인 존재이며 또한 소비되고 있는 소비자다. 팬은 특정 작품에서 자신의 정체성을 훔쳐 오기도 하는데 때로는 그것이 자신 안의 중요한 어떤 것을 훔쳐 가는 데도 기꺼이 그렇게 한다. 팬은 점차 작품에 의해 정의되어 간다. 그러면서 특별한 역할을 갖고 스스로에게도 특별한 지위를 부여한다(문화 생산자는 팬에게 지위를 부여하는 일에 기꺼이 협력하여 팬 문화를 배포하고 판매하면서 수익을 창출한다).

* * *

우리 시대에 무언가에 '집착'하는 것은 흔하디흔한 일이다. "나는 아이리스 머독의 초기 소설에 집착하고 있어." "나는 포 박[1]의 양지머리 쌀국수에 집착하고 있어." "요즘 아이라이너에 집착하고 있어."

이런 구조에서 집착은 굉장히 특별한 기능을 한다. 이 단어는 특정 사물/작품/아이템의 가장 열렬한 감상자로서의 특별한 지위를 나타낸다. 그리고 다음을 의미한다. 나는 팬이고 슈퍼 팬이고 은하계 팬이다. 따라서 나는 이것에 의해 정의되고 이것은 내 개성이고 이것이 나고 내가 이것이다. 당신이 무엇을 좋아하는지(즉, 무엇을 소비하는지와 어떻게 시장에 참여하는지)가 당신이라는 사람보다 더 중요할 뿐만 아니라 이 둘은 같은 것이며 하나다.

이때의 집착은 집착의 원뜻이 변형된 용법이다. 내가 평생 동안 알아 왔던 집착과 완전히 다르다. 그딴 건 진짜 집착이라 할 수도 없다. 진짜 집착은 아무리 머리에서 지워 버리려고 해도 사라지지 않고 쿵쿵거리는 소리다. 도무지 기어 올라올 희망을 찾을 수 없는 깊은 우물에 빠지는 일이다. 나을 가망이 없는 불치병이다.

집착, 진짜 집착은 래브라두들[2]이나 도리토스 쿨 랜치 맛을 아주 많이 좋아한다고 말하는 것도 아니고, 리처드 시켄의 시와 같은 훌륭하다 할 수 있는 것에서 느끼는 감정도 아니다. 진짜 집착은 힘줄이고 내장이고 결과다.

이 새로운 어법의 집착은 고전적 의미에서 지분을 훔쳐 소비에 적용하려고 한다. 열성적 집착인으로서 나는 이에 분개한다!

하지만 신기하게도 이러한 열성적인 팬덤은 전기보다 작품을 더 우선시하게 만들지는 않는다. 좋아하는 것이 더 중요해지고 나를 정의하게 되고 집착을 하면서 아티스트의 전기는 이전보다 더 큰 힘을 갖게 된다. 당신은 작품을 감상하고 소비하는 데 그치지 않고 작

1 미국에 있는 베트남 레스토랑 체인점

2 래브라도리트리버와 푸들을 교배한 종

품이 된다. 따라서 작품의 창작자와는 더 새롭고 더 긴밀한 관계로 발전한다고 느낀다. 우리는, 그러니까 팬들은 자신을 창작자와 동맹 관계로 인식한다. 따라서 전기는 그저 어디에나 편재하는 정도가 아니라 정말로 중요해진다. 얼룩은 우리 인생에 의미를 갖게 된다. 우리는 그 얼룩을 어떤 식으로든 느낀다. 우리는 상처받는다.

창작자의 전기와 나의 관계가 얼마나 중요한지는 언제 어디서나 재확인된다. 관계의 신호 품질은 바로 친밀감이다.

우리는 유명인에 대한 정보가 많으면 그들을 안다고 느낀다. 그들에게 친밀하게 접근할 권리가 있다고 느낀다. 내가 보건대, 이 감정은 시간이 흐르면서 점점 더 커지고 있다. 매년 인터넷에 접속한 시간이 쌓여 갈수록 우리는 이 공적 인물들과 더 친밀하게 얽히는 느낌이 든다.

'유사 사회 관계'[3]라는 표현은 그동안 연구자들만 사용하는 사회학 용어였으나 인터넷에 대해 논하면서 점점 더 자주 등장한다. 이 표현이 상용된다는 사실은 이 표현이 설명하는 현상이 증가한다는 뜻이다. 즉, 팬들이 자신이 사랑하는 예술가들과 진짜 감정적 유대를 갖고 있다는 믿음이 증가하고 있다.

우리는 이 느낌이 무엇인지 알고 있다. 단순히 창작자의 작품을 사랑하는 것과는 다른 감정이다. 그 사람을 개인적으로 알고 있다는 느낌이고 친구가 되었다는 느낌이며 더 나아가 그 사람도 나에 대해 똑같이 알고 있다는 느낌이다. 당신은 스타의 사생활에 몰입하면서

3 parasocial relationship. 준사회적 상호 작용 혹은 준사회적 관계. 연예인과 팬의 관계처럼 한쪽은 상대를 인식하나 상대는 이를 인식하지 못하는 관계

이상하고 비이성적인 감정적 논리로 그들 또한 당신의 사생활에 몰입하고 있다고 믿는다. 진짜 같은 느낌의 가짜 유대 관계를 가속화한 주체가 인터넷임은 누구나 인정한다. 사실 이 유대감이 소셜 미디어가 판매하고 재판매하는 상품이다.

소름 끼치게 들린다면 진짜로 약간은 소름 끼치기 때문일 것이다. 유명인의 사생활에 대한 강렬한 몰입은 재미있을 수 있지만 이 세상의 많은 재미있는 것이 그렇듯이 반드시 건강하지만은 않다. 2010년 사회학자 존 더럼 피터스는 한 논문에서 이 유사 사회 관계의 본질에 대해 논하며 방송 저널리즘 시대에 이 현상이 발생하는 방식을 연구했다. 라디오와 TV 방송은 청중 한 명 한 명에게 직접 말을 거는 것처럼 보이는데, 역사적으로 보아도 이는 과거의 대중 연설과는 현저한 차이가 있다. 과거에는 연사나 배우가 하나의 집단인 군중에게 전달하는 방식이었다. 하지만 근래에는 방송인들이 나에게 직접적으로 말하지 않는다고 느끼기가 더 어렵다. 피터는 농담이라고는 하나도 섞이지 않은 진지한 어투로 쓴다. “어떤 사람이 연예인을 어떻게 받아들이는지가 정신 건강의 척도다.” 다시 말해서 우리 두뇌는 이 방면에서 그리 냉철하지 못하여 화자가 일반 대중에게 말하는지, 혹은 나에게 직접 얘기하는지 구분하는 데 어려움을 겪는다. 연예인의 사생활에 대한 광범위한 지식이—습득한다기보다는 공기처럼 흡입하는—유사 사회 관계적 태도와 결합하면서 심각한 범주화의 오류로 이어진다.

현재 우리가 존재하는 이 사회 구조는 자본주의의 맥락 안에서 우리를 소비자라는 위치로 정의한다. 이 지위는 우리에게 주어진 막대한 힘이다. 우리는 이제 들뜬 마음으로 이에 적극 반응하면서 내 취향을 결정하고 내 취향을 주장한다. 우리는 이것에 집착하고 저것의 열성 팬이 된다. 우리는 우리의 선호도가 굉장히 중요하다는 듯 행동한다. 이것이야말로 후기 자본주의가 우리에게 부여한 임무이기 때문이다. 이 안에 재미있는 사실이 하나 있는데, 우리의 선택과 우리의 선호도가 중요한 이유는 무언가는 중요해야 하기 때문이다. 우리 자아는 잡다한 소비 품목으로 구성되어 있지만 그럼에도 우리는 여전히 무언가를 느끼는 인간이다. 우리는 나를 전혀 알지 못하는 사람에게 무언가를 느낀다(우리는 형편없는 후기 자본주의 삼각관계 속 주인공으로 우리를 알지 못하는 사람들에게 온갖 감정을 느끼느라 세상에서 가장 바쁘다).

다른 사람과 무형의 방식으로 연결된다는 개념은 실은 초창기 기술의 꿈이었다(이는 인터넷 경제의 근간이기도 하다). 피터스에 따르면 무선 기술의 초기 개척자들은 하나의 두뇌에서 다른 두뇌에 직접 전송하는 기술에 몰두했다.

초기 기술자들의 이상향은 텔레파시였다. 내 생각을 마법처럼 전달하는 것은 장거리에 떨어져 있는 인간을(혹은 모든 인간을) 연결하는 가장 우아한 해결 방법이 아닐 수 없었다. 그렇게 간단히 우리 사이의 거리는 무너지는 것이다.

방송 혹은 작품의 문제는 이 흐름이 한쪽으로만 일방적으로 이루어진다는 점이다. 화자에서 수신자로, 창작자에서 청중으로 이동한다. 우리가 추구하는 완벽한 유대는 사실 텔레파시다. 작품은 방송이나 인터넷과는 달리 그 유대를 이루기 위한 의미 있는 매개체가 된다. 창작자는 고된 제작 과정을 거치고 그 제작 과정은 관객이 소비할 수 있는 조건을 만들어 낸다. 관객은 자신의 에고, 자신의 자아를 잠시 옆에 내려놓고 창작자가 지은 꿈에 합류한다. 그 안에는 올바른 관계의 모델이 있다. 이 관계는 페이지나 캔버스에서만 일어난다. 반면 유사 사회 관계는 그런 방식으로 작동하지 않고 소비자 안에 혼란을 형성해 버린다. 작품 바깥에도 창작자와 소비자 사이의 관계가 존재한다는 믿음을 준다.

우리는 모두 텔레파시 수신은 실패한 채 착각의 안갯속을 헤매고 있다.

이 상황은 창작자에게 이득이 될 수도 있다(작가가 책을 더 많이 팔 수 있다). 하지만 가장 이득을 보는 입장은 이 관계에서 수익을 창출하는 대기업 시장이다. 사회심리학자이자 철학자인 쇼샤나 주보프의 말처럼 사용자의 정보가 '행동 선물 시장'에서 거래된다. 이런 면에서 유사 사회 관계에 참여하는 우리 모두는 다른 누군가에게 돈을 벌어다 주는 노동자라고도 할 수 있다.

이러한 역동 관계는 얼룩을 더욱 파괴적으로 만든다. 우리가 창작자와 더 친밀하다고 느낄수록, 그들과 그들의 작품에서 우리의 정체성을 이끌어 낼수록, 우리와 그들 사이의 거리가 무너질수록, 얼룩이 퍼지기 시작했을 때 나 자신의 어떤 조각을 잃을 가능성도 높아진다.

21세기 초반의 20년 동안 해리 포터 책은 이 시대 어린이들의 상상력을 지배했다. 물론 이는 더 시적이고 더 어렵고 더 낯선 것을 너무 단순하게 표현한 문장이긴 하다. 금세기 초 10년 동안 성년이 된 어린이들과 십 대들(지금 현재 십 대도 포함)은 그들의 상상력과 꿈과 자기 자신에 대한 감각을 해리 포터의 세계 속에서 키워 갔다고도 할 수 있다.

나도 그런 아이의 부모였다. 나는 자정에 배포되는 해리 포터 신간을 구매하기 위해 아이와 밤부터 같이 줄을 섰다. 해리 포터 컨벤션에도 참석했다(망토를 두른 열한 살 아이들이 오리건 컨벤션 센터의 강당 안을 괴성을 지르며 뛰어다니고 있다. 이보다 더 즐거움을 주는 광경을 볼 수 있을까).

내 아이는 새 책이 출간되자마자 빠르게 완독한 뒤에도 그 책이 자신의 일부가 될 때까지 읽고 또 읽었다. 나는 아이가 읽은 다음에 천천히 읽었고 우리 집 막내에게 소리 내어 읽어 주어야 할 때는 더 천천히 읽었다. 그러다 보니 1권과 5권을 거의 같은 시기에 읽었고 롤링이 1권 곳곳에 책의 중요한 플롯을 세심하게 심어 놓았음을 알 수 있었다. 조금만 주의를 기울이면 독자들은 모든 것이 앞뒤가 딱딱 맞는 질서 정연한 우주 안에 있다는 느낌에 머물게 된다. 따라서 이 책이 어린이 독자, 특히 이제 막 세상의 무질서를 느끼기 시작하는 청소년 독자들에게 얼마나 매력적인 세계를 펼쳐 보였을지 쉽게 짐작할 수 있다.

또한 이 책에서 사람들을 분류하는 두 가지 체계 또한 너무나 중독적이다. 처음에 머글과 마법사로 나누고 그다음에 마법사들을 분류해 기숙사에 배정한다. 모두가 선택된 이들이다. 모두가 특별한 정체성을 갖고 있다. 이는 어른들이 MBTI로 성격 검사를 하고 자아를 발견하는 일에 끝없이 매혹되는 것과 비슷한 욕구다. 이에 수반되는 보상은 자신과 동일한 지표를 갖고 있는 상상 속의 종족들(혹은 마법사들)에 속한다는 환상적인 생각이다.

다시 말하면, 이 책은 자아를 탐색하게 하고 소속감을 제공한다. 특히 자신이 현실 세계에 완전히 속하지 않는다고 느끼는 사람들에게는 더욱 강한 매력으로 다가온다. 이들은 대체로 십 대 초반 어린 이들이며 그중에서도 자신의 퀴어성을 점점 자각하고 있는 아이들이다. 해리 포터 팬덤은 텀블러Tumblr 플랫폼의 성장과 짝을 이루었고 텀블러 플랫폼은 새로운 종류의 LGBTQ+ 운동과 맞물려 있다. 이 안에는 호그와트건 온라인이건 무형의 커뮤니티에서 위안을 찾는 아이들이 존재했다. 이들에게 이 커뮤니티는 완전한 텔레파시는 아니었지만 텔레파시가 통할 수도 있다는 꿈이었다.

독서는 언제나 일방적인 소통 방식이었지만 이 문제의 아이들은 서로에게 말을 걸면서 이를 해결했다. 이들은 팬픽을 썼다. 몇백 장의 팬픽을 쓰고 또 썼다. 롤링의 작품에 반응하여 그들만의 작품 세계를 창조했다. 포터 중심의 DIY 운동을 탄생시켜 책과 예술적으로 교감하는 장소로 삼았다. 나는 내 아이들을 데리고 해리와 포터스Harry and the Potters 콘서트를 보러 갔다. 이 밴드는 '마법사 록Wizard Rock' 혹은 '마록wrock' 등을 창시한 밴드라 할 수 있다. 또 〈포터 퍼펫 팔Potter Puppet Pals〉 공연도 보러 갔다. 원작 해리 포터의 패러디 스핀오프 시리즈인 온라인 인형극의 제목이다.

이 모든 것은 우스꽝스러우면서도 굉장히 진지하기도 했다. 그 중에서 해리와 포터스 공연이 인상적이었는데, 두 형제가 결성한 이 실력파 밴드는 해리의 관점에서 쓴 가사의 팝 음악(재미있고 귀에 쏙쏙 들어오는 펑크)을 부른다.

어느 8월 오후에 나는 워싱턴주 올림피아의 공연장에 앉아 있었다. 좁고 덥고 공기가 탁한 뒤쪽 좌석에는 힙스터 부모와 아이들로 가득했다. 관객석의 아이들은 신나서 어쩔 줄을 몰라 하며 모든 노래를 따라 불렀다. 다들 해리 포터 망토를 입고 길고 긴 머플러를 두른 채 볼드모트와 악의 무리를 무찌르겠다고 노래하는 중이었다.

어쩌다 나는 그 밴드의 가수 한 명과 정면으로 눈이 마주쳤고 그에게 자애로운 공모의 미소를 지었다. "해리 포터로 하나 된 이 애들 너무 귀엽지 않아요?"라는 뜻의 미소였다. 그 순간 그는 돌처럼 굳은 얼굴로 나를 보았는데, 지금 이 공간에서 나누는 집단적 환상에 진심으로 몰입하고 있었다. 거기에는 귀엽거나 깜찍한 건 없었고 진지함만이 있었다. 그 안에서 무언가 실질적이고 현실적이고 강력한 일이 일어나고 있었다. 바로 이 아이들을 돕는 일이었다. (형제 중 한 명은 급진파 행동주의 퀴어 하드코어 밴드인 다운타운 보이즈에서 활동하기도 했고, 이것은 나중에 생각하면 완벽하게 이해되는 행보다—해리 포터 문화란 여러 면에서 한 사람에게 의리를 지키는 것이었다.)

어떤 동아리에 소속되어 있다는 개념, 분류되었다는 개념은 이 어린이들과 청소년들을 끈끈한 유대감으로 묶어 놓았다. 그날 저녁 콘서트 내내 그들은 다른 자리에 앉아 있는 아이들에게 손을 내밀었다. 물론 우리 모두가 아는 이야기다. 우리 모두는 텔레파시를 나누기 위해 최선을 다하며 알렉산더 그레이엄 벨의 유산에 다가가려 한다. 하지만 이 아이들, 특히 이 퀴어 아이들에게 해리 포터 팬덤은 일종의 강화된 정체성으로, 이 일은 상상 속의 세계에서 일어나지만 이들에게는 그 세계의 지도가 진짜이고 현실이다. 아니 그들이 사는 세상보다 더 현실이다.

2021년 J. K. 롤링은 영국에서 목소리가 점차 커지던 '생물학적 성' 운동에 동참하겠다는 신호를 보내기 시작했다. 롤링은 성별은 성기에 의해 결정되고 더 나아가 이 사실을 부정하는 것은 소녀와 여성의 삶을 위협한다고 주장했다. 그리고 자신의 홈페이지에 "여성들을 '월경하는 사람'이라거나 '외음부를 가진 사람'이라 부르는 '포괄적' 언어" 사용에 우려한다는 성명을 발표했다. 그녀는 주장했다. "나는 트랜스 여성이 안전하기를 바란다. 그와 동시에 여자 성별로 태어난 소녀와 여성이 덜 안전한 것도 바라지 않는다. 여자 화장실과 여자 탈의실의 문을 자기가 여자라고 믿거나 느끼는 모든 남자에게 열어 주면—내가 앞서 말했듯이 젠더인정증명서는 이제 어떤 호르몬 치료나 외과적 수술을 거치지 않아도 발급받을 수 있다—그 공간에 들어가고 싶은 모든 남자에게 문을 열어 주는 것과 다름없다."

인터넷상에 엄청난 분노가 일어났다. 포터 키즈들의 일부는 트랜스젠더였고 그들은 당연히 화가 났다. 하지만 그 분노 밑에는 깊은 슬픔이 깔려 있었다. 사랑하는 무언가에 얼룩이 졌다는 슬픔이었다. 롤링의 이야기가 일어난 장소는 다양한 사람들이 있는 모습 그대로 받아들여지는 곳이었지만, 그 장소에 그들은 포함되지 않는다고 말하고 있었다.

당신이 트랜스젠더거나 트랜스젠더를 사랑한다면, 단순히 롤링이 사용한 언어에 동의하지 않는다면 해리 포터와 얽힌 유년 시절의 일부를 어떻게 해야 할까? 결국 어린이들은 대중 마케팅 현상의 일부였고 해리 포터 책이 에바 이봇슨의 마녀 이야기들보다 더 좋은 책이라 말할 수 있는가? 이 어린이들이 빠진 꿈은 인터넷과 결합된 자본주의의 힘에 의해 연료를 공급받은 꿈일지 모른다. 그나마 좋은 소식은 그것이 사랑의 꿈이었다는 것이다. 해리 포터 책은 궁극적으로 사랑에 관한 이야기고, 아웃사이더들이 인정받고 사랑이 악에 승리하는 것에 대한 꿈이었다.

이 어린이들의 일부는 꿈의 풍경을 빼앗긴 어른이 되었다. 이들은 어린 시절의 대부분을 보냈던 상상 속의 풍경을 잃어버리는 걸까? 나는 한쪽이 움푹 파인 언덕을 상상한다.

나는 수치심에 대해서도 늘 궁금하다. 수치를 당할 위험은 인터넷 생활의 모든 구석구석에 도사리고 있다. 수치는 팬과 몰락한 예술가 사이의 역학 관계에 어떤 역할을 할까. 수치심shame은 동사이자 명사이기도 하다. 내 안에서 느껴지는 무언가이면서 내가 당신에게 가할 수도 있는 것이다. 우리가 한 예술가를 사랑하고 그들과 동일시할 때 그들이 얼룩지면 우리는 그들을 대신하여 수치심을 느낄까? 아니면 나와의 동일시를 끊어 버리고 싶어 그들에게 더 잔인하게 수치심을 주고 더 멀리 내쫓아 버릴까? 어쩌면 수치는 이 유사 사회 관계의 궁극적 표현일지도 모른다. 우리가 사랑하는 예술가의 감정과 함께 무너진 우리의 감정은 인터넷 시대에 특화된 새로운 방식으로 우리를 취약하게 만든다. 그리고 당연하게도 이 새로운 지형 안에서 나는 어떻게 행동해야 할지, 심지어 어떻게 느껴야 할지 몰라 어리둥절해하고 있다.

4

비평가

내가 중학교 2학년 때 만난 특별한 영어 선생님이 있는데 여기서는 그녀를 스미스 선생님이라고 부르기로 하자. 스미스 선생님은 트위드 재킷을 입고 윤기 나는 세련된 갈색 파마머리를 한, 각종 분야에서 신랄한 의견을 지닌 분이었다. 그 선생님 손에 들리면 분필 조각도 담배처럼 보였다. 베스트셀러 같은 건 취급하지 않는다고 알려져 있었다. 당시에는 몰랐지만 그 선생님은 내가 처음으로 만난 여성 지식인이었고 두 번째 사람을 만나기까지는 오랜 시간이 걸렸다.

가끔은 스미스 선생님이 나를 이 이상한 나라의 야인, 즉 전문적으로 비평하는 사람으로 만든 장본인일지도 모른다는 생각을 한다. 그분이 천둥벌거숭이 같은 우리 학년에게 아무렇지도 않게 툭툭 던진 말들이 워낙에 반짝거리면서 강력하긴 했지만, 결정적으로는 어느 날 수업이 끝난 후에 나에게 한 말 때문인 것 같다. 그녀는 책상 의자에 등을 기대고 앉아 나를 찬찬히 보더니 딱히 자상하다고는 할 수 없는 예리한 관찰자의 목소리로 이렇게 말했다. “클레어, 너는 어떤 상황이나 사람이나 책에 대해 최대한 열심히 생각하고 또 생각하는 편이더라. 그 안에서 뭔가 잘못된 걸 찾아내기 전까지는 집요하게 생각하는 것 같다. 그런데 네가 앞으로 살아가면서 그런 점이 널 더 힘들게 할지도 몰라.”

노란색 디키즈 멜빵바지에 야구 저지를 입은 어리바리한 열두 살짜리에게 이러한 매서운 지적을 하시다니. 확신하건대 빗지 않아 제멋대로 엉킨 곱슬머리 아래의 내 얼굴은 그 순간 선생님을 멀뚱멀뚱 바라만 보고 있었을 것이다. 하지만 그 후로 오랫동안 그 선생님의 말이 잊히지 않았다. 스미스 선생님은 그때도 쉬지 않고 무언가를 비판하는 내 안의 기질을 알아보신 걸까? 아니면 그 말 때문에 내가 비평가가 되었을까? 마녀처럼 나에게 비평가가 되라는 저주를 내리신 건 아닐까?

회고록 작가이자 에세이스트인 비비언 고닉은 인정사정없는 내면의 비판가에 대해 이렇게 말했다. “언제 어디서나 참견하며 끼어드는 내 목소리는 결함과 부재와 무능을 찾아내는 일을 한시도 멈추지 않는다.”

바로 이러한 목소리는 성장하며 나와 한 몸이 되었다. 하지만 따져 보면 비판의 목소리는 권위의 목소리라고 할 수 없다. 그저 끝도 없이 흐르는 판단의 강 같은 것이며 그 안에는 주관적 의견이 넘실거릴 뿐이다.

작품을 소비하는 데 감정이 점점 중요해 보였다.

나는 생각만으로 이 괴물 남자들의 문제를 풀지 못할 거란 느낌이 들기 시작했다. 사실 생각이 아니라 감정으로 풀어 볼 수 있을지도 모른다. 권위자에게 기대지 말고 나의 주관적인 반응을 참고하면 어떨까? 해리와 포터스 쇼의 아이들처럼, 진심을 다해 어떤 경험에 온몸을 내던진다면 답이 나올지도 몰랐다.

권위와 주관 사이의 긴장은 비평가로서의 내 삶에 깊게 드리워져 있었다. 아니 내 인생 전체에 드리워져 있다. 스미스 선생님의 관찰이 (시기가 적절했는지는 모르겠지만) 정확했다고 볼 수밖에 없다.

이십 대 중반에 지역 신문사에 취직해 영화평론가로서 첫발을 내디뎠다. 신출내기 젊은 여자치고는 시작이 화려했다고 할 수 있다. 내 업계의 진짜 동료들은 같은 신문사의 기자들이 아니라 다른 시애틀 신문사의 영화평론가들이었다. 우리는 거의 매일 주중 오후에 시애틀 오페라 사무실 지하에 숨겨진, 붉은색 벨벳 천이 깔린 작은 시사회실에서 만났다. 특징 없는 건물의 옆면에 엉뚱한 문이 하나 있었고 교정기처럼 벽을 메운 철 계단을 따라 내려가야 했다. 근처 사탕 공장에서 할머니의 버터 스카치 냄새가 풍겼다. 과거의 흔적 같은 냄새였고 어두운 극장에서 영화를 보는 것도 점차 과거의 흔적 같은 활동이 되어 가고 있었다. 시네마는 정확하게 물러나야 할 때를 알고 물러나는 것처럼 보였다. 우리는 죽어 가는 의식을 비밀리에 행하는 결사대였다.

그 상영실 앞줄 중앙 좌석은 대표적인 두 일간지 기자의 차지였는데, 이들은 눈 하나 깜짝하지 않게 생긴 백인 남성 두 명으로 인간의 모습을 한 일간지였다. 우리같이 발행 부수가 적은 지역 신문사 소속의 열등한 존재들은 뒷자리에서 소금에 절인 야채처럼 찌그러져 있어야 했다. 이 두 사람은 정확히 똑같은 포즈로 앉아 있었다. 의자에 몸을 깊게 묻고 마치 수염 난 얼굴을 세우기에도 너무 지쳤다는 듯이 턱을 손으로 받치고 있었다. 그리고 영화 상영 시간 내내 그 자세를 유지했다. 세상에서 가장 웃긴 코미디 영화를 볼 때는 약간의 비자발적인, 웃음기를 제거한 어깨 떨림 정도를 허락했다. 세상에서 가장 무서운 공포 영화를 볼 때는 그날따라 눈을 크게 뜨고 움찔하는 일 따위는 절대 없이 자신들이 충분히 버틸 수 있음을 보여 주었다. 나 같은 경우에는 언제나 의자에 등을 기대고 과자를 집어 먹으며 보다가 웃기는 장면이 나오면 깔깔 웃고 무서운 장면이 나오면 눈을 가렸다. 나도 문화 중재자가 되어야 한다는 것을 알았지만 계속 그 자리에서 미끄러져 일반 관객이 되었다.

중간에 자세를 똑바로 하고 수첩에 단 몇 줄이라도 휘갈기기 위해 집중했다. 인터넷 이전 시기였으므로 리뷰를 쓰기 위해 참고해야 할 자료는 극장 밖으로 갖고 나온 내 메모밖에 없었다. 사실 내 직업을 수행하기 위해 상당히 많은 양의 커피를 수혈받아야 했다. 물론 나는 당시 재미있는 직업의 교과서적 정의 같은 직업에 종사하고 있었지만 가끔은 영화 보기가 힘겨웠다. 솔직히 말하면 자주 졸렸다. 영화평론가의 삶은 내가 원하는 삶이 아니었다. 동료 평론가들은 이렇게 말하곤 했다. "여기 오래 앉아 있다 보면 정작 내 인생은 지나가 버려." 진짜 인생이 찾아오길 기다리면서 어둠 속에서 앉아만 있으면 아무 일도 일어나지 않을 성싶었다. 밖으로 나가야 하지 않을까. 그러니까 밖으로 나가서 인생을 '살아야' 하는 것 아닐까. 중재인으로 사는 건 그만하자. 나의 낮이 캄캄한 밤으로 채워지는 것도 지겨웠다. 그러던 중에 서서히 변화가 일어났다. 영화는 내게 정확히 인생이라고 할 수 있는 것을 선물하지는 않았지만 환한 전구가 하나 더 달린 것 같은 삶을 선사했다.

어찌 되었든 나는 그저 관객 중 한 명이라는 감각에서 벗어나기가 힘들었다. 나 자신이 전문가 같지가 않았다.

무엇보다 나는 젊고 어린 애송이였다. 높은 플랫폼 힐을 신고 어두운 극장에서 나오다가 발목이 꺾이기도 하는 나이, 팝콘으로 끼니를 때우면서 남자들이 날 어떻게 생각할지 고민하는 나이였다. 당시 시애틀은 여전히 남자들만의 클럽이었다. 1990년대 중반이었고 뭘 해도 어색했던 십 대가 갑자기 인기가 많아지는 것처럼 도시는 급성장하고 있었다. 그렇다 해도 시애틀은 내가 자란 곳이고 남자애들은 무언가를 하고 여자애들은 구경하는 동네였다. 내가 젊은 여자라는 사실로 인해 내 권위가 깎이고 있다고 어렴풋이 느꼈다. 어쩌면 그 느낌은 사실이었는지도 모른다. 나 자신을 평론가가 아닌 관객으로 보는 이상한 고집 때문에 내 권위가 하락했을지도 모른다.

나는 권위의 문제를 놓고 씨름했다. 독자들에게 무엇을 말해야 하긴 하는데 무슨 말을 해야 할까? 나라는 사람이 대체 뭘 알아서 사람들이 어떻게 생각해야 할지를 쓴단 말인가? 물론 남들보다 영화를 많이 보긴 했다. 대학에서 영화 이론 수업을 두어 과목 들었는데 나처럼 검은색 옷을 많이 입는 학생은 응당 그래야 하는 줄 알아서였다. 하지만 신문사에 글 쓰는 사람으로 고용되었다. 나는 글을 제법 썼고 그래서 이렇게 남들이 탐내는 직업을 얻었다. 하지만 그렇다고 해서 저절로 나에게 논평할 자격이 부여되는 걸까? 내 직업은 정확히 뭐지?

저렴한 테이크아웃 데리야키를 나눠 먹으며 연배가 있는 선배 영화평론가와 상담을 했다. 그는 나의 등을 다소 무례하게 토닥이면서 나에게는 아직 발굴되지 않은 재능이 있다며 앤드루 사리스의 책 『미국 영화 사전*The American Cinema*』을 안겨 주었다. 그 책을 받아서 얼마나 기뻤던지! 그래, 나도 밤새워 공부만 하면 권위를 어떻게 갖는지도 배울 수 있을 거야.

『미국 영화 사전』은 솔직히 읽으라고 만든 책은 아닌 듯했고 나의 완독 시도를 완강히 거부했다. 결국 이 책은 욕조 옆에 놔두었다가 얼룩과 물때를 힘들게 닦아 내야 했다. 사리스는 프랑스 용어 '오퇴르auteur'를 미국 영화 평론에도 적용한 저자로, 사리스의 책은 1968년 영화광들에게 작가주의 이론을 처음 소개해 감독도 작가처럼 존경받을 수 있고 존경받아야 한다는 생각을 심어 주었다.

문제는 이 책의 어디를 뒤져 봐도 실전에 적용할 이론을 찾을 수 없었다는 점이다. 내가 찾던 것은 이론과 함께 보다 솔직하고 진심 어린, 실생활에 응용할 수 있는 행위라는 쌍둥이 자매였다. 이른

바 비평적으로 글 쓰는 방법을 알려 주는 책이 필요했다. 책을 뒤집어 페이지를 털어 보았지만 유용한 전략이 우수수 떨어지지는 않았다. 나는 몸을 배배 꼬면서 소위 이론이라는 이것을 이해하는 척하고 내가 보고 있는 실제 영화에 적용해 보려고 애썼다. 당시 나는 자동차 추격 신과 갈색의 매트한 립스틱을 바른 여자와 권총 채찍질이 자주 등장하는, 타란티노 아류작들을 주로 감상했다. (생각해 보면 영화평론가가 되기에는 괴로운 시기를 선택한 것 같은데 1990년대 중반 영화들에는 항상 권총 채찍질이 나온다. 로맨틱 코미디를 보고 있는데 갑자기 권총 때리기 등장. 뮤지컬 보고 있는데 누군가 권총 휘두르기!)

남자 평론가들에게 둘러싸여 대체로 남자 감독들이 만든 영화를 보면서 내 머리에 작가 이론을 욱여넣고 있었다(사실 이론이라고도 할 수 없었다). 나는 내 직업이 위대한 남성들을 위한 서비스 직종이라고 느끼기도 했다. 작가든 감독이든 그들은 내가 모르는 무언가를 알겠지. 그들이 말하고자 하는 의미를 정확히 읽어 내어 관객들에게 왜 그것이 중요한지를 설명하는 것이 내 임무겠지.

(이는 예술 영화에 해당된다. 할리우드 영화는 나도 비웃을 수 있었다. 물론 때로는 진지한 평론가들도 메인스트림 상업 영화에도 놀라울 정도로 반직관적인 지지 선언을 하면서 그런 자신을 자랑스러워하기도 했다. "〈틴 컵Tin Cup〉 1990년대 최고의 필름!" 여기서도 요령이 있는데, 하워드 호크스[1]나 더글러스 서크[2]를 언급하는 것이다.)

1 Howard Hawks(1896~1977). 미국의 고전영화 감독

2 Douglas Sirk(1897~1987). 독일 출신 할리우드 영화감독

어찌 되었건 이것이 평론 문화가 작동하는 방식이었다. 당신이 평론가라면 '의견'을 제시하면 안 된다. 당신은 그저 일종의 가톨릭 신부로 위대하신 그분, 그 남자 작가의 말과 작품을 전달하고 번역하는 사람이다.

한번은 줄리 대시[3]의 영화를 보고 감동받아 그렇게 말했더니 남자 평론가가 비웃으며 말했다. "그 영화 마음에 들어 할 줄 알았지." 그 영화에 빠질 줄 알았다는 뜻이었다. 비평가의 입장에서는 의심이 가득 담긴 말이었다. 적어도 느낌상 그랬다.

사랑, 미움, 감정. 이것들은 다른 평론가들이 사용하는 비평의 재료들이 아니었다. 그들이 추구하는 것은 권위였다. 나 또한 그 권위를 향해 손을 뻗어 보았으나 그것은 언제나 내 손에서 빠져나갔다.

권위에 대해 이어 말하자면, 나는 비평의 구조에 대해서는 배워서 알고 있었다. 이 영화가 무엇을 하려고 노력하는가? 성공했는가? 애초에 가치 있는 목표였는가? 비평의 구조라는 것은 아주 오래전부터 존재해 왔다. 1819년 이탈리아 시인이자 문학의 거장 알레산드로 만초니는 비평가가 겪는 문제를 깔끔하게 정리해 주었다. 비극 시 『카르마놀라 백작*The Count of Carmagnola*』의 서문에서 이렇게 썼다. "모든 예술 작품은 독자가 판단하기 위해 필요한 모든 요소를 제공한다. 나의 관점에서 이 요소는 다음과 같다. 작가의 의도는 무엇인가. 그 의도가 합리적인가. 작가가 그 의도를 성취했는가."

이 세 가지 질문은 쓰러질 리 없는 탄탄한 다리 세 개짜리 스툴

3 Julie Dash(1952~). 미국의 흑인 여성 감독

처럼 비평에 유용한 구조다. 하지만 이 질문이 실제로 어떤 작품의 객관적 진실에 가깝게 다가가게 해 주는가? 이 세 가지 질문은 어떤 예술 작품이 위대한지 아닌지를 결정하는 과정을 분해하려고 시도한다. 작품에 대한 대체로 지저분하게 복잡하고 감정적인—극장 의자에서 몸을 배배 꼬는 내가 있다—우리의 반응은 공식적인 과정을 거치면서 예술의 질을 판단할 수 있게 되고, 그 판단을 권위 있게 선포하면 무언가 안심할 수 있는 것으로 바뀐다.

그럼에도 불구하고, 나 또한 세 가지 유용한 질문으로 무장하고 있었지만 비평적으로 무언가를 선언하기가 힘들었다. 다른 평론가들은 항상 당당하게 선포하는 것 같았다. 이 영화는 일류다. 이 영화는 최악이다. 이것은 가치 있다. 저 영화는 그렇지 않다. 너 고작 그 영화 좋아하니?

나는 그러한 확신 있는 태도를 개발할 수 없었다. 단순히 내 잘못이라고도, 내가 일을 제대로 해내지 못하고 있다고도 생각했다. 나의 주관에 갇혀 버려 권위 있는 비평이라는 천상의 지위에 올라가지 못하는 것이다. 이 점에서 나는 다른 평론가들과 다르다는 걸 알고 있었고, 나의 다름은 숨겨야 할 비밀이었다. 나의 주관적 생각과 감정을 반박당하고 싶지는 않았지만 그래도 부끄러운 일처럼 보였다. 주관을 넘겨 버릴 수도, 무시할 수도, 존재하지 않는 척할 수도 없었다. 그래서 깊이 생각하지 않고 영화평에서 '나'를 앞으로 내세웠고 무언가를 주장하면서도 스스로 내 권위를 깎아내렸다. 이것은 한 사람의 생각이고 '나'의 의견일 뿐이라고 했다.

(『뉴욕 타임스*The New York Times*』에서 비평을 쓰기 시작했을 때 『북 리뷰*Book Review*』의 위엄 있는 편집장은 내게 욕설을 쓰면 안 되고 무엇보다 대명사 '나'를 사용하지 말라고 했다. 그는 내가 어떻게 그의

조언을 따르는지 알고 싶었을 것이다. 이후 그의 어조로 보아 내가 잘해내지는 못한 것 같다.)

당시에는 몰랐지만, 나는 '나'를 통해 어떤 작품에 대한 진심 어린, 가슴으로 느낀 반응에 다가가려 했다. 어떤 작품이 내 안에 불러일으킨 감정을 내가 쓰는 글에 반영하고 싶다는 욕망이 있었고, 그 바탕에는 내 감정, 내 경험은 당신 것도 아니고 당신의 감정과 경험도 내 것이 아니라는 사실에 대한 이해가 있었다.

사실 나는 비평적 전통을 통해 '나'에 도달하고 있었지만 그 비평이 마치 사생아처럼 느껴졌다. 내가 독자로서 사랑했던 비평적인 글은 거침없고 자신만만하게 주관적인 글들이었다. 어릴 때부터 비평을 닥치는 대로 읽는 편이었고 비평가가 내가 느낀 감정을 묘사할 때 승인이라는 작은 조각을 수집할 수 있었다. 십 대 초반에 가장 좋아한 비평가는 폴린 카엘[4]이었다. 그녀는 내가 소비하던 재료를 자기 안에서 반영해 다시 돌려주는 것만 같았다.

소설이나 회고록의 인물이 나처럼 생각하고 내가 믿는 바대로 행동하고 내가 행동하는 대로 행동할 때는 그 자리에서 꼼짝하지 못할 정도로 충격을 받거나 감격하진 않는다. 독서에 몰두할 뿐 별다른 생각을 하지 않는다. 스토리가 전부다. 하지만 비평가가 그러했을 때는, 그러니까 나의 감정과 반응을 글로 풀어 줄 때는 언제나 크게 자극받고 흥분하고 감동했다. 아마도 비평가와 독자는 결국 같은 경험을 공유하는 사람들이기 때문이리라. 그들은(우리는) 같은 영화를 보고 같은 책을 읽는다. 참고의 틀과 지형 또한 똑같이 공유한다.

4 Pauline Kael(1919~2001). 『뉴요커』의 영화 비평가

우리가 같은 경험을 공유하고 있다는 사실을 알기 때문에 내게 비평문 읽기는 굉장히 친밀한 행동이었다. 나와 아주 먼 곳에 있는 타인이지만 같은 작품을 소비하고 있다. 나 같은 경우에는 보통 생각보다는 감정에 강렬하게 사로잡히는 사람이기 때문에 내 감정이 나에게 설명되기를 바랐다. 그것이야말로 독서의 진정한 기쁨이고 위안이었다.

이 기쁨, 나에게 가장 심오한 독서의 기쁨은 주로 주관적 글쓰기에서 비롯된다. 친밀감 혹은 짜릿함은 비평가가 중재자나 심판자 역할을 할 때는 전혀 찾아오지 않는다. 예를 들어 미치코 가쿠타니[5]는 나의 외로움을 조금도, 단 1밀리미터도 덜어 주지 못했다. 물론 이런 평가 중심의 비평에는 스포츠와 비슷한 재미가 있고 이 비평은 행동의 언어로 설명된다. 중재자인 비평가는 어떤 일을 해낸다. 사랑받는 작가를 넘어뜨린다. 무명의 작가를 끌어올린다. 이러한 비평을 읽는 독자로서 나는 그 행동을 관람할 수 있어 충분히 즐겁다. 앞서 말했듯이 일종의 스포츠다. 하지만 이 사업에는 내가 포함되어 있지 않아 나와 무언가를 공유하고 나의 반응과 감정에 연대해 주지는 않는다.

젊은 비평가 시절에는 몰랐지만 이제는 안다. 나의 주관성은 비평가로서의 내 경험에 중대한 요소이고, 내가 할 수 있는 최선은 그저 그 사실을 받아들이는 것이다. 하지만 나와는 자신의 역할을 달리 보는 남성 비평가들에게 둘러싸인 젊은 여성 비평가가 배우기에는 쉽지 않은 과제였다. 실제로 내 주변 남자들은 자신의 주관적 관점에 의심을 품을 필요가 없었다. 그들의 주관성이 보편적이고 일반적인, 기본 설정 같은 관점으로 받아들여졌고, 종종 예술가와 관점이 동일

5 Michiko Kakutani(1955~). 『뉴욕 타임스』의 서평가이자 퓰리처상을 수상한 문학평론가

하지 않아도 상관없었다. 그들은 당당하게 선언할 수 있었고 자세히 들여다보면 광기의 냄새까지 나는 표현들을 사용했다. "최종 결정판", "손볼 데 없는 수작", "10년 이내 최고의 작품". 사실 이런 표현들이야말로 정신 나간 소리처럼 들릴 뿐이다.

실은 앞서서 내가 먼저 〈애니 홀〉이 20세기 가장 위대한 코미디 영화라 말했었다. 사실 비평적 권위과 객관성이라는 개념을 다시 보게 하기 위해 실없는 농담을 했다. 솔직히 그런 것을 누가 알고 판단할 수 있을 거라 믿지 않는다.

⁎ ⁎ ⁎

우리 모두는 우리의 관점에 매여 있다.

권위적 비평은 객관적 반응이라는 신화를 믿고 객관적 반응이란 느낌, 감정, 주관이 전혀 개입되지 않는 반응을 말한다. 사실 그 어떤 사적인 관점을 제외한 반응이다. 남성 비평가는 그 반응에 의문을 제기할 필요가 없는데, 대개 그들이 평할 작품은 그들과 같은 누군가에 의해 만들어진 작품이기 때문이다. 작품은 한 타입의 창작자(다시 말해 남성)로부터 나와 그와 같은 타입의 독자(역시 남성)에게 전달된다. 이 창작자에게는 이상적인 관객이 있다. 그 관객에게도 이상적인 창작자가 있다. 나머지 사람들은 그 양자 관계의 바깥에 자리하고 있다. 배제된 것은 아니지만 그 역학 안에 포함되진 않는다.

물론 우리도 그들과 똑같이 하면 된다. 우리의 경험을 중심으로 한 작품을 만들어 너무나 오래 중심을 차지하는 남성을 배제할 수 있다. 그러나 아무리 그렇게 해도 남성들은 자신의 관점이 중심이 아니고 여러 관점 중에 하나라는 사실을 이해하지 못한다.

2018년에 BBC의 코미디 부문 관리자 세인 앨런(나는 BBC에 코미디 부문 관리자가 있다는 사실을 무척 좋아한다. 웃음의 제왕 같은 것일까)의 말에 의해 작은 소동이 일었을 때 이 문제에 대해 생각할 기회가 있었다. "지금 코미디 그룹을 새로 만든다면 옥스브리지 출신의 백인 남자 여섯 명으로 구성되진 않을 겁니다." 그는 몬티 파이튼[6]을 언급하며 "현대 사회를 반영하는 다양한 사람들로 구성될 겁니다"라고 말했다. 이에 몬티 파이튼의 테리 길리엄은 격앙된 반응을 보였다. "나도 이런 세상에서 백인 남자로 살고 싶지 않습니다. 세상이 잘못 돌아갈 때 언제나 비난받는 대상이고 싶지 않아요. 세상에 대고 말하렵니다. 나는 이제부터 흑인 레즈비언 하겠습니다." 존 클리즈[7]는 셰인 앨런의 '사회공학적' 접근법을 비난하기도 했다. 하지만 그 오랜 세월 동안 귀하신 몸이었던 백인 남성이 대부분의 기회를 챙겨 간 것이 궁극적인 사회공학이 아닐까. 그렇다. 나도 머리를 비우고 싶은 평일 저녁에는 해나 개즈비[8]보다는 몬티 파이튼을 보고 싶을 수도 있지만 여기서 중요하게 짚고 넘어가야 할 지점은 이것이다. 이 남자들 중 어느 누구도 여성이나 유색인의 관점 또한 자신들의 관점처럼 '평범하고 일반적'이며 중심에 있을 수 있다는 개념을 한 번쯤 생각이라도 해 볼 정도로 시각이 넓지 않다. 그들은 자신의 관점이 보편적 관점이 아니고 자신의 코미디가 사람들을 배제했다는 사실을 이해할 능력조차 없어 보인다. 나에게 그 배제는 그렇게까지 심각한 문제도 아니고 그저 사실이다. 평생 남을 소외해 왔던 사람들이 자신과 다른 사람들의 작품을 평하면서 자신이 느끼는 (헛웃

6 Monty Python. 1969년부터 1983년까지 활동한 영국을 대표하는 전설적인 코미디언 그룹

7 John Cleese(1939~). 몬티 파이튼의 주요 멤버

8 Hannah Gadsby(1978~). 호주 출신의 여성 스탠드업 코미디언

음이 나오는) 소외감을 사용할 수는 없다.

여성 창작자들, 아니 그저 여성들은 자신을 자기 분야의 배우로 보아 주길 갈망한다. 흑인 창작자, 퀴어 창작자도 마찬가지다. 파이튼은 수년 동안 자신과 같은 얼굴을 가진 사람을 찾아 헤맨 적이 없다. 나는 어릴 때 늘 나와 같이 생긴 사람을 찾았다. 여자 위인을 알고 배우고 싶어 애가 탔다. 1970년대에 소녀 시절을 보낸 사람은 이 느낌을 알 것이다. 학교 도서관에서 위인전들을 손으로 훑으면서 여자 이름은 언제쯤 나오나 기다린다. 그러다 한 권 읽게 된다. 클라라 바턴? 그래, 좋아. 클라라 바턴[9] 읽지 뭐. 그것이 우리가 가진 전부였다.

최근에 한 흑인 친구는 괴물 창작자들에 대해 논하던 자리에서 벌떡 일어나 이렇게 말했다고 한다. "솔직히 내가 무슨 상관이죠? 나는 어렸을 때 나에 대해 읽은 적이 없어요. 그 어떤 작품에서도 나를 본 적이 없었다니까요. 어린 시절 내내 읽으라고 했던 책에는 흑인이 단 한 명도 등장하지 않았어요." 이것은 편견이 아니다. 그녀가 그 대화에서 배제되었음을 이해하는 것뿐이다. 그들이 침을 튀기며 논하는 작품은 그녀를 위해 쓰이지도 않았고 그녀 같은 사람이 쓰지도 않았음을 그저 인정하는 것이다.

파이튼 같은 구닥다리 비평가는 이제껏 한 번도 제외된 적이 없어서, 자신이 커다란 집단의 일부였다는 사실조차 모른다. 이 그룹은 자신들이 편견에 얽매이지 않는다고 생각할 테지만 자신들에게 편견이 있다는 사실조차 이해하지 못한다.

이에 관한 완벽한 예가 리처드 시켈[10]의 2003년 책 『우디 앨런:

9 Clara Barton(1821~1912). 미국 적십자를 창설하고 초대 총재로 재직한 인물

영화 속 인생*Woody Allen: A Life in Film*』에 일부 등장한다. 시켈은 앨런의 작품을 대하는 여성의 반응이 남성과는 다를 수 있다는 생각조차 다루지 않는다. 여성의 반응이 중요할 것이라는 개념—여기서 잠깐 한숨 쉬고, 여자 반응이 중심 반응일 수도 있다는 개념—은 이 비평가를 완전히 비껴간다. 책의 어떤 지점에서는 자기 세대가 키워 온 훌륭한 관용 정신에 대해 이야기한다. 자기 세대는 "페미니즘까지도 공감할 수 있는" 세대라는 것이다. 페미니즘의 타자화는 이 중재자가 자신의 관점이 실은 자신만의 극단적으로 제한된 주관성에 달려 있음을 끝까지 이해하지 못한다는 사실을 여실히 드러낸다. 그는 자신의 관점이 지금 혹은 앞으로 비주류가 될지도 모른다는 점을 고려하지 않는다. 자신의 관점이 파이 전체가 아니라 그 파이를 이루는 작은 조각일지도 모른다는 생각은 그의 머릿속에는 존재하지 않는다.

이런 방식으로 주관성은 스스로에게 객관성을 부여하고 선언한다.

시켈 관점의 근원적 오류는 그가 오류의 가능성조차 떠올리지 않는 것이라 할 수 있다.

당신이 누구인지, 어디에서 왔는지 그래서 작품에 가져온 것이 무엇인지 인지하는 편이 좋다. 당신은 당신이라는 사람과 당신의 느낌에 따라 반응하는 존재임을 인정하는 편이 좋다.

음악 평론가 그레그 테이트의 글에 대해 생각해 보자. 그는 자

10 Richard Schickel(1933~2017). 미국의 영화평론가. 1965년부터 2010년까지 『타임』에 글을 썼다.

신의 경험을 중심에 두고 글을 쓰는 사람이다. 흑인 남성의 관점에서 쓰고 흑인 역사와 문화에 정통한 사상가로서 글을 쓴다. 그렇게 함으로써 그는 자신의 비평적 글쓰기뿐만 아니라 힙합 자체를 예술의 형태로 끌어올리는 데 앞장섰다.

"역사와 완전히 무관한 감정이라는 것이 있을 수 있습니까?" 작고한 작가 랜들 케넌이 2019년 미시시피대학교 강연에서 던진 질문을 나는 항상 생각하는 편이다. 우리의 감정은 절대적인 것처럼 보이고 그렇게 느껴지지만 우리가 겪은 순간과 상황, 그 이전에 우리를 스쳐 간 순간과 상황에 복무한다. 여기에 이 말을 더하고 싶다. 과연 어떤 반응, 어떤 의견, 어떤 비평이 역사와 완전히 무관할 수 있을까? 우리는 역사와 이력의 힘에 종속되어 있고 그 역사가 형성한 조건 내에서 살아가고 있다. 우리는 자신을 역사를 초월한 주체라 생각하지만 전혀 그렇지 않다.

이는 파이튼에게도 해당하고 리처드 시켈에게도 해당한다. 백인 이성애자 남자의 목소리가 들리지 않아야 한다고 말하는 것은 심각하게 제한된 관점이다. 그와 동시에 백인들이 그들의 감정 또한 역사와 불가분의 관계임을 배우지 않고 건너뛰는 것도 심각한 제한이다.

남성 문필가가 저녁 식사 중 〈맨해튼〉을 미학적 장점에서만 판단해야 한다고 말했던 장면을 기억하는가? 왜 그에게는 자신의 삶과 경험이 자신의 반응을 형성했다는 생각이 떠오르지 않았을까? 그는 그가 해야 했던 생각을 나에게, 여자인 나에게 떠넘겼다. 그에게 자신의 주관성은 그의 눈에는 전혀 보이지 않는 비평 기계 속 유령이었다.

이 모든 깨달음을 통해 말하고자 하는 바는 다음과 같다. 다시 한번 이 질문을 던진다. 괴물 남성들의 작품을 어떻게 대할 것인가? 이때 나는 공정한 관찰자로서 이 질문에 다가가지 못한다. 나는 역사가 제거된 사람이 아니다. 나는 십 대 때 중년 남성에게 성추행을 당했다. 성희롱도 당했다. 길에서 괴롭힘을 당했다. 나는 잡혔고 끌려갔고 강간 미수에서 벗어났다. 내가 특별한 사람이란 말을 하고 싶어 이 경험을 늘어놓는 것이 아니다. 내가 특별하지 않다는 말을 하고 싶어서다. 너무나 많은 여성 혹은 대부분의 여성들처럼 나도 이 문제에 관해서는 개인적 이슈가 있다. 따라서 내가 괴물 남자들의 작품을 어떻게 대해야 할지 질문할 때 나는 그들의 희생자들에게 연민만을 갖지 못한다. 나 또한 그들과 같거나 비슷한 입장인 적이 있었다. 그 괴물이 나에게 한 짓을 기억하고 있다. 이 문제에 거리를 유지하며 냉담한 태도로 접근할 수 없다. 나는 그 고소인들에게 공감한다. 나도 고발자다. 그러나 그러면서도 여전히 예술을 소비하고 싶다. 왜냐하면 이 모든 것에 앞서 나는 인간이기 때문이다. 나는 그 무엇도 놓치고 싶지 않다. 왜 꼭 그래야 할까? 왜 〈차이나타운〉이나 〈슬리퍼 Sleeper〉[11]를 빼앗겨야 할까? 내가 여성으로서 겪어 온 아픈 일들과, 위대한 예술이 주는 자유와 미학과 장엄함과 기이함을 못내 경험하고 싶은 마음 사이에 긴장이 도사린다. 이것이 문제의 핵심이다. 이 질문은 철학적 질문이 아니라 감정적 질문이다.

도나 해러웨이[12]는 객관성이란 "아무 근거도 없는 정복자의 시선"이고 "환상이나 신의 장난"이라고 말한 바 있다.

11 우디 앨런의 1973년 코미디 영화

12 Donna Haraway(1944~). 미국의 페미니스트, 과학자, 철학자

객관성이 신의 장난이라면 주관성을 인간의 장난이라고 생각해야 할지도 모른다. 우리의 과업은 신이 아니라 인간이 되는 것이다.

당신의 미학적 경험은 무관심과는 반대 지점에 놓여 있을 가능성이 높고 대체로 감정적으로 깊이 연루되어 있을 수 있다. 따라서 내 답은 당신의 답과 다르다. 나는 결혼식 피로연에서 R. 켈리의 노래에 맞춰 신랑과 춤추지 않았지만 당신은 그랬을 수도 있다. R. 켈리의 음악이 흐르던 기억을 달콤하게 회상할 수도 있다. 내 안에는 헉스터블 선생님이 자랑스러운 흑인으로 각인되어 있지 않았지만 당신에게는 그랬을 수도 있다. 당신은 그 이미지가 필요할 수도 있다.

미학적 경험은 우리의 향수나 기억과 떼려야 뗄 수 없는 관계에 있다. 다시 말하면 주관적 경험에 깊이 연루되어 있다. 우리가 겪은 생생한 경험은 우리가 향유하는 예술을 확장하고 조영한다. 이상이 아니고 현실이다. (카녜이 웨스트[13]에 대한 글을 쓴 적도 있는) 뛰어난 비평가이자 시인 하니프 압두라킵은 우리의 개인적인 기억과 그 기억을 정의한 예술가를 분리할 수 있어야 한다고 주장한다. "팬의 정치적 책임은 기억에 도전하는 것이 아닐까 한다. 향수를 느끼고 욕망에 도전하고 그렇게 하면서 우리의 향수에 찐득하게 붙어 있는 사운드트랙에 도전하는 것이다." 압두라킵은 망각이 가능하다고 말한다. 혹은 모든 것을 제자리에만 고정하고 앞으로 나아가지 못하게 만드는 아름답고 몽환적인 기억을 이제 마음에서 내려놓자고 말한다. 이것은 아마도 압두라킵의 말대로 정치적 책임일지도 모른다. 그러나 우리는 언제나 책임을 완수할 수 있는 사람들이 아니다. 특히 마이클 잭슨 목소리가 공중에 떠다니고 있는 순간이라면 더욱 그렇다.

13 2021년 '예Ye'로 개명한 바 있으나 본문에서는 관습적으로 불리는 본명으로 표기하였다.

향수나 개인적 경험은 작품의 위대함과 나쁜 행위의 정도를 비교하여 결과를 계산할 때 중요한 의미로 우리 앞에 나타난다. 우리는 그저 권위에 기대서 무언가를 훌륭하다고 평가하지 않는다. 이제까지 목격했듯이 권위 또한 이해관계나 경험에, 혹은 단순히 많은 이의 미학적 취향에 반하는 경우가 많다. 어떤 작품이 위대한 작품인지 아닌지는 우리가 어떤 사람이고 어떤 삶을 살아왔는지에 따라 달라진다. 즉, 우리 감정에 좌우된다.

계산기를 돌릴 때 사랑이라는 요소를 빠뜨리기는 너무 쉽다. 사랑은 (때로는 받아도 마땅한) 대중의 비난이라는 요란한 소리 옆에서 있는 조용한 소리다. 비판적 사고는 작품에 대한 사랑 앞에서 무릎을 꿇어야 한다. 무언가가 우리를 감동시켰다면 우리가 누구이건 간에 우리는 그 무언가에 아주 작은 충성심이라도 보여 주어야 한다.

대학에서 이 문제에 대해 강연할 때면 다음과 같은 질문을 반복해서 받는다. 아주 다급하고도 절실한 목소리로 물을 때가 많다. "선생님, 우리가 데이비드 보위를 들을 수 있을까요?" 보위는 내가 외톨이 십 대였을 때 몹시도 큰 의미를 차지했던 아티스트였다. 데이비드 보위는 괴짜들의 수호신이었다. 고등학교 1학년 때 내 방에는 하루도 빠짐없이 〈헝키 도리Hunky Dory〉[14]가 울렸다. 그의 음악을 들을 때면 설명할 수 없지만 나를 깊이 파고드는 외로움과 소외감이 덜어졌다. 나의 딸도 십 대 때 마찬가지였다. 나와 같은 외로운 아이들은 소유의 감각이 남다르다. 보위는 우리 것이었다. 그의 존재 자체가 우리 사이에 외계인들이 걷고 있다는 증거이고 주장이었다. 그래서 우리가

14 데이비드 보위의 4집 앨범

외계인처럼 느껴질 때도 알고 보면 우리와 같은 종족, 진짜 가족들이 우리 곁에 있다는 생각에서 위안을 찾곤 했다.

보위가 죽었을 때 그의 죽음을 어떻게 받아들여야 할지, 나의 어마어마한 사랑을 어떻게 표현해야 할지 몰랐다. 에세이를 써 볼까도 생각했지만 인터넷에 올리는 글 나부랭이는 내가 느끼는 애절한 감정에 비해 너무 수준 낮다는 생각이 먼저 들었다. 나는 그의 노래 'Five Years'(너의 얼굴, 너의 인종, 네가 말하는 방식/ 너에게 키스해, 너는 아름다워, 네가 걸었으면 해)를 올리고 며칠 동안 심각하게 우울해했다.

그러다 보위의 사망 몇 주 후에 몇 가지 이야기들이 떠오르기 시작했다. 2015년 그루피[15]였던 로리 매틱스는 열다섯 살에 보위에게 처녀성을 잃었다는 내용의 인터뷰를 했다. 이 기사는 아직 보위의 죽음을 애도하고 있을 때 수면 위로 떠올랐다. 매틱스는 보위에게 처녀성을 잃은 것에 대해 괴로워하지 않고 다소 들뜬 어조로 말했다. "난 순수한 소녀였어요. 하지만 나에게 일어난 일은 정말 아름다웠죠. 나는 신처럼 보였던 그를 기억해요. 그런 그가 나를 탁자에서 가졌어요. 첫 경험을 데이비드 보위와 하고 싶어 하지 않는 사람이 어디 있겠어요?" ("나는 신처럼 보였던 그를 기억한다"는 슬프게도 데이비드 보위의 노래 가사 같다.) 나는 그녀의 말을 믿었고 기분이 끔찍했고 슬펐다. 물론 레드 제플린과 머틀리 크루와 에어로스미스도 있다. 그렇다. 이들도 십 대들과 섹스를 했다. 그때는 다들 그랬다. 너무나 지겹고 지루하게 반복되는 이야기들이라 이 가수들 이름을 내 책에 넣고 싶지도 않다. 하지만 나의 가수, 우리의 가수라면?

15 groupie. 록 그룹을 추종하는 젊은 여성 팬

구체적으로 이 지점을 학생들이 궁금해한다. 그들이 데이비드 보위를 들을 수 있을까? 답이 절실하다. 그들에겐 그가 필요하다. 젊은 사람들은 우리 같은 추억을 다루지 않아도 된다. 그들은 지극히 현재적인 감정을 다루고 있다.

십 대에게 음악은 일종의 감정 저장소로서 감정이 살아가는 장소이며 감정의 운반소다. 그러니 뮤지션에게 배신당했을 때는 훨씬 더 고통스러운 감정이 찾아온다. 내 안의 나 자신에게 배신당한 것만 같은 느낌이다.

어떤 면에서 이 책은 상처받은 가슴에 관한 책이고 십 대는 상처에 관해서만큼은 세계 최강의 전문가다.

2015년 어디선가 갑자기 파워 보텀PWR BTTM이라는 밴드가 등장했다. 그들의 음악은 도발적이고 자유로웠다. 'West Texas'라는 요란하고 귀여운 곡이 있는데, 그 노래를 내 프리우스를 운전할 때 최고 볼륨으로 틀어 놓았고 집안일을 하면서도 들었다.

파워 보텀은 (지금은 논바이너리non-binary라고 밝힌) 남성 한 명과 트랜스 여성으로 구성된 이인조 밴드로 처음부터 자신들이 퀴어임을 당당하게 내세웠다. 사실은 스스로를 퀴어코어[16]라고 불렀고, 얼마 가지 않아 전국의 십 대 성소수자 팬들과 이성애자 앨라이들[17], 괴짜 십 대 팬들이 증가했다(나는 전직 십 대 괴짜 클럽의 정회원으로, 이 종족들의 영원한 팬이다). 이 밴드는 인디성과 퀴어 정체성 덕

16 queercore. 펑크록 장르의 동성애 음악

17 ally. 동맹, 협력자 등의 뜻으로 성소수자는 아니지만 성소수자의 인권을 지지하는 사람을 가리킴

분에 취약 인구가 다수 상주하고 유대가 강한 신에 어렵지 않게 입성할 수 있었다. 파워 보텀은 시애틀에서 자주 공연했는데 그들이 공연하는 날은 십 대들의 명절이었다. 우리가 사는 섬의 아이들은 페리보트를 타고 시애틀에 가서 연령대를 가리지 않고 초대하는 공연장인 베라 프로젝트에서 이 밴드의 공연을 보았다. 밴드는 콘서트가 끝난 후에도 남아서 그곳에 모인 젊은 팬들과 소통하고 친해지기도 했다.

십 대들은 나무가 우거지고 안전한 이 섬, 둘레길과 높은 SAT 점수가 있는 이 섬에 갇혀 있다고 느꼈다. 이들에게 시애틀로 가는 페리는 탈출을 의미했다. 그들은 콘서트의 흥분을 간직한 채 반짝이 속눈썹을 달고 집에 돌아오곤 했다.

2017년 봄, 파워 보텀이 두 번째 앨범을 발매할 예정이었다. 앨범 발표 며칠 전에 밴드 멤버 한 명이 젊은 여성 팬에게 원치 않는 성적인 접근을 시도했다는 이야기들이 흘러나왔다. 음반사는 앨범 발표를 미루었다. 소문은 주류 언론에서 하나둘씩 보도되기 전에 이미 신에 빠르게 퍼졌다. 그 신에 있던 한 아이가 말하길, 퀴어 공간은 포식자가 의심될 때 빠르게 움직이는 경향이 있는데 그곳의 일원들에게는 안전이 가장 예민한 문제이기 때문이라고 했다. 팬과 음악 언론의 질책은 빠르고 씁쓸했고 아팠다. 피치포크Pitchfork[18]에 "파워 보텀보다 더 나은 대접을 받아야 하는 퀴어 청소년들"이라는 제목의 기사가 실리고 『스핀*SPIN*』[19]에는 "파워 보텀에 냉소적일 수밖에 없는 이유"란 기사가 게재됐다.

이 사건으로 팬과 파워 보텀과의 관계는 완전히 정리되었다. 음

18 1995년에 설립된, 시카고를 기반으로 한 음악비평, 소식, 인터뷰 관련 인터넷 사이트

19 1985년에 창간된 미국의 음악 잡지. 현재는 웹진으로 발간되고 있다.

악을 만든 이들이 배신했는데 아무리 사랑한다 해도 어떻게 그 음악을 들을 수 있을까? 노래들은 시큼해지고 얼룩졌다. 그들의 노래는 수천 명의 플레이리스트에서 한꺼번에 삭제되었다. 이별의 아픔이 매우 구체적인 방법으로 표현되었다.

(그 전에 보위와 마찬가지로) 파워 보텀은 당신도 자유로울 수 있다는 개념을 가져온 뮤지션이었다. 그래, 너도 얼마든지 자유로울 수 있어! 그들은 더 큰 해방, 우리 모두를 포함하는 해방을 약속했다. 그들의 이상스러운 명랑함은 자유를 약속했다. 그러나 이 밴드의 행동은 이들 또한 과거의 모든 록스타와 같은 행동 코드에 의해 지배받고 있음을 나타낸다.

1년 남짓 후에 딸 루시와 섬의 작은 카페에서 크레이프를 먹고 있었다. 한 앳된 여자아이가 카운터 뒤에서 일하고 있었다. 루시의 고등학교 동창 해나였다. 우리 동네에서는 모두가 모두를 안다.

해나는 커다랗고 납작한 크레이프 그릴 위에 버터를 바르고 있었고 버터 향 가득한 흰 연기가 올라왔다. 이 향기로운 안개 속에서 해나와 루시는 그들 말에 따르면 '파워 보텀 사건' 이야기를 나누었다. 그들의 목소리는 분노와 감탄을 오가며 높아졌고 해나가 능숙한 솜씨로 크레이프를 봉투처럼 접어서 루시에게 건네며 말했다. "근데 말야, 난 아직 그 밴드 노래 들어. 좋은걸. 그 모든 일에도 불구하고."

그 목소리에 무언가가 나를 울리는 것이 있었다. "그 모든 일에도 불구하고." 그 순간 진정 제임스 조이스적 에피파니를 경험했다. 어떤 일의 본질에 대한 순간적 깨달음이 찾아온 것이다. 딸의 친구 해나는 내가 폴란스키와 우디 앨런 등 수많은 사람을 거치며 나 자신 안에서 재차 발견했던 나의 감정 상태를 정확하게 말로 풀어내고 있었다.

크레이프 친구의 목소리는 배신당한 이의 목소리이자 체념한 목소리였다. 상심의 목소리였다. 인디의 후광을 받은 이 뮤지션들도 우리의 신뢰를 배신하고 우리에게 어리석은 사랑만 남겼다. 그 모든 일에도 불구하고.

크레이프 소녀의 목소리를 비평의 목소리로 생각하면 어떨까? 만약 그녀가 가장 어려운 비평의 난제를 해결할 수 있는 비평가라면 어떨까? 모든 것에도 불구하고 예술을 칭찬하는 것이다. 만약 비평 안에 우리의 감정 신뢰도 포함될 수 있다면 말이다. 그 안에는 우리가 혐오하는 범죄도 들어 있고 우리가 사랑하는 작품도 담겨 있다.

우리 각자는 예술과 사랑에 우리의 주관적 경험을 싣는다. 만약 내가 길고 긴 괴물 리스트를 주고 각각에 따른 내 반응이 어떤지 말한다면 어쩌면 거짓말로 나를 연출할지도 모른다. 특정 사례에 따른 정답을 제안하려고 들지도 모른다. 당신에게 어떻게 생각하라고 말하고 또 무엇을 생각하라고 말하면서, 어떻게 행동하라고 말할지도 모른다. 나는 그러한 방식으로 나의 주관적 의견을 높은 곳에 모시거나 권위라는 망토로 나를 두르고 싶지는 않다.

하나의 작품을 소비한다는 것은 두 전기가 만나는 일이다. 예술가의 전기가 예술 감상을 방해할 수도 있고, 수용자의 전기가 예술 감상을 다르게 만들 수도 있다. 이는 모든 경우마다 일어난다.

5

천재

파블로 피카소,
어니스트 헤밍웨이

특정 부류의 사람들은 얼룩에서 면제되는 듯하다. 이 부류의 사람은 아무리 몹쓸 행동을 해도 사랑을 당당히 요구하고 그러면 우리(오, 다시 우리)는 그 사람은 우리의 사랑을 받을 가치가 있다고 입을 모아 말한다. 우리는 이런 사람을 보통 천재라고 부른다. 이 사람에게도 얼룩은 있을 수 있지만—사실 대부분 얼룩이 있다—그의 중요성을 훼손할 수는 없는 듯하다. 그는 존귀한 존재라서다.

천재는 하나의 명제다. 우리의 집단적 환상이다. 천재는 어떤 부류의 사람이라기보다는 어떤 신분의 사람이다. 무엇이든 할 수 있는 사람이다.

천재는 특별한 힘을 지녔고 그 특별한 힘으로 특별한 면제를 받는다. 천재는 자유이용권을 갖는다. 우리는 그가 우리 사이를 걸어가면 운이 좋다고 여긴다. 그리고 그가 자기 자신으로 행동해야 한다고 말한다. 우리의 팬덤은 그의 위대함에 반드시 필요한 재료다.

'천재'는 어찌 보면 유령을 연상케 하는 신성한 존재를 가리키는 단어지만 어떤 사실적 근거와 함께 이 땅에 착지해야 한다. 온라인에서 내가 〈맨해튼〉을 보고 불쾌하다고 했더니 끓어오르는 화를 참지 못하고 나와 영원히 연을 끊고 싶다고 했던 사람을 기억하는가? 그는 모호한 제왕적 위엄을 얹어 '천재'라는 단어를 꺼냈다. 천재는 우리가 가타부타 논하고 싶지 않은 채로 무조건적인 사랑을 바치는 사람이다. 우리의 의견이 사실이길 바라게 되는 사람이다. 우리의 집착을 다음 남자로 옮기고 싶을 때도 그렇다. 우리가 영웅에게 책임을 묻고 싶지 않을 때도 그렇다.

이 현상은 나에게도 아주 일찌감치 일어났는데, 폴란스키 영화에 열렬하게 빠져 있을 때였다. '천재'라는 단어가 저 멀리 북쪽에서 불어오는 차고 상쾌한 바람처럼 내 마음을 스쳐 갔고, 이는 나의 모든 걱정과 죄책감을 시원하게 날려 주었다. 그래, 폴란스키는 천재야. 그렇잖아. 그러니 운명에 순응하고 그에게 손을 들어줘야지. 어떤 작품의 위대함과 잘못된 행동을 따져 가며 계산하려고 할 때 이 단어 '천재'가 끼어들면 계산기는 바로 작동하지 않는다. 상대적 가치라는 지루하고 의무적인 시스템 안에 무언가 완전무결하게 빛나는 요소가 들어간다. 그것은 천재에게 절대적으로 유리하다. 2018년 겨울에 이에 대해 많은 생각을 했다. 남자들은 계속 고발당하고 있었고, 어쩌면 이제까지 그들의 거리낌 없는 자유가 모든 사람에게 거리낌 없는 자유가 되지 않는다는 사실을 깨닫고 있을 때였다. 영화 〈킬 빌Kill Bill〉 촬영장에서 쿠엔틴 타란티노 감독이 자신을 어떻게 괴롭혔는지에 대한 우마 서먼의 묘사를 떠올려 본다. 그녀는 그가 배우로서 자신을 대하는 방식이 "죽음에 이를 정도로 비인간적"이었다고 말했다. 사실 충격적인 점은 이 남자가 자신의 권리에 따라 행동한 것은 아닐까 하는 고집스러운 나의 생각이었다. 타란티노는 거장이잖아. 맞지? 그런 일들은 그와 같은 남자에게 비일비재한 일이다. 천재적인 작품을 만들기 위해서는 자유로워야 한다. 천재는 천재만의 법칙을 따라야 한다는 개념에서 나를 분리하기 위해서는 무언가 조치를 취해야 했다.

천재에 대한 이러한 개념과 그것이 허용하는 것은 어떤 특정한 사람들에게는 접착제처럼 붙어 있다. 힌트, 일단 그들은 여자가 아니다. 천재는 매우 엄격한 가입 기준을 갖춘 배타적 클럽에 속해 있으며, 그 기준이 언제나(여기서 잠깐 기침하고 눈을 살짝 감자) 작품 자체와 관련 있는 것은 아니다.

✢ ✢ ✢

내가 여섯 살이나 일곱 살 때였을 것이다. 나는 TV가 있는 방에 배를 깔고 누워서 카펫의 푸른색 꽃문양을 만지작거리면서 창밖 커다란 울타리 안에서 신기한 비밀처럼 바스락거리는 월계수 잎을 바라보다가 고개를 돌려 『베스트 오브 라이프*The Best of LIFE*』 사진집을 넘겼다. 마치 이파리와 카펫을 보듯이 무심하게 보고 있었다. 그 책은 언제나 그 자리에 있던 정물이자 마음 내키는 대로 넘겨보는 물체이고, TV 방의 정적인 분위기를 연출하는 인테리어의 일부였다. 그 책의 이미지는 그렇게 나의 뇌에 각인되어 마치 그 사진들이 내가 생각하는 생각들 같았다. 당시에는 몰랐지만 이 사진집의 사진들은 20세기를 대표하는 이미지였다.

유명한 사람들의 흑백 사진이었다. 피카소는 동물처럼 몸을 웅크린 채 빛을 비틀어 모양을 만들었고, 그와 나 사이에 켄타우로스가 나타났다. 내 눈은 빛으로 만들어진 모양 사이로 그의 건포도 같은 검은 눈을 응시했다. 피카소는 좀 무서웠지만 흥미롭기도 했다. 그는 분명 어린이가 아니었지만 그의 작은 키와 초롱초롱한 눈, 웅크린 자세는 동물처럼 뛰어놀 준비가 된 것처럼 보였다.

페이지를 넘기자 헤밍웨이가 나왔다. 사진 속 그는 아이다호주 우드 리버 밸리의 눈 덮인 산에 둘러싸인 길에서 맥주 캔을 걷어차고 있었다. 그곳은 한때 나의 아버지가 살던 곳, 내 아버지가 아버지가 되기 전 미지의 과거를 보낸 장소였다. 알쏭달쏭한 사진이었다. 머리는 하얗고 턱수염이 난 중년 남자가 마치 아이처럼 다리를 높이 들어 있는 힘껏 맥주 캔을 차고 있다. 헤밍웨이는 온전히 자신의 몸과 하나가 된 듯했지만 과연 그의 몸은 무엇을 표현하고 있었을까? 분노? 희열?(그때는 몰랐던 단어다.) 하지만 한 가지 확실한 건 그는 단순한 두뇌 이상의 존재였다는 점이다. 피카소처럼 그도 하나의 육체였다. 즐거움과 분노를 온몸으로 표현하는 역동적인 육체로 공간을 자유롭게 휘젓고 다니도록 만들어진 몸, 책상에 앉아서 글을 쓰는 일 이상을 해야 하는 몸이었다.

이 남자들은 동적이고 과하게 활달하며 자기 외부의 어떤 정신에 의해 움직인다. 그들은 더 큰 에너지와 연결되어 있는 것 같았다. 천재는 이런 모습이어야 했다.

20세기 위대한 예술가의 이미지는 동적이고 자유롭다. 책상머리 지식인(그리고 여자들)은 이 기준에 부합하지 않는다.

이 이미지는 특별히 어떤 곳에서 온다.

피카소, 해변에서 반나체로 검은 눈을 반짝이며 원숭이처럼 움직인다.

헤밍웨이, 수염과 단단한 가슴을 드러내고 월척 옆에 서 있다(사실 이 거대한 물고기는 헤밍웨이가 아니라 다른 남자가 잡은 것이다).

근육질이고 자유분방하고 여성 편력이 있고 정력적이고 독재적이고 육감적이다. 천재 예술가의 현대적 이미지는 많은 부분 피카소와 헤밍웨이에게 빚지고 있으며, 지난 세기를 호령했던 많은 근육질 남자들, 이 마법 같은 인물들에게 빚지고 있다.

천재의 현대적 이상은 머리가 두 개 달린 인물이다. 주인이자 하인이어야 한다.

그는 자신을 주인으로 내세운다. 그에게서 가장 먼저 발견할 수 있는 특징이다. 천재는 자신의 환경을 지배하고 조종하며, 그에겐 물감이건 언어건 사람이건 자기 뜻대로 운용할 수 있는 자원이 있다. 그의 작품 안에서는 장인성과 통제력이 나타난다. 빛의 단순한 묘사가 아니라 빛을 다른 방식으로 전달하는 색감 활용, 교향곡의 장엄하고 압도적인 악장, 문장이라는 개념을 흐트러트리는 문장과 시간의 흐름을 재배치하는 플롯이 있다. 이 장인들은 재료, 그리고 관객을 갖고 논다. 장인은 목줄을 쥐고 있다.

만개한 천재는 강력한 힘을 지녀 비전이라는 이름 아래 다른 사람들을 이용할 의지가 있고 그렇게 할 수도 있다. 예를 들어 영화감독은 자신의 작은 군대 주변에서 군림한다. 천상계에 오른 유명 배우들도 그의 휘하에 있다. 혹은 카네이 웨스트의 앨범 〈마이 뷰티풀 다크 트위스티드 판타지My Beautiful Dark Twisted Fantasy〉를 생각해 보자. 'All of the Lights' 같은 곡은 출퇴근 시간의 기차역 같은 노래다. 유명인들이 오가는 러시아워의 그랜드 센트럴 터미널이랄까. 드레이크, 존 레전드, 얼리샤 키스, 퍼기, 엘튼 존, 리애나 등이 피처링에 참여했다.

천재는 지배자인 반면 다른 얼굴도 갖고 있다. 그는 하인이다. 무엇의 하인일까? 자기 천재성의 하인이다. 그의 천재성은 그를 압도하는 힘이며, 천재성 앞에서 미약한 존재인 그는 그 천재성의 요구에 복종해야 한다. 그는 자신보다 더 큰 힘의 방문을 받는데 그 힘은 뮤즈보다 더 세다. 근현대 천재의 임무는 다음과 같다. 그의 안에서 솟아나는, 혹은 그가 하사받는 에너지를 최대한 자유자재로 수용하여 생산성을 확보할 수 있는 환경을 조성해야 한다.

창작에 몰두하는 천재의 이미지는 쉽게 떠올릴 수 있다. '천재'라는 단어를 듣자마자 떠오르는 이미지는 잭슨 폴록이 거친 남자의 광기로 캔버스 위에 물감을 휘두르는 광경이다. 그는 지금 온전히 제정신이라 할 수 없다. 천재는 재료와 조력자를 통제하는 반면 자기 자신에 대한 통제력은 완전히 상실한 사람이다. 자신보다 더 큰 존재에게 고개를 숙이고 군말 없이 명령을 따르는 사람이다.

타로 카드에서 마법사 카드는 예술가를 상징한다. 마법사 앞의 탁자에는 타로를 구성하는 네 가지 원소인 완드[1], 컵, 소드[2], 펜타클이 놓여 있다. 우주의 모든 것이 그의 손안에 있고 이 세상은 그가 사용할 도구의 제공자다. 이 사람은 마스터다. 하지만 그것만이 그를 마술사로 만들어 주지는 않는다. 그는 한 손을 치켜들어 자신의 위에 있는 무언가를 가리키고 있다. 신성한 무언가, 거대한 무언가가 그를 지나쳐 가고 있다. 마법사의 머리 위에는 무한대 기호가 떠 있다. 마법사는 자기 앞의 도구를 활용해 자기 위에 있는 무한대의 힘을 전달해야 한다.

그의 앞에 놓인, 장인성을 상징하는 도구들도 매우 중요하지만 그를 관통하는 이 신비로운 힘도 중요하다. 그는 자기 외부의 무언가에게 복종해야 하고 이는 신성한 복종이다. 천재 안에 있는 이 더 큰 힘에 대한 복종을 우리는 보통 예술적 충동이라고 부른다. 이 충동은 절대적으로 중요한데 이것이 없으면 예술가는 그저 기술자에 불가하다. 예술가는 그 충동이 필요하기에 그 충동이 흐를 수 있도록 무엇이든 해야만 한다. 당신의 직책이 '천재'일 때 충동은 당신 삶에서 좋은 것을 흘러나오게 하는 원천이 된다.

피카소의 손은 공중을 자유자재로 빠르게 움직이며 빛으로 그려진 켄타우로스의 이미지를 남긴다.

여기서 문제는 도덕적, 윤리적 면에서 볼 때 자유와 에너지는 혼란을 초래할 가능성이 있다는 점이다. 만약 당신이 일부 충동에 굴복했더니 넉넉한 보상이 주어졌다면 당신의 모든 충동은 존중되어야

---

1 wand. 지팡이

2 sword. 칼

하는 것처럼 보이지 않을까? 좋은 충동과 나쁜 충동을 구분하기 어렵기도 하다. 야만적이고 파괴적인 충동이 왔을 때 과연 그 충동을 억눌러야 할까? 이 충동이 모두가 천재라고 칭송하는 신비롭고 자유로운 일을 하게 하는 충동과 한 몸, 한 쌍이라면?

논리적으로 바로 그 지점에서 예술가는 자신이 하는 모든 일에 자유로워야 한다는 개념이 탄생한다. 그렇지 않고 충동을 자제하면 흘러나올 준비를 하는 에너지를 막는 셈이 된다. 어쩌면 예기치 않게 뮤즈를 깔고 앉아서 뮤즈를 죽게 만들어 버리는 건지도 모른다.

존 버거는 『피카소의 성공과 실패*The Success and Failure of Picasso*』라는 훌륭한 탐구에서 젊은 천재가 어떻게 처음 자신의 재능과 조우했는지를 설명하며 이 마법사 타입의 예술가들에게 흘러드는 외부적 에너지가 있다는 개념을 표명한다. "신동이었던 그에게도 이 힘은 신비롭기만 했는데, 처음에는 아무 노력 없이 찾아와서다. 그는 어딘가에 도착하려 하지 않았다. 기습 방문을 당했다. 더 나아가 처음에는 이유도 알지 못하고 논리도 없이 무언가를 했다. 그는 본능적 욕망과 동급이라 할 수 있는 것에 복종한다. 아마도 우리가 상상할 수 있는 그 신비의 정도란 우리 안에서 성sex의 발견을 기억하는 일일 것이다."

성적인 비유가 우연히 쓰인 건 아니다. 천재는 언제나 에너지가 충분하고 때로는 에너지가 그를 압도한다. 폴록과 그의 물감이 사방으로 튀는 이미지다.

무언가 고차원적인 것을 전달하는 매개체가 되는 경험, 자기보다 더 큰 존재의 하인이 되는 경험은 그저 신동이나 젊은이들에게만 일어나지 않는다. 피카소는 평생 그 경험을 끌고 갔다. 버거는 쓴다. "여든두 살의 피카소가 말했다. '그림은 나보다 강하다. 자신이 하고

자 하는 일을 나에게 하게 만든다.'" 피카소가 평생에 걸쳐 실행한 과업은 자신을 위대한 힘에게 바치는 것이었다. 자유는 사실상 그의 직무 중 하나였다. 역설적이게도 자유가 그의 규범이었다. 자유를 연마하는 것이 현대 천재들의 핵심 제스처다. 폴록과 그의 프랙털[3] 페인팅을 생각해 보자. 자유와 통제가 동시에 작동한다.

천재 예술가의 이미지 안에는 무엇보다 자유가 있다. 피카소의 작품은 그것을 만든 사람의 운동성을 만족스럽게 반영한다. 보는 사람은 보는 것만으로도 흥분을 느낀다. 작품은 불안하지 않거나 너무나 불안하다. 〈아비뇽의 여인들Les Demoiselles d'Avignon〉의 진분홍색의 피부와 침울할 정도로 동물적인 얼굴과 적대적인 감정의 왜곡은 우리를 불안하게 하면서도 에너지를 얻게 한다. 우리는 내적으로 이 예술가의 상태를 모방한다. 피카소의 친구이자 시인 앙드레 살몽[4]은 〈아비뇽의 여인들〉이 처음 베일을 벗을 때 "보편적 혐오를 유발한다"고 했는데, 나 또한 아직도 이 그림을 볼 때마다 약간 화가 난다는 것을 인정한다. 격앙된 감정이라고 할까.

예술과 인간의 결합은 피카소를 단순히 한 명의 예술가가 아닌 천재의 대명사로 만든다. 뒤샹과 그의 레디메이드ready-made 작품들은 무엇이 예술을 구성하는가에 대한 개념을 급진적으로 바꾸었고 어쩌면 피카소보다 한 차원 더 나아갔다. 하지만 뒤샹은 섹시하고 상업적인 자유라는 개념을 내세우지 않았다. 다시 말해 나는 머릿속에서 뒤샹의 얼굴을 바로 재생할 수 없다. 기숙사 방에 붙어 있는 뒤샹의

3 fractal. 자기 유사성을 갖는 기하학적 구조

4 André Salmon(1881~1969). 프랑스의 시인이자 소설가. 모딜리아니를 비롯하여 아폴리네르, 피카소 등 당대의 쟁쟁한 문화 예술인들과 교분이 두터웠다.

포스터를 본 적도 없다. 우리가 보고 싶은 천재는 자유를 표현할 뿐만 아니라 자유를 표상하는 사람이어야 한다.

디오니소스와 아폴로의 대결에서 디오니소스의 승리다. 위대하다고 여겨지는 초기 예술가들인 카라바조나 히에로니무스 보스도 디오니소스적 면을 끌어안았지만 언제나 작품의 주제 안에서였다. 완전한 방종의 장면을 묘사할 수 있지만 천재적 작품으로 간주되려면 그 묘사는 철저한 장인 정신을 기반으로 수행되어야 한다.

20세기의 변화는 내용에서뿐만 아니라 형태에서도 자유가 승리했다는 점이다. 형태의 자유는 더 위대한 선이 되었다.

제임스 조이스
피카소
폴록
엘비스
레드 제플린
지미 헨드릭스
앨런 긴즈버그
잭 케루악

이 남자들은 우리가 생각하는 천재라는 개념에 부합하는 인물이다. 상식적이고 자제할 줄 아는 예술가들은 이들과 같은 방식으로 추앙받지 않는다. 필립 라킨은 앨런 긴즈버그처럼 회자되지 않고 뒤샹은 피카소만큼 전 세계적인 명성을 얻거나 피카소 작품을 전시한 대형 박물관만큼 티켓을 매진시키지는 못할 것이다.

그러나 천재란 자신의 분야에 관해 모든 것을 바꾼 사람이어야 하지 않을까? 토머스 쿤[5]은 '패러다임'이라는 단어가 기업가들의 보고서나 게으른 학부생들에게 점령당하기 전에 이것을 패러다임의 전환이라고 불렀다. 이 정의대로 하자면 뒤샹이야말로 피카소보다 더 위대한 예술가다. 르네상스 예술가들이 20세기로 시간 여행을 온다면 피카소 작품은 회화의 일종으로 인식할 것이다. 그러나 뒤샹의 작품은 예술이라고 상상하지도 못할 것이다. 뒤샹은 예술에 대한 인식까지 바꾸어 버린 사람이다. 그러나 뒤샹은 우리가 천재라고 말하는 이미지를 만족시키지 못한다.

피카소가 이 시대 천재의 이미지를 구현했다는 사실은 우연이 아니다. 혹은 역사의 우연이라 할 수 있을 것이다. 피카소의 부상은 대중문화의 폭발과 맞물려 있다. 피카소는 예술 자체의 이미지가 되었다. 뉴스("피카소가 투우를 보다")와 잡지에 수도 없이 실리면서 논란할 것 없이 전 세계에서 가장 유명한 화가가 되었다. 그의 이미지와 페르소나는 시대정신과 완벽하게 맞아떨어졌다. 그의 남성성, 풍부한 표현력이 담긴 몸짓, 새까만 단추 같은 눈, 크지 않고 단단하고 굽은 신체가 언제나 스크린 위에 있다.

물론 대중적 인기를 업은 천재가 하늘 아래 새로운 현상은 아니다. 디킨스는 그의 시대에 사용할 수 있었던 도구로 대중의 폭발적인 인기를 얻으며 하나의 문화 현상이 되었다. 오스카 와일드 또한 자신의 이미지를 구축하고 미국 투어를 하면서 1882년에 자기 독사진을 찍기도 했다. 와일드는 미국 땅에 도착하자마자 다음과 같이 말할 예

5 Thomas Kuhn(1922~1996). 저서 『과학 혁명의 구조*The Structure of Scientific Revolutions*』로 유명한 미국의 과학사학자이자 과학철학자

정이었다. "세관에 내 천재성 외에 신고할 것이 없습니다." 정말 이렇게 말했는지는 논란의 여지가 있지만, 그가 자신의 천재성에 대해 약간의 패러디를 섞어 자주 거론한 것은 사실이며 그것을 마치 한 마리의 동물처럼 지칭하기도 했다. "대중은 놀랍도록 관대하다. 그들은 천재만 빼고 모든 것을 용서한다."

디킨스는 대중이 인정하는 천재라는 페르소나를 공들여 만들었다. 와일드는 그것을 희화화했다. 하지만 그의 20세기 후배는 농담을 받아들이지 않은 것 같다. 피카소는 자신의 천재성을 대중화하는 임무를 갖고 있었지만 그 과정에서 위트와 재치는 없었다. 그는 막대한 성공을 거두었고 세상 사람 모두가 그의 이름을 알게 되었다.

1970년대까지 중세 시대 왕자님 스타일의 촌스러운 단발에 통통한 초등학생이었던 나는 딱 한 명의 예술가만 알아볼 수 있었다. 그의 작품을 알아본 건 아니었다. 물론 지목할 수는 있었을 것이다. 마치 용의자를 식별하는 것처럼 여자 옆모습을 보여 주면 대강 손가락으로 가리킬 수는 있었을 것이다. 내가 알아본 건 키가 작고 무섭게 생긴 그의 모습이었다.

피카소는 자신이 한 시대의 시작점에 서 있음을 알고 있었다. 그 시대는 유명인의 사생활이 폭탄처럼 투하되기 시작한 시기였다. 우리는 이미 유명인의 사생활이 너무 중요한 시대에 살고 있지만, 피카소는 그 시작을 돕고 그 파도에 올라탔다. 피카소와 스크린은 동시에 떠올랐고, 스크린은 사람들 사이의 경계를 무너뜨렸다. 스크린은 우리가 이 사람들을 진짜로 안다는 개념을 만들었다.

피카소는 스크린에 그저 등장한 정도가 아니다. 또 한 명의 초기 천재 이미지의 화신인 채플린처럼 자신이 스크린이 되었다. 피카소의 경우에는 예술가가 어떤 모습이어야 하는지에 대한 관객의 생각을 투영할 수 있는 스크린이었다. 매우 변덕스럽고 고급스러운 이미지이기도 하며 다른 모든 훌륭한 이미지처럼 지워지지 않는 강력한 이미지이기도 했다. 식별성과 가변성의 결합이라는 역설적 특징을 갖고 있었다. 그는 언제나 그 자리에 있고 영원하며 무한 재생 가능하면서 무엇이든지 될 수 있는 유일한 존재다. 버거는 쓴다. “피카소는 자신의 이름으로 퍼스널리티라는 유산을 창조했다. 피카소는 여전히 젊은 아내를 얻을 수 있는 노인이다. 피카소는 천재다. 피카소는 미쳤다. 피카소는 생존하는 가장 위대한 예술가다. 피카소는 백만장자다. 피카소는 공산주의자다. 피카소의 작품은 이해하기 어렵다. 우리 아이들이 더 잘 그릴 것 같다. 피카소는 우리를 갖고 논다. 피카소가 이 모든 것에서 무사했다면 그는 행운아다!”

피카소가 또 무엇에서 무사했을까? 쥐새끼가 되는 것에서 무사했다.

몇 년 전 아이들을 데리고 밴쿠버 미술관에서 열린 〈피카소: 예술가와 그의 뮤즈들Picasso: The Artist and His Muses〉이라는 전시회에 갔다. 내 딸 루시는 미술관을 좋아해서 평생 미술관을 다녔는데, 아마도 채 한 살도 되기 전 사족 보행 시절에 나와 시애틀의 프라이 미술 박물관을 집처럼 드나들어서 그렇게 된 것도 같다. 나는 딸의 눈을 통해 미술관이 아름다움을 감상하는 장소이면서도 도덕적 드라마와 의미로 구성된 궁전이고 공적이면서도 사적인 장소임을 배웠다. 보통 나는 집에서 책을 읽고 영화를 보고 음악을 듣기에 관객 자서전에서의 플롯이 대체로 우리 집에서 일어난다면 미술관은 그 플롯이 좀 더 분명하게 드러나는 장소였다.

아이들과 미술관을 거닐면서 점점 커지는 불편한 감정을 억누르기 힘들었다. 작품 때문이 아니었다. 피카소의 목표가 보는 이들을 불편하게 하고 싶은 것이었음을 고려한다면 기대한 만큼의 불편함이었다. 그러나 그것보다는 피카소가 자기 인생에서 각각의 여인들에게 어떻게 행동했는지 설명하는 피카소의 전기에서 불편한 감정을 느꼈다. 나는 새삼 경악했고 실망했다. 십 대치고는, 또 예술 애호가치고는 엄격한 도덕적 감각을 갖고 있던 우리 아이들의 얼굴이 점점 일그러지기 시작했다. 불길한 침묵이 감돌았다. 무언가 형성되고 있었다.

미술관 특유의 차분하고 서늘한 분위기—고요한 대리석 조각상들—와 대조되기 때문인지 피카소에 관한 격정적이고 당혹스러운 뉴스가 초현실적으로 느껴지기까지 했다. 아이들은 미간을 찡그렸다. 가슴 위로 팔짱을 끼었다. 이들은 피카소의 전기적 사실들을 전혀 좋아하지 않았다.

조너선 리치먼 앤드 더 모던 러버스의 'Pablo Picasso'라는 노래는 세상 모든 사람의 머릿속에 자리 잡은 피카소 이미지를 바탕으로 쓰였다. 피카소가 화려한 여성 편력의 권력자라는 사실을 모두 안다는 전제가 깔려 있다. 물론 "한 번도 개자식이라 불리지 않았지"란 가사는 그가 곧 개자식이었음을 의미한다.

> **여자들은 그의 시선을 거부할 수 없었고**
> **파블로 피카소는 한 번도 개자식이라 불리지 않았지**

물론 피카소는 개자식이었다(그렇지 않다면 이 노래 가사는 말이 되지 않는다).

그는 연인인 프랑수아즈 질로에게 말도 안 되는 악랄한 말을 한 것으로 알려져 있다. "여자는 고통을 위해 만들어진 기계다. 나에게 여자는 크게 두 부류로 나뉜다. 여신과 발닦개다." 그가 쓰고 버린 여자들을 모두 모아 놓으면 너무 많아 누가 누군지 구분하기 어려울 정도다. 페르낭드 올리비에, 에바 구엘, 올가 코클로바, 마리테레즈 발터, 도라 마르, 프랑수아즈 질로, 자클린 로케 등이다. 두 여인은 자살했고—피카소의 손자인 파블리토도 자살했다—피카소와 헤어진 여성들의 삶은 대부분 파괴되었다. 그중 도라 마르는 수녀가 되어 은둔 생활을 했고 (라캉에게 치료받은 후 모든 사람에게!) "피카소 다음엔 신"이라는 유명한 말을 남겼다. 피카소의 손녀인 마리나는 회고록에 이렇게 썼다. "피카소는 그 여인들을 자신의 동물적 성욕에 굴복하게 하고, 길들이고, 넋을 빼놓고, 삼켜 버리고, 자신의 캔버스 위에서 짓이겼다. 그는 여인들의 기를 빨아먹으며 여러 밤을 보낸 후 빈 껍데기만 남은 여인들을 간단히 처분해 버렸다."

많은 여인을 사랑한 것이 죄는 아니다. 문제의 여성을 화나게 하고 질투하게 하고 미치게 하고 때로는 자살 충동까지 느끼게 해도 그렇다. 그러나 피카소는 이 여성들을 학대했다(때리고 담뱃불로 협박하기도 했다). 특히 그에게 반하거나 그의 모델이 된 젊은 여인들을 이용한 포식자였다.

그래도 이 순간 그를 옹호하는 주장이 들리는 것만 같다. 그의 친구 거트루드 스타인은 어떤가? 그의 아이들과 손자, 손녀들은 굉장히 아꼈다고 하지 않나? 그렇다. 동시에 그의 개자식스러움은 우리가 그의 작품을 경험할 때 가장 핵심적인 부분이기도 하다.

밴쿠버 미술관 전시는 미술 전시회라기보다는 페르낭드 올리비에, 에바 구엘, 올가 코클로바, 마리테레즈 발터, 도라 마르, 프랑수아즈 질로 등등 여인들의 희생 박물관처럼 느껴졌다. 우리는 갤러리를 걸어 다니며 피카소가 어떻게 이 여인들의 삶을 망가뜨렸는지 구체적이고 정확하게 알게 되었다. 각각의 전시장에는 개자식 피카소에 관련된 이야기들, 바람기와 난폭함과 소유욕과 통제욕을 재확인하게 해 주는 작품들이 전시되어 있었다. 피카소가 뺨에 담뱃불을 갖다 댄 여인인 프랑수아즈 질로가 모델인 그림 〈노랑 목걸이의 여인Femme au collier jaune〉을 보고 아이들은 이만하면 충분하다고 느낀 듯했다.

사실 나는 피카소의 작품과 인물 정보 사이에서 일어나는 갈등과 긴장에 대해서 아이들과 진지하게 토론해 보고 싶었다. 심도 깊은 대화를 나누고 싶었다.

"으, 너무 우울하다." 한 아이가 말했다. "완전 구역질 나는 사람이네." 또 다른 아이가 말했다. "우리 나가도 돼요?" 우리는 아이스크림을 먹으러 갔고, 어두컴컴한 미술관 로비를 벗어나 북부의 햇살이 비치는 거리로 나왔다.

피카소의 자유, 모든 것을 누릴 수 있는 예술가의 자유는 고갱의 이야기에서도 하나의 전제 조건이 된다. 고갱은 아내와 자녀들을 버리고 타히티로 도망치듯 떠나 그곳의 언어와 종교와 관습에 무지한 채로 어린 타히티 소녀들과 동침했다. 그리고 이러한 성적인 식민주의를 기꺼이 신화화했다. 그는 파리로 다시 돌아가 원시와 야생 신화를 바탕으로 한 회화와 글로 본인이 마음껏 휘젓고 다녔던 소녀와 여인들의 세계를 환기했다. 타히티어로 써서 유명세를 얻은 책 『노아노아*Noa Noa*』에서 그는 이렇게 말한다. "여자들은 냇가의 바위 사이에서 치마를 허리께까지 올리고 있다. 그들은 건강한 젊은 동물처럼 우아하고 유연하다." 놀랍게도 그의 일기는 상상력의 산물이거나 어디선가 들은 이야기를 옮겨 적은 것이었다. 한마디로 표절이었다. 생각해 보자. 신화만큼이나 너무 이상적으로 순수하다. 대중적 이미지를 통제할 뿐 아니라 사적인 이미지도 통제한다(내가 일기를 쓰면서 상상 속의 일기 독자에게 더 깊이 있고 더 경험 많고 더 멋져 보이고 싶어 거짓말을 하지 않았다는 뜻은 아니다. 하지만 열네 살 이후에는 그 짓을 하지 않았다).

고갱은 이미지 창조의 천재였다. 자신의 인생 이야기를 회화와 결합했다. 역사가 웨인 V. 앤더슨은 『고갱의 실낙원*Gauguin's Paradise Lost*』에서 이렇게 썼다. "고갱은 자신의 그림에 생명의 힘을 불어넣었다는 의미에서 회화 스타일을 '창조했다.' 그의 작품이 지닌 정력과 활력은 그의 왕성한 성욕, 강도 높은 행동과 부합한다." 정력, 성욕, 강도라니. 우리가 중요한 예술 작품을 중대한[6]이라고 부르는 것도 우연일까?

고갱이 거의 정신질환자 수준의 자신감 소유자였다는 사실 또한 우연이 아닐 것이다. 그는 아내 메트에게 보낸 편지에서 이렇게 썼다. "나는 위대한 화가이고 그 사실을 알아요."

피카소는 고갱의 정력의 관습을 따랐다. 그에게 행운을! 피카소는 『노아 노아』 책도 한 권 소유했던 것으로 전해진다. 고갱과 마찬가지로 피카소의 페르소나는 그의 예술의 개념 안으로 스며든다. 이런 면에서 얼룩은 절대 지워지지 않고 작품은 그 즉시 그 창작자 남자를 연상시킨다.

---

6 '중대한'이라는 뜻의 seminal에는 '정액의'라는 뜻도 있다.

피카소의 남성성은 우리가 감상하는 그의 작품의 모든 부분에 색을 입힌다. 그의 남성성이 정당화될 수 있는 이유는 실험, 때로는 미에 대한 그의 무력한 관심이라고 주장하기도 한다. 피카소는 같은 날 다른 두 여성과 섹스하고 두 여성을 모두 그렸다. 섹스는 그림만큼 중요하다.

피카소는 남성성과 예술의 연결을 공공연하게 만들었다. 다소 광적일 정도로 피카소를 비판한 책 『피카소: 창조자이자 파괴자*Picasso: Creator and Destroyer*』에서 아리아나 허핑턴은 쓴다. "모든 것, 창조의 모든 것은 적이고, 그는 하나의 예술 작품이 아닌—그는 그 용어를 경멸했다—무기를 사랑하는 화가였다. 그 무기는 창작 과정 안에 존재하는 영혼의 저주를 막고 인간 외부에 있는 모든 것, 창작에 속한 모든 감정, 자연과 인간 본성, 이 모든 것을 창조한 신을 공격하는 무기였다. '물론이지.' 그는 말했다. '자연은 우리가 강간하기 위해 존재한다!'"

피카소는 자신의 욕구의 희생자이자 복종자이기도 하다.

남성성, 자극적인 매력, 난폭함, 뛰어난 재능, 대중매체 의식. 피카소의 이 모든 자질을 갖고 있는 인물이 문학계에도 있다. 피카소가 세계에서 가장 유명한 화가였다면 헤밍웨이는 가장 유명한 작가라 할 수 있을 것이다. 두 사람의 성은 모두 그저 한 가문의 이름이 아니라 그들 분야의 예술 전체를 상징하는 이름이 되었다. 헤밍웨이는 작가를 의미하고 피카소는 화가를 의미한다. 여기 헤밍웨이 한 명 있네. 아마 타자기에 앉아 있는 사람을 이렇게 부를 수도 있을 것이다. 그 사람은 진짜 피카소라니까. 자유로운 화풍을 가진 화가를 두고 이렇게 말할 수도 있다(왜 이렇게 1940년대 터프가이처럼 말해야 하는지 나도 모르겠지만 말이다).

지금은 헤밍웨이를 동시대 문인(피츠제럴드, 파운드) 중 한 명으로 생각할 수도 있지만, 당시에 그는 홀로 작은 산 위에 올라가 있던 사람이었다. 그의 인기와 명성은 피카소와 어깨를 나란히 할 정도였고 오늘날의 문인으로서는 상상할 수도 없는 수준이었다. 현재 세계에서 가장 유명한 소설가라 할 수 있는 필립 로스도 명성에 관해서라면 헤밍웨이의 발끝에도 미치지 못한다. 마를레네 디트리히[7]는 『뉴욕 해럴드 트리뷴*New York Herald Tribune*』에 헤밍웨이에 대한 글을 기고하면서 다음과 같은 제목을 붙였다. "내가 아는 가장 매력적인 남자." 이와 비교한다면 조너선 사프란 포어와 나탈리 포트먼이 주고받은 이메일[8]은 그만큼의 신비로움이나 화제성을 낳지는 못하는 듯하다.

1948년 한때 헤밍웨이의 단짝 친구였던 아치볼드 매클리시는 「개의 해Year of the Dog」라는 시에서 그를 이렇게 묘사한다.

> **그는 무엇이 되었는가? 그는 명성이 되었다.**
> **스무 살이 되기 전에 참전 용사가 되었고**
> **스물다섯에 유명해졌고 서른에 대가가 되었다.**
> **그의 시대 호두나무 막대기로 스타일을 휘두르며.**

그는 명성이 되었다. 이는 헤밍웨이에 대한 한 줄 부고가 될 수

7 Marlene Dietrich(1901~1992). 독일 출신의 배우이자 가수

8 나탈리 포트먼은 조너선 사프란 포어의 책 『동물을 먹는다는 것에 대하여*Eating Animals*』를 읽고 채식을 결심한 것으로 알려져 있다.

있었다. 그는 자기 자신의 명예가 되었고 그 유명세는 그의 남성성과 맞물려 있다. 헤밍웨이는 곧 문학적 정력을 비유하는 하나의 명사가 되었다.

헤밍웨이가 개자식이었다는 평판은 피카소와 마찬가지로 그를, 혹은 그의 작품을 앞선다. 헤밍웨이라는 이름은 난투극과 여성 편력과 폭력의 동의어다. 황소와 같이 달리고, 거대한 생선을 잡고, 사자를 쫓고, 여자와 아이들을 때린다. 피카소처럼 그도 몇십 년에 걸쳐 여자를 자동차 모으듯 수집했다. 그에게는 네 명의 아내와 아들 셋이 있었는데, 그는 아들들을 너무나 사랑하면서도 괴롭혔다. 특히 아들 그레고리와는 점점 소원해지다 만나기만 하면 서로 폭력을 행사해 결국 만날 수 없는 사이가 되기도 했다.

헤밍웨이는 주먹질하는 사람, 때려눕히는 사람, 모욕 주는 사람이었다. 그는 친구와 적을 똑같이 공격했다. 헤밍웨이의 네 번째 아내 메리는 한때 자랑할 만한 일이라는 듯 이렇게 말한 적이 있다. "그가 손찌검을 한 지 1년이 넘었다." 어느 누구도 완전히 괴물이기만 한 건 아니다. 헤밍웨이는 아내, 친구, 아이들과 굉장히 복잡한 관계를 맺었다. 그들의 관계가 이혼, 단절, 비난, 눈물로 끝났다고 해서 그 안에 애정과 연민이 없었다는 뜻은 아닐 것이다.

헤밍웨이는 일평생 알코올 중독자였고 아버지의 뒤를 따라 자살을 했다. 그의 자기 파괴성이라는 유산은 대물림되었고 그의 자손대에 이르러서도 희석되지 않은 것처럼 보였다. 그의 자녀 그레고리, (성전환 수술 후) 글로리아로도 알려진 그는 플로리다의 감옥에서 죽었고 그의 손녀인 마고 헤밍웨이는 알코올 중독과 우울증으로 자살했다.

헤밍웨이는 그저 순수하게 비열한 사람이기도 했다. 『파리는 날마다 축제*A Moveable Feast*』에는 그의 동료 작가들의 사생활을 신랄하게 까발리며 망신을 주는 내용이 가득하다. 그는 닫힌 문 뒤에서 거트루드 스타인과 앨리스 B. 토클라스가 섹스하는 소리를 엿듣고 그 소리에 충격받아 그들과의 관계를 끝냈다고 말하기도 했다. 남자들에게도 잔인했다. 그는 윈덤 루이스[9]에 대해 이렇게 쓴다. "집으로 가다가 그를 생각하면 무엇이 연상되는지를 떠올려 보려고 했다. 여러 가지가 있었다. 발톱의 때만 빼놓고 모두 의학적인 것이었다." 그가 영리하고 매력적이라고 해서 덜 잔인한 사람인 건 아니다. 그는 도로시 파커의 자살 시도와 낙태를 조롱하는, 세상에서 가장 밉살맞은 시를 쓰기도 했다. 시의 제목만으로도 얼마나 야비한지가 드러난다. 「비극적인 여류 시인에게—그녀의 삶에서 그녀가 이룬 것은 그녀를 좋아하지 않아 떠나 버렸다」.

피카소처럼 헤밍웨이는 투우에 매료되었고 그 점에서 그가 이 세상을 일종의 적대적인 전투장으로 경험했을 것이라는 느낌을 받았다. 나보다 상대가 먼저 피를 보게 한다는 주의다. 헤밍웨이와 피카소 모두 가장 피비린내 나는 스포츠에서 우주적인 아름다움을 발견했다. 헤밍웨이는 『오후의 죽음*Death in the Afternoon*』에서 이렇게 썼다. "투우는 예술가가 죽을 위험에 있는 유일한 예술이다." (주먹을 흔드는 포즈를 취한다.) 그가 그런 종류의 남성적 위험을 늘 갈망하는 것이 느껴진다. 투우는 하나의 상징처럼 보여도 상징은 두 가지 방식으로 읽힐 수 있다. 헤밍웨이와 피카소는 둘 다 죽음에 집착하는 예술가들이었지만 황소이기도 했다. 이들은 어중이떠중이가 아니라 짐승이자 야수다. 깊이가 있는 야수, 감수성이 있는 야수, 내면에 연

9 Wyndham Lewis(1882~1957). 영국의 작가이자 화가, 비평가

약함이 있는 야수다. 이 야수들은 자신에게 열광하는 대중에게 계속 자신을 드러낸다. 이 안에는 인간들이 매우 특별하게 여기는 스릴이 하나 있다. 어쩌면 여성들이 소중히 여기는 스릴인데, 그것은 야수의 연약한 내면에 가닿는 것에 대한 욕망이다. 내면의 부드러움을 알아볼 정도의 재능을 갖추는 데에는 물리학이 있고 성취가 있고 올림픽 같은 경쟁이 있다. 하지만 이 역동 관계는 잔인한 면모 없이는 달성되지 않는다.

지독함, 비정함, 난폭함, 남성성, 야성성이 그 이미지를 형성했고 거기서부터 천재란 무엇인가에 대한 우리의 개념이 생겨났다.

ᅩ ᅩ ᅩ

헤밍웨이의 글조차 자신이 만든 이미지에 영향을 받는 듯했다. 모두 그런 것은 아니고, 분명 초기에는 그렇지 않았다. 그의 초기작들은 생생하고 웃기고 낯설다. 툭 하고 던지고 간 듯한 신기한 조각들과 약간 고장 난 것 같은 문장들로 작가적 야심을 표현하곤 했다. 독자라면 당연히 자신의 세계를 따라올 것이라는 가정, 그리고 그 길을 따라가면 후회하지 않으리라는 가정이 담겨 있다. 그의 작품을 재독하면서 그 작품의 유머에 놀라고 가끔 찾아오는 정적에도 감탄하게 된다. 『태양은 다시 떠오른다*The Sun Also Rises*』는 농담과 유희로 가득하다(반유대주의도 가득하다). 잠깐 다른 이야기를 하자면 나의 좌파 아이들은 수시로 '직접 행동'이라는 농담을 한다. '직접 행동'은 냉장고에서 아이스크림을 가져올 때 쓰는 말이다. 누가 먼저 냉장고로 갈까? 두 인물이 앉아서 음료를 마시고 있는데 한 사람이 둘 모두에게 럼 펀치를 따라 준다. 그에게 감사하다고 말하지 않고 다른 인물이 말한다. "직접 행동. 그건 입법을 능가하지."

하지만 노벨상은 헤밍웨이가 가장 헤밍웨이답게 행동했을 때 찾아왔다. 호두나무 막대기로 그의 시대를 위해 스타일을 휘두를 때였다.

헤밍웨이의 구체적인 얼룩은 야수성이고 부주의한 남성성이며, 이 이미지는 언제나 그를 따라다녔다. 『노인과 바다*The Old Man and the Sea*』에서는 자기 자신을 흉내 내면서 책 속에 터프함과 활력을 불어넣는다. 『노인과 바다』는 간결함과 남성성을 빼면 아무것도 아닌 것만 같다. 그 작품을 다시 읽을 때는 남성성을 강조한 장면들이 매우 당황스러웠다.

사실 오디오북으로 들었다는 점도 도움이 되지 않았다. 특히 도널드 서덜랜드[10]가 스페인 억양이라고 할 수 없는 어눌한 톤으로 읽어서 더욱 그랬을지도 모른다. 숲속에서 산책을 하며 이어폰으로 들을 때는 약간 졸릴 지경이었다. 혹시 지나가는 사람이 이 우스꽝스러운 남성적인 목소리로 읽는 지나치게 남성적인 글을 들을까 봐 걱정되기도 했다.

노인은 이런 생각을 많이 한다. “물고기를 살려서 식용으로 팔기 위해서는 물고기를 죽이면 안 된다. 그는 생각했다. 자부심을 위해 물고기를 죽여야 한다. 어부라면 그렇게 해야 한다.” 마치 헤밍웨이가 자신의 대중적 이미지에서 받아쓰기한 글 같다. 소설은 긴 페르소나 시로, 페르소나는 ‘어니스트 헤밍웨이. 하드보일드 문체의 남성적인 작가’다. 사실 작가의 페르소나는 상어에 둘러싸인(일부 독자는 상어를 헤밍웨이를 비판한 비평가의 상징으로 읽기도 한다) 고독한 노인 페르소나와 결합된다. 그 작가와 캐릭터에 대해 무엇을 생각하

10 Donald Sutherland(1935~). 캐나다의 배우

건, 이들이 싸움꾼이라는 점이 가장 먼저 떠오른다.

사실 헤밍웨이의 남성성은 피해자성에서 형성되었고 또 다른 피해자성으로 굳어졌다는 관점도 적지 않다(그는 결국 그 안의 악마의 요구에 굴복한 하인이다). 한때 그의 절친한 친구였던 거트루드 스타인은 말했다. "그 사람이 '거칠었던' 이유는 정말로 감성적인 사람이 자신의 감수성을 부끄러워해서다."

스타인의 말이 맞을까? 그의 과도한 남성성은 감수성과 수치심에서 비롯된 것일까? 아니면 자신의 여성성에 대한 자각을 보완하기 위해서였을까? 어린 시절 그의 어머니는 그에게 여자 옷을 입히곤 했다. 이것들이 새로운 질문은 아니다(알다시피 거트루드 스타인은 오래전에 이 점을 포착했다).

헤밍웨이 사후에 출판된 『에덴 동산*The Garden of Eden*』은 젠더라는 주제를 다루는데, 헤밍웨이의 남성성에 대한 논의와 관련되어 자주 언급되는 작품이다. 헤밍웨이는 이 책을 제2차 세계 대전 직후부터 1961년 사망 전까지 썼다. 1980년대 중반 스크리브너 출판사의 편집자인 톰 젠크스의 책상 위에 놓였을 때 분량이 자그마치 1,500장에 달했다. 젠크스는 원고를 몇백 페이지로 축약해 비평의 도마 위에 올렸다. 이후 몇십 년간 신중하게 재검토되면서 이 책의 주제인 젠더 유동성은 헤밍웨이에 대한 생각을 재고하게 했다.

사실 논의가 생각보다 활발하지 못한 이유는 대부분의 사람들이 이 책의 작품성을 낮게 보고 읽지 않았기 때문이다. 나 같은 경우는 읽었고, 책의 90퍼센트는 이발에 관한 이야기처럼 느껴졌다. 다르게 말하면 이 책에서는 외모에 대한 집착이 지나치고, 그 집착은 상당히 심각한 수준이다. 사람들은 정말로 겉으로 보이는 그대로일까? 주인공 데이비드 본은 내면을 드러낸 헤밍웨이식 남자로 헤밍웨이의 모든 부분을 지녔지만 보이는 것이 다가 아니다. 사실 데이비드는 아내 캐서린에 의해 여자가 되어 가고 있다. 예상했을 수도 있겠지만, 책의 첫머리도 이발로 시작한다. 캐서린은 남자처럼 머리를 자르고 새로운 보이시한 스타일로 무장한 뒤 밤이 되면 데이비드에게 '악마짓거리'를 한다. 그녀는 자신을 피터라 부르고 데이비드를 여자로 만든다. 데이비드는 이에 참여하지만 불쑥 신경질을 내기도 한다(어쩌면 헤밍웨이는 자신이 그런 일에 신경질을 낼 거라 우리가 생각하기를 바랐을 수도 있다).

그런데 이 악마짓거리란 무엇일까? 1986년 『뉴욕』 매거진의 에릭 풀리는 이 장면을 "개념적으로는 모호하지만 감정적으로는 명확하다"고 평했다. 에릭 풀리가 어떤 책을 읽었는지 모르겠지만 이 책에는 감정적인 명확성이 없다. 여기에는 다음과 같은 것이 보인다. 페깅[11], 그리고 헤밍웨이가 자기 안의 깊은 곳 어딘가에서 무언가를 계속 뒤적거리며 찾는다는 느낌이다.

『에덴 동산』의 내용에 기반하여 비평가들은 (그리고 이 책의 편집자는) 헤밍웨이가 자신만의 젠더 정체성의 구조에 대해 스스로 자각하고 있었다는 관점을 제시했다. 즉, 그는 억압적이라고 할 정도는 아니지만 강한 남성성을 세상에 어떤 방식으로 내보였는지를 스스로 인식하고 있었다. 하지만 『에덴 동산』을 읽다 보면 젠더를 통제하는 듯한 사람이 아니라 지배받는 듯한 사람을 목격하게 된다. 만약 남성성이 그에게 일어난 어떤 일이라면 그는 그곳에서 탈출할 방법을 꿈꾸고 있다.

에세이스트 존 제러마이아 설리번은 한 인터뷰에서 헤밍웨이의

11 pegging. 여성이 스트랩 딜도를 차고 항문에 삽입하는 행위

고통을 재치 있게 풀어 주었다. "최근에 연구 프로젝트 때문에 북부 미시건에 고립되면서 대학 졸업 이후 처음으로 헤밍웨이를 다시 읽었다. 굉장히 재미있었다. 최근에 그에 대한 전기적 사실들이 재조명되면서 그는 다시 흥미로운 인물이 되었다. 우리가 익히 알듯이 그는 섹스, 젠더, 자신의 남성성과 관련하여 지나칠 정도로 고통당했다. 만약 20년 전에 그에 대한 질문을 받았다면 나는 아마 배운 대로 정답 같은 답을 말했을 것이다. '작품이 중요한 것 아닐까요?' 사람들은 피하고 싶은 무언가가 있을 때 이렇게 말한다는 것을 최근에 알았다. 그 무언가란 소름 끼칠 정도로 자주 성적인 것이다."

헤밍웨이가 남성성 때문에 고통받긴 했지만 언제나 그의 이미지에는 남성성이 가장 앞에 와 있었다. 그가 내적으로 얼마나 여리고 감성적이었는지는 몰라도 남자다운 남자라는 가면은 그가 이 세상에 내놓은 얼굴이었다.

남성성의 수행, 그 수행과 천재성이 결합되면 여성들에게는 그리 좋은 일이 생기지 않는다. 여성들은 이 천재의 피해자가 되는 동시에 영원히 천재 클럽에서 제외된다. 하지만 『에덴 동산』은 천재가 된 그가 치른 대가에 대해서도 재고하게 만든다. 헤밍웨이는 딱 한 종류(남자)가 되고 그 반대가 되지 못했는데, 그 때문에 어떤 대가를 치러야 했는가?

이 모든 것이 왜 중요할까? 천재는 우리에게 누가 무엇을 하느냐에 대한 개념을 일러 주기 때문이다. 누가 자격증을 갖는가? 누가 자신의 충동에 굴복하는가? 그들이 충동에 빠질 때 우리는 그런 그들을 돕고 방조하는 것을 선택한다. 천재가 남성성과 결합할 때, 이 남성성이 계속해서 스스로를 복제하고 내세울 때, 누군가는 분명 제외

되고 있다.

이 모든 것은 한 가지를 말한다. 당신은 천재가 아니다. 나도 아니다. 천재는 우리 모두 이해하고 있듯이 대부분의 시간을, 정말 말 그대로 육아에 대해 생각하는 사람이 아니다. 지난 20년간 나의 주요 예술적 관심사는 육아였고 이는 다른 어떤 주제보다 내 머릿속의 가장 많은 부분을 차지했다. 이제 아이들은 많이 성장했지만 아직도 나는 내가 잘하고 있는지 아닌지 몰라 밤에 천장을 노려보며 고민하는 반면 파블로 피카소 할아버지는 자기 여자 친구 얼굴에 담뱃불을 대고 있었다.

『금색 공책*The Golden Notebook*』에서 도리스 레싱은 말한다. "신성한 동물인 예술가는 모든 것을 정당화한다. 그가 하는 모든 것은 정당화된다." 참고로 레싱은 이 문장을 호의적으로 말하지 않았다.

예술가의 자유는 다른 사람에 대한 배려나 그들의 스케줄이나 감정에 관심 갖는 일과는 거리가 멀다. 천재는 무소불위의 자격증을 갖고 있다. 천재는 원하는 것을 한다. 나도 과거에 멋모르고 이를 시도했다가 알코올 문제와 화난 친구들만 얻었다.

우리는 천재라면 자신의 충동에 굴복해도 된다고 말한다. 그의 내면에는 악마가 있으니까. 악마는 예술적 충동의 사촌이다. 타로의 악마 카드는 마술사의 상징을 거꾸로 뒤집은 것이다. 그는 아래에서 위로 에너지를 끌어올린다. 그의 머리에는 무한대 기호가 아니라 역오망성(역펜타그램)이 새겨져 있다. 악마가 나에게 시켰어. 우리는 말한다. 그런데 이것이 뮤즈에게 영감을 받는 경험과 완전히 다르다고 할 수 있을까?

천재의 악마는 광기의 편에 서서 실수를 한다. 우리는 우리의 천재가 어두운 그림자를 갖고 있기를 바란다. 위대한 예술은 오직 악마의 도움을 받아야 만들어질 수 있다. 그리고 악마는 당신을 광기까지 몰고 간다.

물론 이 자격증을 지나치게 남발하면 정신질환으로까지 발전할 수 있다. 문제는 광기가 위대한 예술가를 만드는가, 아니면 넘쳐나는 자유가 그 사람을 광인으로 만드는가다.

혹시 주변에 천재가 있는가? 나는 한 명 알고 있는데 그녀는 정신 분열증에 시달린다. 또 한 명의 천재는 내가 만나 본 사람 중 가장 철저하게 규율을 지키는 사람이다. 그는 엄격한 규율을 보루로 삼아 피할 수 없는 내적 혼돈을 조절한다.

뛰어난 사람들은 미칠 확률이 높을까? 천재들은 불행해질 가능성이 높을까? 진정 재능을 타고난 사람들은 대체로 정신적으로 건강하지 못할까? 물론 이 주제에 대한 저작들은 상당히 많다. 나는 이 주제를 생각할 때 싱어송라이터 루든 웨인라이트의 인터뷰가 떠오른다. 웨인라이트는 파란만장한 개인사로 유명한데 이를 소재로 삼아 계속 곡을 쓰고 있다. 그는 포크 가수 케이트 맥개리글과 결혼했다가 가수 서지 로체와도 염문을 뿌렸고, 또 다른 여성과 결혼했다가 이혼하고 현재는 『뉴요커』 기자 수전 모리슨과 동거한다. 이 모든 과정에서의 우여곡절과 감정의 파도가 'Unhappy Anniversary'와 'Drinking Song'과 같은 노래 안에 역사처럼 남아 있다. 『베니티 페어*Vanity Fair*』와의 인터뷰에서 웨인라이트는 말했다. "결혼하고 어린 아이가 둘 있었지만 집에 들어가질 않았다. 여러 날을 술에 취해 북미와 영국 제도의 모든 웨이트리스와 자야만 한다고 느끼고 있었다.

하지만 어떠했냐고? 이 모든 순간이 조각으로 남아 노래 안에 흩어졌다. 여기서 우리는 아주 중대한 질문과 맞닥뜨릴 수밖에 없다. 창의적이 되기 위해서 쓰레기 같은 인간이 된 기분을 느끼는 것이 필요한가? 나는 그렇다고 답하고 싶다. 요한 제바스티안 바흐가 아니라면 말이다."

창의적이 되기 위해서 가끔은 쓰레기가 된 기분을 느껴야 하는 걸까? 예술가는 어느 정도까지 사회적 관습뿐만 아니라 정신적 혹은 정서적 올바름에서 벗어나야 할까? 사회적 관습을 넘어서는 예술가라는 개념은 자유로운 영혼의 이미지, 즉 바이런식의 영웅 이미지 안에서 마취되거나 매끄러워지거나 예쁘게 다듬어진다. 다시 말하지만 이 이미지는 특정 사람에게만 열려 있고 그 사람들은 어쩌다 보니 다들 남자다.

물리학에 관한 책을 쓰기 위해 실제 과학자들을 만나 보았던 소설가 친구가 말하길, 저명한 과학자들은 가끔 스스로 천재의 이미지를 구축하는 것 같단다. 이 천재는 보통 반쯤은 무너진 벽의 바깥에 있는 약간은 미친 사람이다. 친구가 만난 일부 유명한 과학자들은 관습적인 의복 착용이나 대화 방식을 요란하게 그리고 거의 적대적으로 거부한다. 이들은 누군가 말하는 중간에 자리를 박차고 나가 버린다(물론 이 과학자들은 여자가 아니다. 여자는 전문성이라는 한계가 명확한 따분한 멍에 아래 노동만 하고 있다).

워싱턴대학교에는 코트 두 벌을 겹쳐 입거나 최소 양복 재킷을 여러 벌 입고 낡은 펠트 모자를 쓰고 시도 때도 없는 야외 취침으로 인해 형성된 전반적으로 부식된 느낌을 안고 다니던 한 화학 교수가 있었다. 그는 캠퍼스에서 늘 자전거와 함께했는데 절대 타지 않고 끌고 다니면서 자기도 이 자전거의 용도를 알 수 없다는 표정을 지었다. 그는 우리 부모님과 마찬가지로 녹음이 우거진 부촌에 살았으나 그의 천재성에 대한 소문은 그가 밧줄을 벨트로 사용한다는 사실 때문에 감소되기는커녕 오히려 더 증폭되었다.

다시 말해서 기행은 사람들이 흠모하는 특징이 될 수도 있다. 적절한 사람이 적절한 방식으로 실행할 때 그렇다.

광기와 자격증은 록의 시대에 절정에 이르렀다고 할 수 있다. 거친 야성이 히트 상품이던 시대였다. 헤밍웨이와 피카소의 직계 후손은 누가 뭐래도 록 음악을 하는 나쁜 남자들이었다. 록스타들은 점차 확대되어 가는 자유의 이상을 실생활에서 구현했다. 엘비스는 엉덩이를 흔들고 짐 모리슨은 무대에서 자신의 성기를 꺼내기도 했다(난 항상 그의 영문 모를 표정을 떠올린다. "근데 이게 뭐지?"). 그들은 완벽한 자유를 보장해 주는 허가증을 받았다. 자유를 공연해야 한다는 압력을 받기도 했는데 그 자유란 완전한 남자가 될 자유였다. 그들은 얼뜨기 짓을 하거나 앞뒤 안 가리고 밀어붙이거나 신비주의를 고수해야 한다(내 말의 의미를 쉽게 파악하고 싶다면 레드 제플린의 콘서트를 담은 영화 〈더 송 리메인즈 더 세임The Song Remains the Same〉을 보면 된다).

물론 록스타의 자유는 천재의 자유와 마찬가지로 모든 인간에게 주어지지 않았고 지금도 그렇다. 록스타가 갖는 자유의 배타성을 무지몽매한 카네이 웨스트만큼 잘 풀어낸 사람은 없다. 그는 『롤링 스톤』과의 인터뷰에서 랩스타로 산다는 건 무엇이냐는 질문을 받자 이렇게 대답했다. "나는 록스타다. 록스타는 경호원이 필요 없고 편하게 저녁 먹으러 갈 수 있다. 록스타는 말을 잘해야 하고, 파리에 가고 싶으면 개인 비행기를 타고 훌쩍 다녀올 수 있다. 록스타는 택시를 타도, 무리로 몰려다니지 않아도, 항상 리무진에서 나오지 않아도 된다. 록스타는 매일 똑같은 옷을 입어도 되고 신발이 더러워도 되고 머리를 안 감고 다녀도 된다.”

이것이 바로 록스타의 자유를 상징하는 핵심 이미지라 할 수 있다. 맨발로 다녀도 되고 더러워도 되지만 가치는 수백만 달러다. 카녜이는 말을 잇는다. “록스타는 대중 앞에서 자기 성기를 꺼내도 되고 2만 명 관중 앞에서 음악을 할 수도 있다. 록스타에게는 아내와 아이들이 있다. 록스타는 뒷일 감당할 걱정 없이 마음대로 자기 목소리를 낼 수 있다. 그러니까 내가 매일같이 당하는 일 없이도 할 수 있다. 내가 뭘 당하냐고? 백래시다.”

웨스트는 백인 록스타의 탄력적인 자유에 대해서 이야기하고 있다. 록스타는 자유롭다. 그는 바로 그 록스타가 되고 싶다. 백인 남성 록스타는 어떤 것이 될 수 있고 무엇이든 될 수 있다. 그들은 가장 충만한 인간이 될 수 있다. 웨스트가 나열한 목록은 피카소에 대한 버거의 글을 떠올리게 한다. “피카소는 여전히 젊은 아내를 가질 수 있는 노인이다. 피카소는 천재다. 피카소는 미쳤다. 피카소는 살아 있는 위대한 예술가다. 피카소는 백만장자다.” 피카소는 어떤 것이 될 수 있고 무엇이든 될 수 있다.

그러나 인터뷰 말미로 가면서 웨스트는 결정적인 말을 한다. “나는 록스타다”[그의 노래 ‘I Am a God’(나는 신이다)의 메아리 같다]. 그러나 이 말 다음에 결론적으로 자신은 록스타가 아니라고 하는데, 록스타들은 지금 자기가 신경 쓰는 일을 신경 쓰지 않아도 되기 때문이다. “뭐냐고. 백래시다.” 그는 인종이 전제된 자유, 원하는 것은 무엇이든 할 수 있는 백인의 자유를 이야기하고 있다. 그리고 그 자유는 그에게 주어지지 않았다. 그는 인터뷰 도중에 자신의 주장과 모순되는 말을 한다는 것을 전혀 의식하지 못하고 있는 듯하지만 노래 'Gorgeous'에서는 자기의 요점을 노골적으로, 간결하게, 그리고 훌륭하게 표현한다. "무당벌레면 뭐해? 검은색이잖아. 그러면 빌어먹을 바퀴벌레인 거야."

웨스트가 손가락질당할 일들을 했을 때 아무도 이렇게 말하지 않았다. 만약 카네이 웨스트가 이 모든 것을 해낼 수 있다면, 그는 행운아!

+ + +

마르크스주의 이론가 기 드보르는 『스펙타클의 사회*La Société du Spectacle*』에서 스타를 "겉으로 드러나는 삶의 전문가"라고 말한다. 이것이 바로 카네이 웨스트가 묘사하는 스타의 자유다. 스타는 자유를 제정한다. 록스타, 그리고 천재, 겉으로 드러나는 삶의 전문가들은 자신들 내면의 비일관성과 모순, 더러운 신발과 폭력적인 행동 안에서도 자유를 구현한다.

드보르는 스타를 "살아 있는 인간이 빚어내는 장엄한 광경"이라고도 표현한다. 이는 아바타이고 "노동의 부산물을 극대화하여 쉽게 손에 넣을 수 없는 사회적 노동의 결과를 구현하는 사람이다. 이 노동의 부산물은 그 노동을 초월하는 것을 목표로 삼는데 궁극적인 목표란 권력과 휴가다."

"권력과 휴가"라니! 카네이 웨스트가 자신이 원하는 것을 묘사하면서 이 불후의 명대사를 중얼거리는 장면도 충분히 상상할 수 있지 않은가. 모든 사람이 원하는 것. 자유의 본질이다. 우리는 우리 대신에 그 욕망을 실현시켜 줄 사람이 필요하다.

자유의 제정은 록의 역사라고도 할 수 있다. 웨스트가 인터뷰에서 간결하게 설명했다. 모든 충동과 욕구는 최대한 빨리 충족시켜야 한다. 그것이 바로 록스타의 힘이다. 이 삶의 방식의 토대를 발굴하여 세상에 펼친 이들이 피카소와 헤밍웨이로, 이들은 전 세계를 무대로 삼아 자신의 자유를 제정했다. 그 자유는 무엇이든 되어야만 한다. 미친 행동도, 나쁜 행동도 될 수 있다.

로버트 프로스트[12]의 딸 레슬리 프로스트는 이렇게 말한 바 있다. “나는 모든 종류의 예술가들이 울퉁불퉁한 경계에서 살고 있다고 생각한다. 이들 천재성과 그 천재성이 인간에게 하는 일 사이에 있는 사람들은 비이성의 경계에 서 있다. 에즈라 파운드 주변 사람들의 반목과 암투와 그 험악한 태도를 본 적이 있을까. 그들은 망나니다. 그들은 서로를 아래층으로 던지고 물건을 던지고 시의 이름으로 모든 것을 다 하려고 들었다!”

⌄ ⌄ ⌄

우리는 미친 천재들이 만들어 내는 광경을 기꺼이 받아들이고 싶어 한다. 그들이 우리를 흥분시키고 진정 살아 있다고 느끼게 하기 때문이다. 그들은 우리를 가능성으로 채워 준다. 무엇의 가능성일까? 어쩌면 그들이 맛본 무한대의 자유가 우리에게도 영향을 줄 수 있다는 가능성이 아닐까. 어쩌면 그들이 무언가 나쁜 일을 할 수도 있다는 가능성일 수도 있다.

미투 운동 앞에서 우리는 집단적 사고의 실험을 거쳤다—어쩌면 나 혼자였을 수도 있다. 우리는 남성성, 정력, 자격증, 폭력성이 위대한 예술을 만드는 데 반드시 필요한 사항이 아닌 세상을 상상하려

12 Robert Frost(1874~1963). 미국의 시인

고 노력했다.

이런 진중한 생각과 함께라면 환상적인 유토피아에 참여하는 것이 그렇게 어려운 일은 아니다. 우리가 제멋대로인 늙은 남자들을 제거한다면 좋은 사람들이 좋은 예술을 만드는 순수한 세상에 살 수도 있을 것이다. 오염이 제거된 세상이 될 것이다. 이론적으로 말해서 이제부터는 폭력적인 남성보다는 누구에게도 해 끼친 적 없는 여성을 선택해야 하고 그 선택은 그리 어렵지 않을 것 같다.

하지만 과연 세상 모든 사람이 이렇게 순수하고 정직한 세상에 살고 싶어 할까?

씁쓸한 폭로와 끝없는 실망이라는 역사의 순간을 헤쳐 오면서 나는 불편한 깨달음을 얻었다. 어쩌면 큰 소리로 말하기엔 재미없는 사실을 인정해야 하는 것이 아닐까 싶다. 가끔 인정할 수밖에 없는 진실은 우리가 나쁜 사람들에게 흥미가 있고 그렇다, 때로는 그들에게 매력을 느끼기도 한다는 점이다. 최신 뉴스가 쏟아져 나오면 다 함께 분노하지만 진실은 무시한다. 이렇게까지 많은 관심이 피카소나 헤밍웨이 같은 남성들에게 쏟아지는 이유는 그들이 개자식들이기 때문이다. 우리는 그들의 개자식스러움에 흥분한다. 트럼프를 볼 때 느끼는 기분도 마찬가지다. 우리는 지적하고 또 지적한다. 이 남자는 개자식이야. 그 점은 애초에 사람들이 그를 좋아하고 따르는 이유이기도 하다.

어릴 때 바닥에 배를 깔고 누워서 『라이프』 사진집을 넘겨보고 있을 때도 이 남자들 안에 무언가 있음을, 무언가 다르다는 것을 직감했다. 그들은 우리 나머지 어른들이 따르는 법칙과는 다른 법칙을 따르고 있었다.

우리는 개자식들이 선을 넘고 법칙을 깨 주기를 바란다. 법칙을 위반한 그들에게 상을 주고 한 발 더 나아가서 이는 예술 창작의 필수 불가결한 요소라 보기도 한다. 나쁜 행동에 상을 주고 또 상을 주어 결국 이것이 위대함과 동의어가 되게 만든다. 전통적으로 문지기와 출판사와 스튜디오 사장이 다들 남자였기 때문만이 아니라 우리 자신도 이야기와 행동을 갈구하기 때문이다. 우리는 사건, 사고를 미치게 원한다!

그러다가 이 사고뭉치들이 범죄를 저지르면 그제야 분노를 터뜨린다.

다시 말하지만 확실히 나는 여기서도 '우리'라는 단어를 사용해 나를 보호했다. 나는 이런 것들을 원한다. 나는 나쁜 행동을 넋을 잃고 본다. 나는 개자식들을 애호한다. 말하기에는 불편하지만 중요하다. 나쁜 남자들에게 매력이 없는 척하는 건 다분히 현실을 회피하는 것이다. 이 남자들 주변에는 여자들이 장작 다발처럼 쌓여 있다. 확실히 이 매력의 일부는 이 남자들의 나쁜 면이다. 조지와 제리[13]도 나쁜 남자들의 힘을 알았다. 나 또한 끔찍한 남자 친구들과 연인들이 있었다. 그들의 끔찍함은 그들의 히든카드였다. 인생은 너무 지루하다. 나쁜 남자들이 주변에 있으면 무슨 일이 일어날 확률도 높아진다.

이 천재의 자질을 나쁜 행동의 정당화로 생각하기는 쉽지만 그것은 다른 방식으로 작동하기도 한다. 어쩌면 우리는 나쁜 행동에 끌리는 우리의 목적을 위해 천재라는 개념을 만들어 냈을지도 모른다. 어쩌면 우리는 이 예술가들에게 우리의 가장 어두운 환상을 실현시켜 달라고 요구하고 있을지도 모른다. 그렇게 '천재'라는 이름을 붙이면 그 광경을 즐기면서 죄책감을 느낄 필요가 없다. 그 나쁨의 공

13 미국 드라마 〈사인펠드〉의 등장인물들

연에 열광할 수 있다. 우리는 계속해서 그들의 사생활을 소비하면서 좋은 취향을 유지할 수 있다. 글쎄요, 그 남자는 천재니까요. 우리는 그를(또는 나를) 비난해선 안 되죠.

THE ANTI-SEMITE, THE RACIST, AND THE PROBLEM OF TIME

6

반유대주의, 인종주의 그리고 시간의 문제

리하르트 바그너,
버지니아 울프,
윌라 캐더

2017년 말의 어느 추운 겨울밤, 같은 섬에 살고 있는 여자 친구들 여럿이 모여 버번을 마시며 수평선 위로 뜬 달을 보고 있었다. 나는 버번을 충분히 몸에 저장한 채 클로그를 신고 자갈땅 위에서 폴짝폴짝 뛰면서 체온을 유지하려고 했으나, 그것은 잠재적으로 재앙을 불러올 몸짓에 지나지 않았다. 그날 처음 만난 한 여성이 듣기 전에 예측 가능한 말을 했는데, 요지는 우리가 트럼프 지지자들을 열린 마음으로 대하기 위해 노력해야 한다는 것이었다. 우리는 백인 노동자 계층의 아노미에 더 관심을 갖고 그 안에서 배울 만한 것을 찾아내야 한다. 더 자세히 받아 적지 않아도 무슨 말이 나왔을지 알 것이라 믿는다. 당신 또한 황무지를 통과하면서 비슷한 조언을 자주 접했으리라 생각한다.

이런 종류의 논쟁에 지칠 대로 지쳐 있었다. 특히 중립적인 입장은 문제 해결에 도움이 안 된다는 의식이 자라고 있어서기도 했다.

하지만 내 친구 리베카에게는 준비된 답이 있었다. "왜요?" 그녀가 물었다. "소위 백인 노동자 계층이라고 하는 사람들은 우리를 이해하려고 하지 않잖아요. 우리에게 상처 주려고 하잖아요. 유대인들은 항상 겪어 온 일이거든요. 저는 회당 가기가 두려워요. 우리에겐 공포가 전혀 새로운 일이 아니에요. 오래되었지만 변치 않는 것이죠."

리베카의 말을 듣고 과거에 대해 곰곰이 생각했다. 우리는 과거에 비해 더 나아졌을까? 더 나빠진 건 아닐까?

그때는 모두 얼간이들이었어. 이렇게 생각하기는 매우 쉽고 자연스러운 흐름처럼 보인다. 내가 괴물과 얼룩에 대해서 숙고하면 할수록 범죄에 대한 토론은 하나의 핵심 관점을 중심으로 돌아간다는 것을 깨달았다. 우리는, 그리고 우리 사회는 범죄가 일어난 당시에는 무지했다는 관점이다. 한심한 야만의 시대였다. 헤밍웨이도 자신이 더 잘 알아야 한다고 생각하지 못했다. 피카소도 마찬가지였다.

과거에 대한 이런 종류의 감성과 시선은 자주 접할 수 있다. 시애틀 음악 신에서 입지가 탄탄했던 술집의 운영자 데이브 메이너트는 #미투 운동이 일어났을 때 성폭행으로 고발당했고, 그때의 반응도 정확히 그랬다. 가장 먼저 그가 고발당했다는 사실을 믿을 수 없다는 반응이 나왔다. 그것도 여러 여성에게 여러 차례 고발당하다니. 그는 모든 사람이 아는 남자였다. 그는 우리 중의 하나였다. 그래도 시애틀 록 신은 그보다는 좋았다. 자유주의자들이 가득한 이 비 내리는 진보적인 도시는 괴물을 숨기지 않았다. 고소가 조용히 진행되기 전에 그의 페이스북 페이지가 문을 닫았고 시애틀 록 신의 남자들은 그를 옹호하고 위로했다. 주로 이런 말들로 지지했다. 그때는 우리가 무슨 짓을 하는지도 몰랐다. 그 시절은 지금과는 달랐다. 고소는 부당하다고 여겨졌다. 그 시절에는 너도나도 무지했는데 어떻게 일부 남자들만 비난할 수 있는가? 그런데도 이 말의 숨겨진 허점이 논설가나 소위 캔슬 컬처에 적극 참여하는 일반인 비평가들에게 들키지 않았다. 우리는 지금 왜 무지하지 않을까? 용감한 사람들이 말을 하고 목소리를 높여서다. 어느 날 아침에 일어나 보니 갑자기 눈이 밝아진 게 아니다.

+ + +

관객이 직면하는 아주 큰 문제 중 하나는 과거Past라는 이름이다. 과거는 우리 모두가 무지몽매했던 이상하고 끔찍한 곳이다. 괴물의 행동이 자연스럽게 용인되던 곳이다. 과거는 아주 머나먼 땅처럼 보이기도 하고 때로는 작년에, 혹은 지난주에 끝이 난 시대 같기도 하다. 더 받아들이기 힘든 일은 우리가 지금 이 순간에도 과거를 살고 있다는 생각이다. 만약 여기서 과거의 의미가 역사 속에서 불평등과 비인도적 행위가 횡행했던 순간을 의미한다면 더욱 그렇다.

과거는 반유대주의와 인종주의와 여성혐오가 문학의 씨실과 날실로 엮인 시절이었고, 여성은 떨어진 단추들처럼 상자에 보관되던 시절이었다. 물론 여러 개의 상자였지만 여성은 궁극적으로는 분류될 수 있는 존재였다. 학대가 정상적이었고 학대한다는 것은 자신의 정상성을 주장하는 방식이었다. 옛 작품을 읽거나 소비할 때 우리는 당시에는 평범하다고 여겨진 참으로 다양한 개자식을 만난다. 아내 구타자, 아동 학대자, 인종주의자 등이 어디에나 널려 있었다. 과거는 빙 크로스비가 자신의 아이들을 때리는 곳이다.[1] 짐의 '검둥이 Negro' 말투다.[2] 영화 〈국가의 탄생The Birth of a Nation〉이다.[3] 우리는 그건 단지 과거였다고, 그때는 그것이 정상이었다고 말한다. 사람들도 무지하고 몰랐다고 말한다. 그리고 '풍습'[4]이라는 단어를 들고 온다.

다시 말해서, 과거에 대한 우리의 인식은 두 가지 핵심 개념에 의지하고 있다.

---

1 빙 크로스비의 아들은 책에 아버지가 자신과 엄마를 때리고 학대했다고 적어서 논란이 되었다.

2 짐은 『허클베리 핀의 모험*The Adventures of Huckleberry Finn*』에 등장하는 흑인 노예로 지금은 금기어인 'negro'를 자주 사용했다.

3 토머스 딕슨 소설 『클랜즈먼*The Clansman*』을 원작으로 한 영화로 인종차별적인 내용과 묘사로 가득하다.

4 mores. 관습, 풍습을 뜻하는 라틴어로 morale이라는 단어가 여기서 유래했다.

1. 그 사람들은 단순히 시대의 산물이다.

2. 지금의 우리는 더 나아졌다.

나의 아늑한 집에, 반짝이는 리본 같은 소셜 미디어로 둘러싸인 이 집에 있으면 나는 역사의 정점에 올라와 있는 기분이다. 나는 이전에 아무도 몰랐던 진실로 무장하고 있다. 혹은 잘 모르는 사안에 대해서도 몇 분 만에 간단하고 쉽게 정보와 답변을 찾아낼 수 있다.

그래서 내가 더 깊이 숙고하기만 하면, 이 분야의 전문가만 찾으면, 사리를 분별하면, 계산기를 만들면, 정답이 있는 곳을 찾아내면 이 괴물 문제를 풀 수 있을 줄 알았다. 나는 계몽주의가 낳은 자손이 확실하다는 느낌 때문이었다. 나는 알 만큼 아는 현대Present 시민이다.

관객의 자서전을 쓴다는 아이디어가 꽤 괜찮아 보여서 계속 머리를 굴렸지만, 관객의 한 명으로서 나 자신을 명확하게 보지 않았고 현재의 내 위치에서 보는 관점이 언제나 계몽적인 것은 아니라는 사실 정도만 어렴풋이 인지했다. 관객의 자서전은 모든 회고록을 지배하는 법칙과 같은 법칙을 따라야 하며, 그 법칙에는 회고록의 작가가 자신을 바라볼 줄 알아야 한다는 것도 포함된다. 다시 말해서 형편없는 회고록이 되는 가장 빠른 길은 저자가 자기 자신과 사랑에 빠져서 자기 잘못을 직시하지 못하는 것이다. 우리는 깨우친 존재들이라 생각하지만 정말로 우리 이전의 사람들보다 훨씬 더 나아졌을까?

언제나 유쾌한 배우이자 봉 비방[5]이란 용어의 바른 쓰임새라 할

5 bon vivant. 친구, 좋은 음식, 술로 인생을 즐기며 사는 사람

수 있는 스티븐 프라이가 나오는 오래된 다큐멘터리를 보면서 이러한 생각과 다시 마주했다. BBC에서 만든 리하르트 바그너에 관한 다큐멘터리였다. 나의 아버지는 독일계로 바그너 음악에 매료되어 있다. 그래서 아빠와 나는 각각 자신의 집에서 프라이의 다큐멘터리를 본 다음에 만나 일종의 북클럽 모임을 가졌다.

그 다큐멘터리에서 프라이는 자신을 좀 더 계몽된 시대, 즉 현대 시민으로 지정한다. 그가 여행하고 싶은 장소는 바로 과거다. 과거로 돌아가 사랑하는 바그너가 반유대주의적 견해를 표명하지 못하게 막고 싶다고 한다. 특히 바그너의 악명 높은 에세이 『음악의 유대주의*Das Judenthum in der Musik*』의 집필만큼은 무슨 수를 써서라도 말리고 싶다고 했다. 시간 여행을 할 수만 있다면 바그너에게 설명하여 그가 이해할 수 있도록 만들 자신이 있다고 한다. 프라이는 자신을 역사의 눈가리개에서 완전히 자유로운 사람으로 설정한다. 그는 부지불식간에 역사라는 맥락을 초월한 자유주의자의 이상을 그려 보이고 있다.

그는 특유의 매력적이고 정신 사납고 소심한 말투로 말한다. "나는 이런 몽상을 합니다. 전형적으로 한심하지만 전형적인 몽상가잖아요. 나는 그런 사람이니까. 시간을 돌려 과거로 거슬러 올라가서 한 영국인으로 바그너에게 편지를 쓸 겁니다. '당부할 말이 있어 왔습니다, 바그너 씨. 당신은 19세기 가장 위대한 예술가가 되기 직전인데 지금 쓰고 있는 이 말썽 많은 에세이와 이 글이 가져올지도 모를 영향 때문에 후대가 당신의 위대함을 알아보지 못할 겁니다.'"

"가져올지도 모를 영향"이란 그것이 실제로 가져온 영향을 생각하면 순진한 생각이다. 히틀러와 나치는 바그너의 음악을 주제가처럼 사용했고, 바그너의 오케스트라는 바이로이트 페스티벌의 전속 계약 밴드였다. 히틀러는 지도부와 함께 1933년부터 1939년까지 매년 7월에 바이로이트 축제에 참여했다. 바그너의 음악과 글은 나치 이데올로기와 얽히지 않을 수 없다.

프라이는 자기가 바그너를 구출할 수 있다고, 적어도 구출을 시도해 볼 수는 있다고 생각한다. 왜냐하면 자기는 깨우친 사람, 알 만큼 아는 사람이니까.

그런데 프라이 말고도 알 만큼 아는 사람이 있을까? 바그너다. 우리가 과거에 대해 안다고 생각하는 모든 믿음에 반하지만 실상 바그너는 반유대주의에 대한 논거를 충분히 인지하고 있었다. 어떻게 알까? 그가 자기 입으로 그렇게 말했기 때문이다.

바그너가 반유대주의자가 아니었다는 말이 아니다(이중 부정이긴 하지만 무슨 말인지 알 거라 생각한다). 바그너는 반유대주의에 사로잡혀 있었다. 작곡가 사이먼 캘로는 이 작곡가에 대한 흥미로운 연구에서 이렇게 요약한다. "바그너의 반유대주의는 사소한 실수 이상이었다. 단순한 편견을 넘어선 기괴한 강박증, 편집증, 본격적인 신경증에 가까웠다. 바그너와의 대화에서는 유대주의라는 주제가 빠진 적이 거의 없었다. 바그너가 말년에 화가 르누아르와 마주 앉아 즐거운 사담을 나누다가 느닷없이 유대인을 비하하여 대화가 어색하게 중단되기도 했다."

바그너는 자신의 강박관념에 대해 긴 글을 쓰기도 했다. 프라이가 집필을 막고 싶다던 그 에세이 『음악의 유대주의』는 〈로엔그린 Lohengrin〉이 초연되던 1850년에 익명으로 출판되었다. 그 글은 '유대인 음악가'의 속성에 대해 묘사하고 있는데, 사실 이제 막 운을 뗐는데도 벌써 물살이 험한 물속에 들어와 있는 기분이다. 형용사로 사용되는 '유대인jew'은 일반적으로 좋은 징조가 아니다. 내 친구 앨릭스 블룸버그는 과거 유대인 마을이라고 불리는 시카고의 지역을 거닐다가 자신이 관찰한 바를 이렇게 전했다. "유대인이라는 단어는 명사로 쓰면 괜찮아. 그런데 형용사로 쓰면 문제가 되기 시작하고 동사로 쓰면 심각하게 나빠져."

바그너는 다음과 같이 썼다. "유대인—모두가 알다시피 자신만의 신을 모시는 사람들—은 평소에도 그들의 특이한 외모로 충격을 주는데, 이는 유럽의 어떤 국가에 속해 있건 간에 그 국가에 그리 유쾌하지 않은 이질적 느낌을 불러 온다. 우리는 본능적으로 그런 외모의 사람과는 공통점이 없기를 소망한다."

바그너의 단어는 점점 격해져 결국 자신을 광란의 도가니에 몰아넣고, 그에 따라 우리 현대의 독자들은 그의 무식함이라고 할 수밖에 없는 태도를 보면서 경멸과 혐오감을 느끼게 된다. 그럼에도 우리는 스스로에게 바그너가 그때 잘 몰랐다고 이야기한다.

하지만 바그너는 본인이 알 만큼 알고 있다고 생각했기 때문에 폭언을 쏟아 냈다. 그는 러시 림보[6]를 연상케 하는 솔직함을 가장한 막말로 반유대주의의 종식을 외치는 자유주의적 미사여구를 반박한다. "우리는 유대인의 본성과 성격 때문에 무의식적으로 지니게 된 이 혐오감을 스스로에게 설명해야만 하며, 우리의 본능적인 거부감을 입증해야 한다. 우리는 이를 의식적으로 없애려는 열의를 보이지만 이 본능적인 거부감은 우리의 열의보다 더 강하고 더 압도적이다."

그는 자신과 자신의 민족이 유대인을 비난하고 싶지 않다는 점까지 강조한다. 이것이야말로 진짜배기 "피해자는 오히려 나"라는 헛

6 Rush Limbaugh(1951~). 미국의 극우 논객

소리다. 바그너는 그가—아니 우리 모두가—"본능적인 거부감"을 "없애려는 열의"를 갖고 있다고 주장했지만, 정직한 사람이라면 "무의식적인 혐오감"이라는 감정을 버리기 위해 노력해야 할 것이다. 그는 지금 모든 사람이 어떻게 느끼는지 설명하고 있다. 우연찮게도 그의 주장은 '우리'라는 단어를 얼마나 교활하게 이용할 수 있는지를 보여 주는 실례가 된다. 바그너는 비정상적일 정도로 증오에 가득한 관점을 정상화하고 보편화하면서 반유대주의에 맞서는 사람들 모두가 본성을 거스르고 망상에 빠져 있거나 회피하는 사람들이라 말한다.

바그너의 관점에서는 "나는 반유대주의자가 아니다"가 거짓이고 위선이다. "오늘날에도 우리는 고의적으로 스스로에게 허위를 저지른다. 유대인의 본성에 대한 우리의 자연스러운 거부감을 부도덕한 것으로 취급하고 금기시해야 한다고 생각하는 것이다. 그러나 최근 우리는 그 격렬한 자기기만에서 벗어나는 것이 더 합리적이라는 통찰에 도달한 것 같다." 그는 우리가 유대인을 거부하지 않을 수도 있지만 그것은 자기기만이고 허위라고 말한다. "우리는 격렬한 동정심의 대상을 진지하게 보면서 우리 안에 여전히 살아 있는 이 혐오감을 이해해야 한다."

글쎄! "우리의 모든 자유주의적 미사여구에도 불구하고 여전히 남아 있는 혐오감." 이 문장은 복잡한 게르만어식 어법이지만 이상하게 현대 수사법으로 보인다. 유권자들이 트럼프를 좋아한 점이기도 했다. 그가 위에서 말한 "자유주의적 미사여구"의 다른 이름이라 할 수 있는 정치적 올바름에서 달아나는 방식과 매우 유사하다. 트럼프 지지자들은 BBC 뉴스에서 한 팬이 기자에게 말한 "트럼프는 우리 생각을 대신 말해 줍니다"라는 문장을 반복해서 말했다. 바그너의 발언은 당시 사람들이 몰라서 잘못했을 뿐이라는 프라이의 의견에 반대된다. 바그너는 이 모든 상황을 아주 잘 알고 있었고 유대인을 받아들이는 사람이 거짓말을 한다고 했다. 트럼프에게 투표한 인종주의자들이 '우리'는 모두 알고 보면 같은 생각을 갖고 있는 인종주의자라고 말한 것과 비슷하다. 다만 인정하지 않으려 할 뿐이다.

바그너는 트럼프 지지자들이 그랬듯이 알 만큼 알 기회가 있었지만 다른 선택을 했다.

스티븐 프라이는 확실히 바그너에 대한 사랑으로 가슴이 미어지는 것 같다. 그의 다정하고도 과장된 고뇌가 그의 다큐멘터리의 원동력이 된다. 그는 말한다. "나는 유대인이고 홀로코스트에서 친척을 잃었습니다. 그래서 극장에 앉기 전에 내가 옳은 일을 한다고 확신하고 싶습니다." 다시 말해서 그는 관중으로서 자신의 역할이 어떤 미지의 전문가에게 승인되기를, 외적인 올바름이라는 기준에 의해 인정받기를 원하고 있다. 간절하게 확신을 얻고 싶었던 그는 결국 나치의 전당대회가 열린 곳이자 바그너의 성지인 뉘른베르크까지 간다.

관광객들은 전당대회장의 계단을 올라서 히틀러가 연설한 연단까지 올라가곤 하지만, 프라이는 차마 연단까지 올라가지는 못한다. 대신 전당대회장 밖에 앉아 유령과 씨름하면서 바그너의 문제를 고심하다 결국 내가 그랬듯이 얼룩의 이미지에 도달한다. "다채로운 색과 복잡한 문양으로 이루어진 크고 아름다운 실크 태피스트리에 지울 수 없는 얼룩이 졌다고 상상해 봅시다. 여전히 훌륭한 장인이 놀라운 솜씨로 한 땀씩 짜낸 매혹적인 색상과 보드라운 질감의 아름다운 태피스트리지만 어떤 자리에 분명 얼룩이 생겼습니다. 나는 히틀러와 나치즘이 바그너를 얼룩지게 했다고 생각합니다. 어떤 사람들은 얼룩이 작품 전체를 망쳤다고 생각할지 몰라도 어떤 사람들은 얼룩 또한 있는 그대로 받아들여야 한다고 보기도 합니다.”

나도 프라이의 안타까움에 공감한다. 그는 자신의 상실감을 인지하고 그럼에도 불구하고 바그너 작품이 얼마나 아름답고 중요한지도 감지한다. 하지만 이 발언에서 프라이는 바그너를 오염시킨 주체는 히틀러와 나치즘이라고 말한다. 하지만 바그너는 역사에 의해 얼룩진 것이 아니라 스스로 얼룩지게 만들었다. 그의 반유대주의는 히틀러에게 영감을 주었기 때문에 잘못된 것이 아니라 그 자체로 잘못이다.

바그너가 사망한 후에 바이로이트는 히틀러 청년들의 ‘즐거움을 통한 강인함Kraft durch Freude’[7] 축제의 장소이자 나치 지도부의 모임 장소였다.

21세기까지도 바그너 가문은 바그너의 반유대주의를 정면으로 다루기를 거부했다. 그중에서도 바그너를 가장 강력하게 옹호한 바그너의 영국인 며느리 위니프리드 바그너는 1930년부터 제2차 세계 대전이 끝날 때까지 바이로이트 음악 축제를 운영했다. 과거에 대한 질문, 알 만큼 아는 것에 대한 문제는 1977년에 제작된 다소 충격적인 다큐멘터리 〈위니프리드 바그너의 고백The Confessions of Winifred Wagner〉에서 상당히 전면적으로 드러난다. 감독 한스위르겐 지베르베르크는 바그너, 나치즘, 그녀의 절친한 친구(소문에 의하면 연인이었던) 히틀러에 대해 마음껏 이야기를 풀어 놓는 위니프리드 바그너의

7 나치당의 모토

얼굴에 카메라를 비춘다.

구름 같은 흰머리가 고운 얼굴을 감싼 노년의 위니프리드는 쾌적한 할머니의 사진 같았다(사람이 쾌적할 수 있다면 말이다). 그녀는 히틀러가 "한몸 편하게 누일 집 하나 없었다"고 안타까워하면서 매년 그가 바이로이트를 방문했을 때 거처를 마련해 주기 위해 애썼다고 말한다.

그녀는 히틀러가 한몸 누일 집을 방문했을 때를 떠올린다. "그 사람은 늘 어린이들과 편하고 자유롭게 지내면서 침대에 누워 있는 아이들을 보러 가곤 했어요." 전 세계를 공포로 떨게 한 사람의 유쾌한 삼촌 버전일까. 사실 그녀는 그를 정확히 그렇게 부른다. "주머니에 권총을 넣고 다니는 착한 삼촌." 그녀는 튼튼한 치아를 드러내고 웃는다. "우리는 서로를 너du라고 불렀어요. 공공장소에서는 차마 하지 못했죠. 나는 그를 늑대라고 부르고 그는 나를 비니Wini라고 불렀어요. 하지만 실제로는 너 나 하는 사이였죠. 아이들도 그에게 반말을 했죠. 늑대라고 부르기도 하고요."

그녀는 얼굴에 점점 생기가 돌더니 말썽꾸러기 같은 미소를 지었다가 다시 자세를 바르게 고쳐 앉고 단호하게 말했다. "하지만 순수하게 개인적인 사생활을 대중에 공개하고 싶지는 않습니다."

나는 이 다큐멘터리를 책상 컴퓨터에서 스트리밍 서비스로 보고 있었다. 다큐멘터리 속의 위니프리드는 한마디로 소름 끼쳤다. 그녀는 튼튼하고 고른 치아와 반듯한 자세를 가진, 나이보다는 젊어 보이고 귀염성 있는 여성이었다. 불륜에 대한 추측이 사실이건 아니건 히틀러와의 관계에 대한 그녀의 기쁨이 너무 투명하고 확실하게 보인다. 이 영상은 누구든 알 만큼 알던 1975년에 제작되었다. 그럼에도 그녀는 알 만큼 알지 못한다. 그녀의 그 말썽꾸러기 미소에서 대중에 무엇을 공개하고 공개하지 말아야 할지를 충분히 아는 공모자의 태도를 엿볼 수 있다.

그녀는 히틀러가 평소에는 여자 운전자를 병적으로 불신했지만 자기가 운전하는 자동차는 잘 올라탔다며 또다시 즐거워한다. 그는 운전대를 잡고 있는 다른 여자를 보면 "'조심해, 여자 운전자!'라고 소리 지르곤 했습니다." 자신만큼은 예외였다는 데서 오는 자부심이다. 이것이야말로 진정한 여성 괴물성이다. 나와 같은 성이 인정받지 않는 곳에서 나만 인정받을 때의 기쁨. 우디 앨런의 〈맨해튼〉에 관해서만큼은 '쿨한 여자'가 되고 싶다는 내 어린 시절 욕망의 사촌 격이라 할 수 있다. 나를 선택된 사람으로 만들어 세상의 모든 사람이 들어오지 못하게 선을 긋겠다는 전략이다.

위니프리드는 본인이 히틀러의 선택을 받은 여자라는 사실에서 느낀 기쁨을 최대한 억누르려고 노력한다. 이러한 자제력은 현재의 기대에 부응하려는 행동일 수도 있지만, 확실히 그녀는 자신이 지금 현재 살고 있는 이 시대를 경멸하는 듯하다. '대중'은 이해하지 못할 것이라고 말하는 행간에서 현시대에 대한 불만이 느껴진다. 그녀의 마음속에서는 옛날 옛적, 즉 정치를 대단하게 여기지 않았던 그때 그 시절이 더 좋았을 뿐 아니라 더 현실적이다. 그녀는 현시대 정치에 대한 태도를 "소동"이라고 말한다. 그녀 이전의 사람 바그너처럼 반유대주의를 일종의 현실로 제시한다. 사실 그녀는 본인과 늑대가 이렇게 말했다고도 했다. "우리는 이 소동을 보며 웃곤 했지요."

위니프리드는 '정치'에 관심이 없다고 말한다. 그녀는 제2차 세계 대전 이후 시작된 예술의 지성화와 정치화에 불편함을 느낀다. 여기서 감독은 끼어들어 발터 벤야민의 인용구를 삽입한다. "따라서 파시즘은 정치를 미학화했고 공산주의는 이에 화답해 예술을 정치화했다.” 바그너와 그의 가족이 파시즘의 도구였다는 점을 명백히 시사하려는 의도다. 위니프리드가 비난하는 정치화가 그 파시즘에 대한 ‘답’이었다.

물론 위니프리드는 바이로이트에서 자신이 한 역할이 정치의 미학화라고 생각하지 않는데 역시 모범적인 파시스트답게 자신과 자신의 동류는 정치에서 자유롭고 ‘소동’에서 멀리 떨어져 있다고 생각한다. 위니프리드 바그너의 태도는 시아버지의 태도의 메아리와 같다. 그녀는 자신이 진실만을 말한다고 믿고 그렇게 말하지 않거나 잘 모르는 사람들은 진실을 인정하고 싶지 않을 뿐이라고 말한다.

그 안에는 후회도, 슬픔도, 연민도, 이해도 없다. 오직 압도적인 둔감함과 그 사이에 끼어드는 오싹한 말썽꾸러기 미소가 있을 뿐이다.

바그너는 자신이 한 말 때문에 비방을 받았지만, 그 말과 그의 음악이 홀로코스트의 공포와 연결되어 있기 때문에 즉, 파시즘의 미학화에 기여했기 때문에 비난받기도 했다. 하지만 그의 에세이 『음악의 유대주의』는 그것 자체로도 충분히 나쁘지 않은가? 만약 언어가 행동에 영향을 주어야만 그 언어를 반대할 명목이 생긴다면, 정치인은 아니지만 기함할 만한 말을 내뱉는 성난 편견주의자들에게도 모두 면죄부를 주어야 하는 것일까? 반유대주의가 홀로코스트에 직접적으로 기여했을 때만 잘못된 것은 아니다.

프라이의 다큐멘터리를 보고 얼마 지나지 않아 워싱턴대학교 도서관 대열람실에서 울프의 일기 형식의 글을 모은 『칼라일의 집과 다른 스케치들*Carlyle's House and Other Sketches*』을 읽었다. 그녀가 남긴 여러 반유대주의 관련 경솔한 발언들을 전부 열거하지는 않겠지만, 그녀의 일기에는 그에 관한 내용들이 상당히 많이 담겨 있었다. 물론 남편 레너드를 "나의 유대인"이라고 부른 것은 부부 사이의 가벼운 농담이기도 하고 매우 복잡한 요인이 껴 있기도 했다. 울프는 유대인 남성과 결혼했고 '블룸즈버리그룹'[8]의 일원으로 관용과 인내의 모범으로 보였다(다시 한번 그 자유주의 미사여구!).

아마도 그녀 또한 자신이 역사의 정점에 서 있다고, 비관용적이라고 여겨지기에는 너무도 깨우친 사람이라고 생각했을 것이다.

나는 유대인 친구에게 버지니아 울프의 반유대주의에 대해 언급하면서 이것이 그녀의 작품에 오점을 남겼는지 아닌지에 대해서 생각하고 있다고 말했다. 친구는 건조하게 대답했다. "글쎄. 반유대주의를 가져오려면 모든 사람을 포기해야 해."

왜 울프의 반유대주의는 잊혔을까? 반유대주의는 버지니아 울프를 생각할 때 가장 먼저 떠올리는 이미지와는 거리가 멀다. 사소한 일, 가벼운 일, 묻힌 일이다. T. S. 엘리엇과 이디스 워튼과 도스토옙스키와 마찬가지로 우리는 무엇보다 가장 먼저 그들의 문학적 성과부터 떠올린다. 그들의 반유대주의를 직면한 뒤에도 그것을 역사 안에서 그들의 순간과 관련 있는 어떤 것으로, 마치 반유대주의는 그 시대의 날씨처럼 작가들에게 불어닥친 것으로 생각한다.

울프의 삶은 우리에게 매우 중요해졌다. 블룸즈버리그룹에 속한 문인들의 삶을 바탕으로 한 여러 편의 영화가 제작되었고, 그들의 이름을 딴 런던의 동네나 그들이 자주 드나들었던 시골집이 영화의 배경으로 사용되었다(그중에는 집 이름이라고 하기에는 너무 괴상한 햄 스프레이Ham Spray 빌라도 있다). 영화 〈디 아워스The Hours〉를 통

8 20세기 초 영국의 버지니아 울프 등이 결성한 문학가 단체

해 울프는 하나의 캐릭터로 자리 잡았다. 우울하고 똑똑하고 우아한 페미니스트라는 울프의 이미지는 토트백과 기프트북에 복제되었다. 캐릭터로서의 울프는 실제 작가로서의 울프를 상당 부분 대체했다.

우리는 울프와 블룸즈버리그룹을 자유주의의 기준을 제시한 매력적인 사람들로 생각한다. 도리스 레싱은『칼라일의 집』서문에서 다음과 같이 쓴다. "우리 모두는 우리의 우상과 모범이 완벽하기를 바라지만 그녀는 사실 백인 앵글로색슨 상류층 속물이었다. 그 그룹에 속한 모든 사람이 그랬다. 하지만 사랑은 결점까지도 받아들이는 것이 아닌가. 그녀는 훌륭한 예술가였고 그 이유 중 하나는 그녀와 그녀의 친구들에게는 이 세상의 모든 보헤미안처럼 '진실을 갈망하는' 정신이 깃들어 있었기 때문이다."

울프가 '얻은 것은' 진실을 추구한 보헤미안이고, 이것이 우리가 아는 울프의 버전이다. 우리는 그녀의 시대를 고려해 그녀에게 면제권을 주지만 사실 1939년에 블룸즈버리그룹의 변두리에 있었던 E. M. 포스터는「유대인 의식」이라는 글을 발표하기도 했다. 그 글의 결론은 다음과 같다. "현재 나에게 반유대주의는 그 모든 것 중에 가장 충격적이다." "현재now"라는 짧은 단어는 얼마나 중요하고 얼마나 의미심장한가. 우리는 머뭇거리며 손가락으로 1939년 유럽을 가리키고 있다.

우리는 과거에 살고 있던 사람들의 입장을 생각해 무지라는 단어를 떠올린다. 이 불쌍하고 미망에 빠진 영혼들이 자기들 눈에서 비늘이 떨어지기를 기다리고 있는 모습을 상상한다. 하지만 반유대주의와 인종주의는 정치적 지배라는 더 큰 프로젝트와 연관되어 여전히 실제로 일어나고 있다.

미국 고전 문학인 『초원의 집*Little House on the Prairie*』이나 『나의 안토니아*My Antonia*』 속의 인종차별은 우연이라고 할 수 없다. 윌라 캐더의 소설 속 대초원 정착민들은 자신의 이웃이 어디에서 왔는지 민감하게 의식한다. 그리고 이는 이 책의 파토스를 이룬다. 이 명백한 운명Manifest Destiny[9]에 관한 책에서 각각의 캐릭터는 독일, 노르웨이, "보헤미아"(체코), 러시아에서 온 이민자들이라는 국적에 따라 정의된다. 이들에게는 선조의 특징이 강하게 남아 있지만 저자의 부드러운 손길을 거쳐 풍부하고 온전한 캐릭터로 다듬어진다. 그들의 타자성은 존중받는다. 서술자는 체코에서 온 이웃이 모으고 있는 말린 버섯을 맛보면서 그들의 경험 속으로 들어간다. "이 작은 갈색 조각들이, 시머다스가 멀리서 가져와 보석처럼 아낀 이것들이 말린 버섯이라는 사실은 몇 년 후에야 알게 되었다. 이 버섯은 보헤미아의 깊은 숲에서 채취되었겠지." 이러한 묘사에는 인간미와 연민이 깃들어 있다. 흑인 캐릭터가 등장하기 전까지는 그렇다. 피아노 연주자인 시각장애인 다노Blind D'Arnault가 등장할 때 저자는 갑자기 캐리커처 화가가 된다. "그는 니그로 두상이다. 두상이 너무 작아서 안 보일 지경이다. 귀 뒤에는 아무것도 없고 옷깃 위의 목만 간신히 보인다. 그의 얼굴이 그렇게 친절하고 즐거워 보이지 않았다면 쳐다보기가 괴로웠을 것이다." 몇 쪽에 걸쳐 이런 방식의 묘사가 이어진다. 다노는 하나의 생물이고 야만인이고 "몸에서 빛을 내는 아프리카에서 온 쾌락의 신이다." 이 제퍼슨의 이상을 바탕으로 한 서부의 확장은 모든 사람에게는 해당되지 않는 것 같다.

이와 똑같은 에토스가 『초원의 집』에도 담겨 있는데, 개척자 와

9 미국의 영토 확장주의를 정당화한 말

일더 가족은 광활한 서부의 대평원으로 향하면서 그곳을 빈 땅으로 여긴다. “그곳에는 아무도 없었다. 오직 인디언들만 살았다.” 이 문장은 『초원의 집』 초판본의 첫 페이지에 적혀 있다. 표지에는 귀여운 얼굴의 로라 잉걸스가 인형을 안고 있는 헬렌 슈얼의 삽화가 그려져 있는데 딱 한 장만 넘기면 한 집단의 사람들을 인간으로도 취급하지 않는 문장이 적혀 있는 것이다. 이 책의 인디언들은 가족들에게 계속해서 위협을 주는 존재일 뿐이다. 로라의 아빠는 그들 사이의 케케묵은 농담을 꺼내며 걱정에서 벗어나려 한다. “유일하게 좋은 인디언은 죽은 인디언이다.” 『초원의 집』에는 얼굴을 검게 칠한 백인 깡패들이 등장하기도 한다.

어린 시절에는 『초원의 집』을 사랑했다. 이 책에서 펼쳐진 일들이 나의 어린 시절로 보일 만큼 읽고 또 읽었다. 어쩌면 내 어린 시절 이상이었을지도 모른다. 나는 로라를 따라 했다. 로라의 보닛 모자도 하나 갖고 있었다. 내가 꿈꾸는 자유는 백인의 자유였다. 물론 당시에는 그렇게 보지 못했다. 하지만 인종주의는 백인에게 더 큰 자유를 누리게 하는 거대한 기획의 일부였다. 어쩌다 보니 책 안에 그런 내용이 담긴 것이 아니라 그것이 거래의 일부였다.

우리는 그들이 몰랐다고 생각한다. 그와 동시에 우리는 더 잘할 수 있을 거라 철석같이 믿는다. 그래서 불쑥 시간 여행을 하고 싶다는 욕구가 올라온다. 우리 또한 스티븐 프라이처럼 과거로 돌아가 우리의 계몽 정신을 만천하에 뿌리고 오고 싶어진다.

어느 날 저녁 식탁에서 아버지는 우리 아이들에게 만약 바이마르 독일에 살았다면 나치즘을 공개적으로 반대했을지 물었다. 유연한 사고와 자기만의 도덕적 기준을 갖고 있는 아이들은 깊이 숙고한 뒤에 대답했다. 그러고 싶은데요? 솔직히 알 수 없고 장담할 수도 없지만 본인들이 그렇게 하길 희망한다고 했다.

아버지는 대답했다. 이 할아버지는 말이다, 나치에 대항해서 용감히 싸웠을 거다! 나중에 아이들은 그 이야기를 하며 웃었다. 그들은 찰리 브라운과 풋볼이 된 것처럼 느꼈다.[10] 아이들은 할아버지가 영혼을 진지하게 탐색할 수 있게 이 주제를 준비했을 거라 생각했지만, 그는 자신이 깨우쳤다는 확신으로 아이들의 신중함과 정직함 위에 올라서려고 했다.

이런 종류의 사고는 조건부적 사고다. 우리가 X라는 장소의 Y라는 시간대에 있었다면 Z라는 행동을 했을 것이다. 문법에서는 이런 종류의 구문을 위한 용어도 존재하는데 가정법 과거완료로 이렇게 설명할 수 있다. "가정법 과거완료 시제는 어떤 일이 일어나지 않았지만 적절한 조건에서는 일어났을 거라 가정한다."

적절한 조건이 주어졌을 때 우리는 적절한 일을 했을 것이다.

이 가정법은 과거 시대로 돌아가 아마도 보닛 모자를 쓰고 선한 일을 하고 싶은 사람들의 마음속에 굳건히 자리 잡은 듯 보인다. 우리는 내가 어떤 행동을 했을지 확신한다.

그러나 홀로코스트 생존자 가족들에게 이 가정은 훨씬 더 걱정스럽고 훨씬 더 절박하다.

내 친구 토바에게 우리 아버지가 손자, 손녀들을 대상으로 한 실험 이야기를 하자 그녀는 정통 유대교 집안에서 자란 어린 시절에 반복적으로 나온 대화의 반대 상황이라고 말했다. "우리는 비유대인에

10 만화 『피너츠*Peanuts*』에서 찰리 브라운은 수없이 럭비공 차기를 시도하지만 루시가 마지막에 항상 공을 치워서 한 번도 차지 못한다.

게 항상 물었어. '너희는 우리를 숨겨 줬을까? 지금 그런 일이 벌어지면 우리를 숨겨 줄 거야?'"

이 조건절 문장은 토바 입장에서는 더욱 두렵게 다가온다. 누군가의 도움이 조건적이라면 그건 우리가 기대고 싶은 종류의 도움이라고는 할 수 없다.

자유주의는 인간의 지속적인 발전을 믿는다. 자유주의의 핵심 사상은 선의 목적론으로 인간은 정의를 향해 나아간다고 믿는다. 어떻게 해서든지 결국 우리는 더 좋아지고 나아지리라는 개념이다.

이 개념은 우리를 역사로부터 분리한다. 우리는 더 이상 역사의 힘에 종속되어 있지 않다. 역사는 저기 저 멀리, 혹은 우리 뒤에 아니면 우리 밑에 있다. 우리는 특별한 위치에 있다. 역사의 정점에 올라와 있는 우리는 가장 잘 아는 사람들이다.

ᅩ ᅩ ᅩ

우리는 내가 그 사람이었을 거라 생각한다. 편지를 쓴 사람, 목소리를 낸 사람, 유대인을 몰래 숨겨 준 사람, 언더그라운드 레일로드[11]의 정거장을 제공한 사람이 나였을 거라고 말이다.

우리가 스스로 이렇게 말하고 있는 이 순간에도, 세상은 말 그대로 불에 타 재가 되고 군대는 민간인을 사살하고 어린이들은 미국 국경의 캠프에 억류되어 있다.

우리 '이전'에는 나쁜 것들로 가득했지만, 과거를 지나 현재라는 정점에 있는 우리는 인간성의 부정적 측면과 거리를 둔다. 과거라는

11 미국 남북전쟁 이전 노예들의 탈출을 도운 비밀 조직

개념은 '괴물'이라는 단어와 같은 방식으로 기능한다. 우리를 인간의 나쁜 특질들과 분리해 준다. 우리는 이 세상에서 어른으로 살아가고 있다. 과거의 철없는 행동은 지나갔고 우리는 성숙해졌다. 우리는 괴물이 아니다. 저건 우리가 아니다. 우리는 안전한 계몽의 세계 안에 머물면서 원 바깥으로 역사를 던지고, 괴물을 쫓아낸다.

우리가 알 만큼 아는 사람이라는 믿음은—도덕적 감정moral feeling이라고도 할 수 있을까? 그런 게 있다면 말이지만—매우 편안한 소파와도 같다. 우리가 정의, 진보, 공정이라는 목적론을 갖고 변함없이 순수하게 나아간다는 생각은 굉장히 유혹적이다. 너무나 유혹적이라 우리의 사고와 나에 대한 인식을 흐린다. 우리는 모든 인간의 선한 사고만을 모아 놓은 종합체다.

우리가 더 나아지고 있다는 개념은 1990년대 초반에 스탠퍼드대학교 정치학 교수인 프랜시스 후쿠야마와 그의 동료들을 함정에 빠트리는데, 그들은 이 역사가 자유주의의 승리로 끝나면서 헤겔적 종언을 맞이할 것이라 주장했다. 저서 『역사의 종말*The End of History*』에서 후쿠야마는 공산주의는 러시아에서 쇠락했고, 중국에서 자본주의의 힘에 침식당했으며, 압제적이거나 종교적인 이데올로기는 시장 경제라는 비대한 힘에 대체되었다고 쓴다. 그리고 이렇게 이야기한다. "인류는 수천 개의 싹이 다채로운 꽃식물처럼 피어나기보다는 한 길을 따라가는 긴 마차 행렬 같다. 어떤 마차는 재고 빠르게 마을로 들어갈 것이고, 어떤 마차는 사막에서 야영을 하거나 산을 넘어가는 마지막 고비를 넘지 못하고 바퀴자국에 빠져 같은 생활을 반복할 것이다. 어떤 마차는 인디언들의 공격을 받아서 불에 타거나 버려질 것이다." 다시 말해서 어떤 사람들은 뒤처질 테지만 우리 모두는 더 나은 곳으로 다 함께 나아갈 것이라는 뜻이다("인디언들의 공격"이라는 부분은 아무래도 무신경하긴 하다).

그의 모델에서 진보 자본주의는 우리가 마침내 도착한 장소다. 우리의 최종 목적지다. 역사의 이어지는 타임라인에서 잠깐 멈추었다 떠나는 정거장이 아니다.

그런데 그 뒤로 어떻게 되었을까? 또 다른 역사가 왔다. 역사는 전혀 끝나지 않았다. 지난 몇 년간 손을 비비면서 이제 시작이라고 선언하는 것처럼 보인다. 아니면 다 같이 끝나고 있을지도 모른다. 아무튼 우리가 기대한 방식으로 흐르지는 않는다.

우리는 바그너에 대해 생각하고 질문한다. 이제 깨우친 현재의 우리는 과거의 죄에 대해 무엇을 해야 할까? 하지만 질문을 바꾸어 보면 어떨까? 만약 우리가 전혀 발전하지 못했다면 과거의 죄에 대해서 무엇을 해야 할까?

아마 그래서 〈액세스 할리우드〉 동영상이 그토록 충격적이었을 것이다. 그런 일이 일어났기 때문이 아니라 아무도 신경 쓰지 않는 것 같아서다. 엄청난 논란도 없었다. 이 나라는 다 같이 일어나 한 목소리로 말하지 않았다. 우리는 무식한 사람들이 아닙니다. 우리는 알 만큼 아는 사람들입니다. 우리는 이렇게 외치는 대신 여자의 무언가를 움켜쥐었다고 하는 대통령을 뽑았다. 그 후 몇 년간 우리가 초월했다고 생각한 것들이 아직 그 자리에 그대로 있음을, 사악한 요정들처럼 어디선가 숨어 있었음을 보여 주는 증거들이 쏟아져 나왔다. 하지만 그 사악한 요정들이 지나치게 낯설게 느껴지지도 않았다. 지난 몇 년간 우리는 사악한 요정이 바로 우리라는 사실과 대면해야 했다.

미국의 흑인과 유대인에게는 새로운 소식도 아닐 것이다. 하지만 여러 차례 지적받은 대로 우리 중 많은 이가 충격을 소화하느라 생각보다 더 많은 시간을 보냈다. 우리는 발전이라는 진보적 이상과는 전혀 일치하지 않는 장면을 목격했다. 앞서 소개했던 친구 토바가 이렇게 말한 적이 있다. "유월절 만찬 중에 말씀을 나누다가 충격받은 문장이 있어. '모든 세대마다 적이 나타나 우리를 멸망시키려 할 것이니.' 정말 무서워졌어. 그저 과거의 일이 아니라 지금의 나에게도 일어날 수 있는 일인 거잖아. 이런 두려움이 유대인 정체성에 너무 깊이 박혀 있어서 우리의 암울한 역사 인식은 쉽게 바뀌지 않아."

우리는 과거의 괴물이 창작한 예술을 어떻게 해야 할까? 우리는 그곳에서, 그 괴물성 안에서 우리를 찾아야 한다. 우리가 얼마나 더 나은 사람이 되었는지에 대한 증거를 찾기보다는 우리 모습을 비춰 줄 거울을 찾아야 한다.

과거의 괴물 안에서 우리 자신을 찾으려 하면 불편한 망령이 따라올 수도 있다. 우디 앨런과 로만 폴란스키, 한 명은 피의자고 한 명은 유죄 판결을 받은 두 유대인에게 그렇게 많은 독설이 쏟아진 것은 우연일까? 그들을 향한 독설에 반유대주의의 기운이 하나도 없다고 말할 수 있을까? 결국 반유대주의에 관한 가장 오래된 비유는 유대인들이 우리 아이들을 잡으러 온다는 것이다. 이는 물어야 할 질문이고 대답하기 불가능한 질문이다.

2018년이 되자 불과 2년 전에 우리를 충격에 빠뜨린 일에도 더 이상 크게 충격받지 않는 상태가 되었다. 그해 10월 피츠버그에서 트리오브라이프 총기 난사 사건[12]이 일어났을 때 사회는 전반적으로

12 2018년 트리오브라이프 유대인 회당에서 총기 난사 사건이 발생해 열한 명이 사망했다.

이런 일이 트럼프 집권 초기에 일어날 줄 알았는데 생각보다 늦게 일어났다는 데 놀라워하는 분위기였다.

총기 난사 사건이 터지고 며칠 후에 나는 섬의 맞은편에 있는 콜샬롬 유대교 회당에 예배를 드리러 갔다. 환한 햇살이 내리쬐는 상쾌한 10월의 아침이었다. 차창을 열고 바닷물의 짠 내와 이제 막 깎은 잔디 냄새를 들이마셨다. 도착해 보니 작은 예배당은 사람들로 가득했다. 우리 섬 주민들은 마치 이렇게 하면 우리의 나이 들어가는 몸이 폭력 행위를 막을 수 있을 것처럼 모두 예배에 나와 있었다.

햇살은 성전의 높은 창문을 통해 쏟아져 내려왔다. 랍비가 말했다. 세상이 창조되기 이전에 하나님은 그 자체로 온전했습니다. 만약 그렇다면 새로 만들어진 존재를 위한 공간이 없을 것이었습니다. 그래서 신은 자신을 폭파시켰고 그 부서진 조각들이 이 세상에 왔습니다.

세상은 이미 부서져 있었다. 훌륭한 교육과 선한 의도를 갖고 있는 우리는 그곳에 앉아서 쓰디쓴 교훈을 배우고 있었다. 우리는 결국 우리가 역사의 일부라는 사실을 배우는 중이었다.

스티븐 프라이가 바그너에게 쓰고 싶다던 편지를 보자. 내 말을 들어 보시죠. 당신은 19세기 가장 위대한 예술가가 되기 직전이지만 미래 세대는 그 사실을 잊을 겁니다. 당신이 쓰고 있는 그 덜떨어진 에세이 때문이죠. 그는 현재 우리가 캔슬 컬처라 부르는 역학 관계를 묘사하고 있다. '캔슬 컬처'라는 용어 자체는 한없이 무익한데, 피의자의 지위 상실은 어떤 면에서 희생자가 견뎌야 하는 고통과 동등한 수준이라는 사실을 암시하기 때문이다. 스티븐 프라이는 과거와 거리를 두었기에—그가 스스로 깨우쳤다고 하는 가정 아래—실은 살아 있는 사람에게도 입이 떨어지지 않아 하기 힘든 말을 역사적 인물에게 하고 있다.

(스티븐 프라이를 비꼬려는 것이 아니다. 이 문제로 씨름하고 질문하고 영상까지 찍으며 노력한 그의 용기를 사랑한다. 그는 자신이 사랑하는 작품을 포기하지 않고 그 얼룩에서 고개를 돌리지 않으려 했다. 자신만의 계산기를 만들어 보려 했다!)

캔슬 컬처라 불리는 것은 (애처롭게도) 동시대의 누군가에게 그의 말과 행동이 프라이의 표현대로 하면 "덜떨어졌다"고 말하는 일이다. 이 관점에서라면 캔슬 컬처는 세상에서 가장 합리적인 일이다. 캔슬 컬처의 실행자들은 과거의 인물과 대면하는 장면을 상상하기보다는 현재의 누군가와 대면한다. 그런 대면은 항상 환영받아야 한다. 그렇지 않은가?

우리가 계몽의 정점에 있다는 자아 개념이 어쩌면 틀렸을지 모른다는 힌트가 아닐까. 우리가 진정으로 그렇게까지 깨우쳤다면 이 지적이 일어난 것을 축하해야 하지 않을까? 실제로 갖지 않은 것을 가진 척하고 싶지는 않다. 물론 잘못을 지적하는 것이 점점 더 악의적으로 변할 수 있다는 사실을 알고 있다. 트위터의 고발과 비난의 과정 때문에 이제는 두려움의 문화 즉, 즉각적으로 노출될지도 모른다는 두려움이 존재한다. 개인적으로 나도 과거에 내가 했던 말과 내가 쓴 글, 내가 한 행동을 후회한다. 그것들은 아직도 저 바깥에 있고 나는 내가 틀렸음을 안다. 내 실수 때문에 언젠가 곤욕을 치를 수도 있다는 공포감이 있다. 어쩌면 불시에 망신과 수치를 당할지도 모른다는 감각이 #미투에 대한 이해로 우리가 치러야 할 대가일까? 마치 그리스 신화의 맞바꾸기처럼 하나를 내주지 않으면 하나를 가질 수 없는 것인가? 그렇다면 피해자들이 피해 사실을 말하기 위해 잠재적인 지위 상실을 감수할 가치가 있을까? 내 대답은 실험적이지만 예스다. 지위 상실이 아무리 끔찍하다 하더라도 말이다.

맞바꾸기는 우울하고 어쩌면 비인간적이기도 하다. 하지만 내 생각에는 지금 당장 협상 테이블에 올릴 수 있는 유일한 거래다. 어떤 사람들은 다른 사람들에게 무슨 일이 일어났는지 말하기 위해 합당하건 그렇지 않건 받을 만하건 그렇지 않건 수치심을 견뎌야 한다. 하지만 우리는 이 거래를 받아들이는 대신 모욕적이고 점점 멍청해지는 이름인 캔슬 컬처를 만들어 냈다. 캔슬 컬처는 방정식의 절반을 무력화해 버렸는데 이 절반 안에 무언가 잘못되었다고 말할 수 있는 사람이 있다. 어쩌면 이건 잘못된 거래일지도 모른다. 아마 그런 것 같다. 그러나 이것이 우리가 사는 현실이다.

애써 노력하지 않아도 저절로 깨우칠 수 있다는 자유주의적 환상은 우리가 언제나 과거보다는 더 나아지고 있다고 가정한다. 하지만 무엇이 잘못되었는지 말하는 사람들 앞에서 귀를 막는다면 어떻게 발전할 수 있을까?

7

안티 몬스터

블라디미르 나보코프

과거Past에 창작된 책 중에 보편적으로 문제작이라 여겨지는 책이 있다면 『롤리타*Lolita*』일 것이다. 우리는 혹시라도 야수를 잘못 건드려 깨울까 봐 두려워하며 이 책에 조심스럽게 접근한다. 수십 년에 걸쳐 『롤리타』는 굉장히 이상한 텍스트로 변질되었는데, 책 내용은 물론이고 작품 자체가 하나의 학대 행위로 인식된다.

이 책을 읽는 것은 괴물의 정신세계로 들어가는 일이다. 그리고 이 책을 직접 쓴 사람도 틀림없이 괴물일 것이다.

하지만 나보코프가 괴물일까? 흘깃 보면 언뜻 괴물의 윤곽을 갖추고 있는 것처럼 보이기도 한다. 나보코프는 세 권의 걸작을 썼고 몇 편의 괜찮은 소설을 썼고 어마어마한 골칫거리 한 편을 썼지만, 무엇보다 이 괴물의 초상 작가로 널리 알려져 있다. 책에서 험버트 험버트라는 아동 성폭행범은 너무 완벽하고 철두철미하게 묘사되어서 이 인물과 이 인물을 창조한 작가가 혼동된다. 본인이 괴물이기 때문에 괴물을 이토록 속속들이 알고 있지 않을까. 『롤리타』는 작가의 거울일 것이 분명하다.

나보코프는 괴물이었을까? 그의 책을 처음 읽었을 때는 밸리걸[1] 답게 '그렇다'에 한 표를 던졌다. 나는 열세 살이었다. 『롤리타』가 공식적으로 중요한 책이라고 알고 있었지만 내 또래 소녀에 대한 책이기도 하여 반드시 필독해야 할 것 같았다. 그 전에 다들 중요하다고 말하는 어른들 소설 『위대한 개츠비*The Great Gatsby*』를 무리 없이 공략하여 한껏 자신만만한 상태였다. 이제는 『롤리타』 차례라고 생각했다. 책장에서 책을 꺼내 퓨젓사운드[2]가 내려다보이는 나의 독서용 해

1 미국 서부의 중산층 젊은 여성을 지칭하는 표현

2 워싱턴주 북서부의 만

먹에 올라갔다. 두 그루의 나무 사이에 걸린 해먹은 당시에는 몰랐지만, 나보코프의 자서전 『말하라, 기억이여*Speak, Memory*』의 첫 문장을 그대로 형상화해 불길하고 위험한 느낌을 자아낸다고 할 수 있었다. “요람은 심연 위에서 흔들거린다.”

나는 기겁했다. 대부분이 역겨웠고 역겹지 않은 부분에서는 화가 났다. “아침에 양말 한 짝만 신고 서 있을 때 키가 약 147센티미터인 그녀는 로, 그냥 로였다. 긴 바지를 입었을 때는 롤라였다. 학교에서는 돌리. 서류상 이름은 돌로레스. 그러나 내 품에 안길 때는 언제나 롤리타였다.” 왜 롤리타는 이름이 여러 개지? 그녀는 전혀 캐릭터처럼 보이지 않았다. 책에서는 그녀에 대한 정보를 제대로 얻을 수 없다. 롤리타의 관점을 배울 수 없다. 롤리타건, 돌리건, 로이건 험버트가 그녀에 대해 계속 주절거렸지만 우리는 그녀가 정말 어떤 인물인지를 알 수 없다. 롤리타는 절대 도달할 수 없는 목적지고 소녀에 대한 제논의 역설이다. 한편 왜 험버트 험버트는 중얼거리는 말더듬이처럼 반복해야만 하는 이름인 걸까? 왜 그는 입을 다물지 못하나? 책의 제목이 『롤리타』라고 해서 집어 들었는데 하루 종일 읽어도 왜 이 남자밖에 알지 못하나?

자기만 중요한 근시안적인 어린 사람이 그렇듯이 나는 이 책에서 나의 흔적을 찾으려 애썼다. 늙은이 험버트 험버트가 님펫[3]의 나이를 지정하는 장면이 흥미롭긴 했다. “나는 독자들이 ‘아홉 살’과 ‘열네 살’을 하나의 경계로 여겨 주었으면, 안개가 자욱한 망망대해 한가운데 신비로운 해변과 장밋빛 바위가 있는 마법의 섬이 있고 그 안에 님펫들이 살고 있다고 생각해 주길 바란다.” (이 풍경은 헨리 다거[4]의 소

3 nymphet. 성적 매력이 있는 소녀

설 속 오직 어린 소녀들만이 등장하는 위협적인 유토피아를 상기시킨다.) 나이 측정법에 따르면 나도 님펫에 속하긴 했지만 님펫이 되려면 뭔가 더 있어야 할 것 같긴 했다. 책 안에는 님펫 세계의 필요조건이 있는 것 같았는데 모든 사람이 볼 수 있지는 않았다. 나보코프는 그것을 불가사의한 징후—"고양이의 광대뼈를 닮은 얼굴의 윤곽, 솜털이 보송보송한 가냘픈 팔다리, 그 외에도 절망과 수치와 눈물로 인해 차마 하나하나 짚어 볼 수 없는 다른 지표들"—라고 했다. 매사에 서투르고 너무 키가 크고 지저분한 고동색 머리에 초콜릿 시럽을 뿌린 바닐라 아이스크림을 한 그릇 더 먹을 생각만 하는 나를 스스로 님펫이라고 생각하기는 어려웠다. 그래도 동일시할 캐릭터를 발견하고 싶다는 욕구가 강했기에 나와 비슷한 면을 열심히 찾았다. 그러나 험버트가 묘사한 롤리타에서는 아무것도 찾을 수 없었다. 그저 끝없는 암흑이었고 견갑골이 어쩌고저쩌고 하는 험버트의 돌고 도는 생각만 이어질 뿐이었다.

전체적으로 상당히 고약했다. 첫 장을 넘긴 그 하루가 끝날 무렵 구역질이 나 미칠 것 같았다. 험버트도 싫고 나보코프도 싫었다. 무엇보다 이 책에 나오는 일차원적 소녀가 정말 싫었다. 내가 보기에 롤리타는 살아 있는 인물처럼 느껴지지 않았고 그녀가 구체적으로 묘사되지 않아 정말 화가 났다.

내 반응은 감정적이었다. 소설 『롤리타』 속 롤리타의 부재가 슬펐다.

---

4 Henry Darger(1892~1973). 미국의 작가, 소설가, 예술가. 독방에서 은둔하며 남긴 작품이 사후에 발견되었고 『비비안 걸스 이야기*The Story of the Vivian Girls*』라는 일곱 명의 소녀가 나오는 소설을 쓰고 삽화를 그렸다.

왜 나보코프는 롤리타를 사라지게 했는가? 내가 묻지 않은 질문이다.

나의 십 대 초반 독서는 험버트 험버트와 블라디미르 나보코프를 하나로 융합해 버렸다. 이는 어쩌면 독서의 물리학을 충분히 이해한 나보코프가 의도한 것인지 모른다. 『롤리타』는 (가상의) 회고록 저자의 목소리로 전개된다. 험버트는 독자에게 직접 말을 건다. 여기에 고백하는 스토리텔러인 일인칭 '나'의 목소리가 더해지면서 험버트는 곧 이 책의 작가가 된다. 나보코프는 "험버트 험버트, 그건 나다 c'est moi"라는 공식을 갖고 논다.

만약 예술가 전기에 대한 지식이 그의 작품을 보는 데 영향을 미친다면, 이 경우에는 이 작품에 대한 지식이 그의 전기에 접근하는 방식에 영향을 미친다고 할 수 있다. 험버트의 욕망과 나보코프의 욕망의 벤다이어그램은 어떻게 그릴 수 있을까?

초기 러시아어 작품인 『마법사*Волшебник*』부터 미완성 유고작인 『오리지널 오브 로라*The Original of Laura*』에 이르기까지 나보코프는 어린 여자들과 섹스하는 남자, 섹스를 하고 싶어 하는 남자, 혹은 섹스하지 않으려고 노력하는(그러나 그렇게까지 열심히 하지는 않는) 남자를 보여 준다. 그러나 나보코프가 마음속 깊은 곳에서 소아성애자였다는 증거는 어디에도 없다. 나보코프는 당연히 그의 마음 깊은 곳에 무엇이 있는지를 추측하려는 시도를 거부했을 수도 있다. 나보코프가 심장을 갖고 있다는 생각조차 하기 힘들다. 소설의 독자는 그가 심장 대신 소설을 갖고 있는 건 아닌지 궁금해한다. 어떤 면에서건 그는 페이지 위의 글보다 예술가의 사생활에 관심을 두는 전기적 읽기를 경멸했다. "작가의 전기에서 가장 읽고 싶은 부분은 그가 어떤 모험을 했느냐가 아니라 어떤 스타일로 쓰느냐다."

그래도 궁금하다. 나보코프는 험버트를 어떻게 그리 완벽하게 이해할 수 있었을까? 그다음 질문은 언제나 내 머리를 떠나지 않았다. 나보코프는 괴물인가? 어린 독자는 이 생각을 언어로 풀어내지 못했지만 늘 궁금했다. 나보코프가 자신의 범죄에 대한 본능을 험버트 안에 심었다는 생각 혹은 그 느낌을 지울 수 없었다.

돌아보면 험버트가 곧 나보코프라는 생각은 어린이의 유치한 오독에 불과할지 모른다. 하지만 이렇게 말하면서 나는 그런 식의 독서, 즉 작가 나보코프가 괴물이라는 가정이 유치하다는 말을 하고 싶었던 걸까? 물론 이 안에는 오류가 있다. 생각과 행동을 혼돈하는 오류거나 감히 생각하고 행동에 대한 이야기를 지어냈다는 이유로 작가를 비난하는 오류다.

나는 나보코프의 소재가 그를 괴물로 만들었다고 생각했다. 아니 그렇게 느꼈다.

* * *

우리는 주제 때문에 그 예술가를 벌할 수는 없다.

하지만 우리는 그렇게 한다. 예술가의 주제 때문에 예술가를 항상 비난한다. 이전보다 훨씬 더 그렇다. 과연 『롤리타』가 오늘날 출간될 수 있었을까? 난 아닐 거라 생각한다. 어린 소녀를 그루밍한 다음 납치해서 전국 일주를 하면서 매일 밤, 매일 아침 성폭행하고 소녀가 탈출을 시도할 때마다 막는 연쇄 아동 강간범에 대한 이야기가 과연 나올 수 있을까? 그것도 오직 그 남자의 관점만으로 서술된 책을? 이 책이 오늘날 출간될는지는 알 수 없지만 분노가 쇄도하리라는 것은 쉽게 상상할 수 있다.

지금 우리는 나보코프가 이 괴물 같은 주제를 자기 것으로 만들었다는 것을 알고 있다. 『롤리타』는 이 주제를 초토화해 버린 공격적인 소아성애자 소설이다(어쩌면 그저 공격적인 소설이라고도 할 수 있다). 이와 같은 소설을 한 권 더 읽을 이유는 없다.

#미투 이후 괴물 남자들이 쏟아져 나오는 역류 속에서 『롤리타』를 다시 읽었다. 나는 더 이상 님펫이 아니었다. 때로는 포식자들이 우글거리는 것처럼 보이는 세상에서 자유롭게 사는 아이들을 키우느라 애쓰는 한 엄마였다. 또한 남자들의 이야기에 지친 여자이기도 했다. 시애틀의 대학 거리에 있는 마거스 서점에서 『롤리타』를 집어 들었다. 아마도 처음 이 책을 산 곳도 이 서점이었을 것이다. 마거스 서점은 나를 십 대 초반 시절과 연결해 주는 장소다. 소녀 시절의 생각들은 이 먼지 날리는 서까래에서 소용돌이치며 떠다녔다.

침대에 누워 일종의 예방책으로 버번을 홀짝이며 책을 다시 읽었다. 책을 읽다 보니 이 책의 문장에 강제로 이끌려 이 책의 위대함, 이 책의 의도성을 인정하는 단계까지 가고 있었다. 이 책의 어디에도 우연은 없었다. 나보코프가 어떤 사람인지 궁금해하기 위해 의도적인 오류를 저지를 필요는 없다. 그가 우리보다 더 예민한 정신을 지닌 사람이라 가정하기 때문에 그가 어떤 사람이고 이 소설이 어떻게 작동하는지 묻고 싶다. 그래서 나는 이 책에서 던지는 그 질문을 해야 한다.

왜 나보코프는 이 모든 시간을 험버트와 보냈을까?

작가의 사생활을 찾기 위해 이러한 질문을 하는 것은 실수다. 다시 말하면 우리는 인간으로서의 나보코프가 아니라 작가로서의 나보코프에게 이 질문을 해야 한다. 문학 수업 시간에 배운 대로, 작가의 의도에 관한 질문을 해야 한다. 끝나지 않을 것만 같은 독서 모임에서 미지근한 화이트 와인을 홀짝일 때 입에서 맴도는 바로 그 질문을 해야 한다. 작가는 대체 왜 이런 방식을 선택했는가? 이 책에서는 무슨 일이 일어나고 있으며 그 이유는 무엇인가? 이러한 질문에 전기적 사실로 대답을 하려고 하면 나보코프가 우려하는 넘기 어려운 벽을 만난다. 유일한 답은 미학적 대답이다.

다른 말로 하면 현대 영어에서 가장 아름답고 유려하고 정말 웃기는 문장을 쓸 줄 아는 나보코프는 왜 이따위 개자식에게 이다지도 많은 시간과 에너지를 할애했을까?

어쩌면 그 대답은 또 다른 개자식 로만 폴란스키의 말에서 찾을 수 있을지도 모른다. 로만 폴란스키는 열세 살 소녀 서맨사 게일리를 성폭행한 후 어린 소녀와 성관계를 갖고 싶은 욕망이 세상에서 가장 평범한 욕망이라 말한다. “만약 내가 누군가를 죽였다면, 언론에서 그렇게까지 매력적인 기삿감으로 보지 않았을 거라 생각한다. 아닌가? 하지만…… 섹스다, 그리고 소녀다. 사실 판사들도 어린 여자와 자고 싶어 하지 않나. 배심원도 어린 여자와 자고 싶어 한다. 모두가 어린 여자와 자고 싶어 한다!”

다른 누구도 아닌 폴란스키가 여기서 우리에게 약간의 지혜를 주었다. 어린이를 성폭행하려는 욕망은 그리 특이한 것이 아니라고 말한다. 그렇다면 왜 나보코프는 험버트 이야기를 들려줘야 했을까? 왜냐하면 폴란스키가 말했듯이 평범한 인간의 이야기라서다. 끔찍하고 생각하기도 싫고 구역질 나는 일이지만 항상 일어나는 일이기도 하다. 그 점에서 작가가 주제로 삼기 적절했다.

하지만 험버트가 저지른 범죄의 평범성은 『롤리타』라는 소설에서 말하는 이야기가 아니다. 험버트의 관점에서, 다시 말해 이 책의 관점에서 롤리타에 대한 그의 사랑은 독보적이고 유일무이하다. 우리가 그와 그의 사랑이 특별하다는 것을 아는 까닭은 그가 그렇게 거품이 가득한 미사여구로 장황하게 써 내려간 때문이다. '예술가와 광인', 다시 말해서 평범한 무리에서 벗어난 남자만이 님펫을 진정 알아보고 사랑할 수 있다고 말한다. 험버트는 군중의 바깥이 아닌 그 위에 올라가 있다.

험버트는 진보적인 사립학교의 학생처럼 특별하다. 사실 험버트도 자신의 사례를 설명하면서 '특별한'이라는 단어를 한 번 이상 사용한다. 자신이 독특한 사람이라는 생각을 더 밀어붙이기 위해서 자신의 소아성애를 "내재된 특이점"이라 부르기도 한다.

험버트의 내면이 다른 어떤 것보다 중요한 까닭에 이 책은 결국 회고록 형식으로 집필되어 있다. 회고록이 나르시시즘의 기록이라는 평판과 영원히 싸워야 한다면 범죄적 자아를 기록하는 험버트는 궁극의 회고록 작가라고 할 수 있다. 회고록은, 최악의 경우, 자신의 특별함에 대한 길고 긴 아우성이다.

그의 장르뿐만 아니라 그의 언어가 그의 특별함을 재확인시킨다. 그의 언어는 그 자체로 차별성을 드러내는 훌륭한 홍보팀이라 할 수 있다. 험버트는 이런 유명한 말을 남겼다. "아름다운 산문체를 지닌 살인자는 믿을 수 있다." 그의 언어는 험버트를 차별화하기 위해 고안되었고, 이로써 그에게 특별한 지위를 부여했다.

그러나 현실에서는 폴란스키가 지적했듯이 험버트는 특별한 사람과는 거리가 멀다. 그는 '특이한' 괴물이 아니라 아무 데나 있는 아동 성추행범일 뿐이다.

험버트는 롤리타에 대한 사랑이 얼마나 각별한지를 말하고 또 말한다. 물론 그의 사랑은 절대 각별하지 않다. 롤리타가 그의 운명이고 신의 선택이라는 생각은 그가 그녀를 만나기도 전에 뒤집힌다. 그는 살 곳을 찾아 롤리타의 고향인 램즈데일에 처음 온다. 얄팍한 인연으로 죽은 삼촌의 직원의 사촌이었던 맥쿠 부인으로부터 방을 얻는데, 이 삼촌의 직원의 사촌이란 사람이 험버트에게 방뿐만 아니라 열두 살짜리 딸도 얻게 될 것이라고 편지를 보낸다. 험버트의 마음속에서는 그 무엇보다도 기대되는 조건이 아닐 수 없다. 험버트는 맥쿠의 딸에 대한 이야기를 듣는 순간 램즈데일로 얼마나 쏜살같이 달려가는지 만화에서나 나올 법한 삐걱거리는 소리를 낸다. "나는 편지를 주고받으며 내가 정직하고 온순한 사람이라는 내용으로 그들을 안심시켜 준 다음, 기차에 올라탄 후부터 미지의 님펫에 대한 온갖 구체적인 상상을 했고 프랑스어를 가르치고 험버트어로 귀여워하는 장면을 생각하며 꿈같이 달콤한 시간을 보냈다." 그는 램즈데일에 도착한 후 맥쿠의 집이 화재로 전소되었다는 소식을 듣는다. "아마도 밤새도록 내 혈관을 타고 흐르던 뜨거운 불길이 폭발하면서 그 집에 옮겨붙었을지도 모를 일이다"라고 추측한다. 방과 함께 맥쿠의 님펫은 사라졌다.

하지만 그때, 불과 몇 시간과 네 페이지 후에 "환희의 송가가 울려 퍼지고 나팔 소리가 멀리 뻗어 나가는" 장면에서 험버트는 롤리타를 만난다. "그녀를 알아본 그 찰나에 나를 뒤흔들던 전율과 충격을 어떻게 표현해야 그 강렬함을 설명할 수 있을까."

험버트의 이야기(그는 자신의 이야기를 철석같이 믿는다)에 따르면 롤리타는 어린 시절의 첫사랑을 떠올리기에 그의 영혼을 깨웠다. 하지만 아까 말했던 그 맥쿠 소녀는? 밤새도록 그의 마음에서 뜨거운 불이 타올랐다는 것은 험버트가 오직 어떤 소녀—소녀가 누구든—를 향해 "열정적인 인식의 영향"을 경험할 준비가 되어 있다는 암시가 아니겠나?

맥쿠의 집에 화재가 나지 않았다면, 험버트와 맥쿠 소녀에게도 똑같은 운명의 힘이 닥쳤을까?

여기에 특별한 것이 무엇이 있나?

* * *

한편 어떤 면에서 롤리타는 험버트에게 완벽하다. 롤리타는 보호를 받고 있지 못한 까닭에 완벽하다. 그녀의 완벽함은 그녀의 취약성, 이용 가능성, 접근 가능성에 있다.

이것들이야말로 대부분의 평범한 범죄자, 변태들이 추구하는 완벽한 조건이다.

험버트는 결말로 가면서 자신의 평범함을 깨닫는다. 자신의 평범함에 대한 깨달음은 자신이 롤리타를 파괴했다는 깨달음과 동시에 찾아온다. 퀼티와 싸우는 장면 전에 그는 궁금해한다. "(내가 어쩌면 돌리에게 한 짓이 1948년 쉰 살의 정비공 프랭크 라샐이 열한 살의 샐리 호너에게 한 짓과 같은 걸까?)" 질문에 답이 있다. 험버트는 프랭크 라샐과 비교하여 절대 특별하지 않다.

나보코프는 클레어 퀼티에 관련된 단락으로 넘어가면서 험버트의 특별하지 않음이라는 주제를 다시 방문한다. 여기서 H와 Q는 하나로 합쳐져 두 배가 된다. 퀼티는 "내 가운과 흡사한" 자줏빛 목욕가운을 걸치고 있다. 두 사람은 맞붙어 몸싸움을 벌이며 하나가 된다. "그가 나를 넘어뜨리고 나도 그를 넘어뜨렸다. 우리는 우리에게 올라탔다. 그와 내가 서로의 몸 위를 굴렀다.” 퀼티가 진짜 인물이 아니라 허구일 수도 있다는 주장도 납득되지만, 만약 허구라 해도 퀼티의 존재는 험버트 험버트가 결국 절대 특별하지 않다는 사실을 상기시킨다.

롤리타 또한 험버트의 평범함을 이해하고 있는 듯하다. 그가 그녀를 처음 강간했을 때 그녀는 그것을 평범한 범죄라 부른다. “‘이 얼간이.’ 그녀가 살짝 웃으며 말했다. ‘이 혐오스러운 아저씨야. 나는 데이지처럼 청초한 소녀였는데 당신이 해 놓은 짓을 봐요. 경찰에 연락해서 나를 강간했다고 신고해 버릴 거야. 더러운 늙은이.’”

더러운 늙은이보다 더 평범한 것이 뭐가 있을까? 험버트의 화려한 산문체는 결국 두 단어, 더러운 늙은이로 축소된다. 여기에 특별한 건 하나도 없다.

나보코프에게 험버트의 평범성은 어떤 의미인가?

롤리타의 피해가 비극이라는 뜻이고, 그 일은 아주 특이한 것이 아니기 때문에 더 비극이라는 의미다. 롤리타는 고립되었지만 혼자는 아니다.

누구나 어린 소녀와 자고 싶어 하니까.

『롤리타』는 처음 공개될 때부터 평론가들의 옹호를 받았다. 바로 나보코프가 괴물 안의 인간을 발견해 냈다는 점 때문이었다.이 독법은 언제나 험버트를 중심에 놓고 험버트의 자아 개념을 비범한 무언가로 재구성한다. 하지만 나보코프는 분명 다른 말을 하고 있다. 험버트는 현실 속에서 굴러다니는 먼지처럼 흔한 인간이다. 화려한 산문체로 위장하고 우리 옆을 매일 지나가는 더러운 늙은이일 뿐이다.

험버트는 특별하지 않다. 험버트는 비범하지 않다. 험버트는 프랭크 라샐이다. 그는 어디에나 있다.

험버트가 평범하다면 롤리타 또한 평범하다. 그녀 역시 어디에나 있다. 롤리타는 우리 주변에 있는 삶이 산산조각 나 버린 소녀다. 어디에나 있는 괴물의 어디에나 있는 희생자다. 그녀의 어디에나 있음이 결국 나보코프가 궁극적으로 관심을 가진 이유다.

단서는 제목에 있다. 이 책은 실제로 제목이 말하는 바 그대로 한 소녀에 대한 이야기다.

하지만 우리는 그녀가 이야기의 일부라는 사실을 보지 못한다. 우리 시야에서 벗어나 있어서다. 우리는 험버트가 그녀를 보고 싶어 하거나 우리에게 보여 주고 싶을 때만 본다. 험버트는 롤리타를 솜털이 보송보송한 부분으로, 더 정확하게 말하면 자기가 생각하는 롤리타로만 축소한다. 하지만 그런 와중에도 나보코프는 그녀가 실제 겪은 살아 있는 경험을 은밀하게, 아주 드물게 보여 준다.

우리는 가끔씩 험버트의 어두운 유리창을 통해 롤리타의 내면을 훔쳐볼 수 있다. 험버트가 대륙 횡단 도로 여행을 회상하며 말한다. "생각해 보면 우리의 긴 여행은 이 사랑스럽고 믿음직스럽고 몽환적인 넓디넓은 나라를 점액의 흔적으로 더럽혔을 뿐이고, 지금 남아 있는 기억이라곤 귀퉁이가 접힌 지도 책자, 너덜너덜해진 여행 안내서, 닳아빠진 타이어, 그리고 매일 밤 잠든 척한 내 귓가에 들려오는 롤리타의 흐느낌뿐이었다." 이 흐느낌이라는 표현에서 마침내 나보코프가 험버트로 하여금 수다를 떨게 하는 동안 숨겨져 있었던 소녀의 내면을 엿볼 수 있다.

이 책은 여행, 강간, 살인까지 플롯이 빽빽하지만, 어른이 되어

다시 읽어 보니 본능적으로 험버트가 롤리타라는 인물에 대해 서서히 깨닫는 것이 가장 중요한 플롯이라고 느껴졌다. 그는 그동안 자신이 파괴하는 사람을 간과하고 있었다. 우리 역시 그랬다. 우리는 이 이야기에 연루되어 롤리타가 사람이라는 것을 잊고 있다가 충격을 받으며 기억해 낸다.

험버트가 서서히 깨닫는 과정 또한 전형적으로 가볍고 그로테스크한 방식으로 묘사된다. 그는 어린이들 가까이 있으면 언제나 자극을(역겹고도 적합한 단어) 받기 때문에 롤리타와 롤리타의 친구 중 한 명 뒤에 가까이 붙어서 걷는다. "자동인형처럼 기계적으로 걷던 순간, 내가 그토록 사랑한다고 말하던 그녀의 정신세계에 대해서는 아무것도 모르고 있다는 사실을 깨달았다. 유치하고 진부해 보이는 십 대의 이면에는 감춰진 정원이 있고 황혼이 있고 궁전의 문이 있는지도 몰랐다. 그 아름다운 세계는 나 같은 인간에게는 절대적으로 금지되어 있는 땅이었다."

정원과 황혼과 궁전의 문은 결국 그의 화려한 산문체로 말하는 '영혼'이고, 모든 사람이 그것을 갖고 있다. 정원 등등은 대략 어떤 곳인지 짐작할 수 있지만 다른 사람이 들어가서 볼 수는 없다. 험버트는 영혼이 '아마도' 존재하리라 인식하지만, 그 모습은 우리가 롤리타에 대해 아는 것이 하나도 없다는 사실만 상기해 줄 뿐이다. 우리는 험버트의 시선 밖에서 롤리타를 조금이라도 엿볼 수 있기를 갈망한다. 로의 학교의 교장인 미스 프랫은 험버트에게 전화해 교사로서 이 소녀를 어떻게 보고 생각하는지를 길게 나열하기도 한다. 이때 우리는 험버트의 시선을 거치지 않은 세상 속 롤리타를 엿볼 수 있다는 사실에 전율한다.

험버트는 서서히 롤리타라는 사람을 이해하지만 그럼에도 행동에 전혀 변화가 없다. 자신의 괴물성을 이해하는 것만이 험버트가 경험하는 구원의 전부다. 구원이란 치유를 의미할 것이라 보겠지만,험버트는 절대 치유되지 못한다. 심지어 마지막 위기 속에서 이렇게 말한다. “오히려 살인을 한 이상 될 대로 되라는 심정이었고 무엇이든 할 수 있을 것 같았으며 내 안에 살고 있는 야수는 그 와중에도 옷차림이 가벼운 아이들을 찾으며 잠깐이나마 누군가를 안아 버리고 싶다는 생각을 했다.” 그는 욕망에 의해 깨끗해질 수 없지만 롤리타가 자신이 이용하는 세계 바깥에도 존재하는 진짜 아이라는 것을, 자신이 파괴하기 전에도 과거형으로 존재한 인간이었다는 사실을 깨닫는다.

롤리타의 내면은 험버트에게 무시되고 나보코프에게도 무시되는 것 같다. 하지만 그녀의 목소리 없는 삶은 소설의 중심에서 서서히 빛을 내는 가슴 아픈 부재가 된다.

이 책은 궁극적으로 괴물의 초상이 아니라(그것만이 아니라) 한 소녀의 소멸에 대한 초상이다.

이 평범성이라는 주제는 한 소녀의 파멸뿐 아니라 롤리타의 세계 전체가 험버트의 세계 전체에 의해 육체적으로도, 존재적으로도 파괴된다는 사실을 상기시킨다.

아동 성폭행은 단순한 성행위가 아니라 유년 시절을 전부 도둑질하는 행위다. 인격의 소멸은 그 행위가 남긴 끔찍한 흔적이다.

* * *

이 소설의 매우 유명한 구절 중 하나에서 험버트는 롤리타를 잃고 얼마 지나지 않아 작은 마을 위의 언덕에 올라갔다가 아랫마을에서 나는 소음을 듣는다. “거리가 너무 멀어서 들리는 건 아이들이 노는 소리뿐이었다. 아이들의 왁자지껄한 합창에서 멀고도 가깝고 솔직하고 신성하며 신비로운 분위기가 느껴졌다. 나는 그 음악의 진동 한가운데에 있었고 산비탈에 서서 아이들의 웅성거림과 웃음소리를 듣다가 깨달았다. 내가 이렇게 가슴이 아픈 건 롤리타가 내 곁에 없어서가 아니라 이 아름다운 화음 속에 그녀의 목소리가 없어서라는 걸.”

험버트는 여기서 지각 없이 유년기라는 생태계에 속한 운 좋은 어린이라는 종에 대해 생각한다. 그는 그 집단에서 롤리타를 쫓아냈다. 만약 험버트가 특별하지 않다면, 그가 프랭크 라샐만큼 평범하다면, 누구나 어린 여자와 자고 싶어 한다면, 이것이 평범한 범죄라면, 우리는 우리도 모르게 롤리타를 다른 집단의 일원, 즉 훨씬 운이 없는 어린이들의 집단에 속한다고 생각할 수 있다.

이 소설에서 롤리타의 부재는 운이 없고 버림받은 아이들의 소리, 학대받은 아이들의 수치화할 수 없는 침묵의 소리다.

만약 나보코프가 『롤리타』에서 (시종일관 떠들긴 하지만) 침묵하는 희생자의 편에 섰다면 어디에나 존재하는 침묵하는 피해자들에게 동정심을 가진 것일까? 마틴 에이미스[5]는 나보코프가 험버트의 소아성애와 쇼아[6]를 동일시했다는 주장을 펼쳤는데, 나보코프의 도덕적 세계 안에서 이 둘은 동등하다고 볼 수 있다.

목소리를 잃은 롤리타의 침묵은 지극히 평범한 방식으로 유년기를 빼앗긴 다른 모든 어린이의 침묵과 합류하여 침묵의 합창을 이룬다.

---

5 Martin Amis(1949~2023). 영국 소설가. 그의 소설 『존 오브 인터레스트*The Zone of Interest*』(2014)가 조너선 글레이저 감독에 의해 영화화되기도 했다.

6 Shoah. 홀로코스트

* * *

소녀 시절에 이 책을 읽었을 때 중학교 2학년의 예술 용어로 롤리타의 '캐릭터 개발'이라 할 만한 게 부족해 불만이었다. 롤리타의 부재는 이상하고 괴로웠다. 이 책을 다시 읽는 지금은 가장 평범하고 어디에나 있을 법한 방식으로 존재했던 소녀에 대해 알면서 그녀의 부재를 다시 느낀다.

이 부재야말로 옳다고, 진실이라고 느낀다. 어른이 되어 다시 읽은 『롤리타』에서는 이름만 남은 것 같은 희미한 사람과 그녀의 침묵이 문학적 관점에서 타당할 뿐 아니라 너무나 현실적이라고 느껴진다. 이 세상을 살아온 소녀로서의 나의 경험을 환기해 주는 것처럼 느껴진다.

열세 살 소녀가 『롤리타』를 읽으며 느낀 분노와 지친 감정은 사실 정확했다. 나보코프와 험버트를 혼동한 부분이 아니라 이 소설에서 롤리타의 존재감이 부족하다는 점에 대해 내가 거의 본능적으로 반응한 부분이 중요했다.

나는 한 소녀의 삭제를 세상에서 가장 숙련된 솜씨로 묘사한 글을 읽고 있었다. 어쩌면 나도 수많은 소녀처럼 그보단 작고 조용한 방식으로 그 이야기처럼 살고 있기에 이 이야기가 두려웠는지 모른다.

나보코프는 소설 속 인물과 자신을 동일시하려는 우리의 조잡한 시도를 부정한다. 하지만 나는 나 자신을 침묵과 동일시하는 이상한 경험을 했다.

너무 뻔하지만 다음 이야기는 언급할 필요가 있다. 여성 지우기에 대해 읽는 나의 이 아찔하고 무섭고 빛나는 경험은 나보코프가 괴물이 되어 글을 쓰겠다고 결정했기 때문에 진행됐다. 그는 독자들이 롤리타의 파멸을 보고 느끼게 하기 위해서 험버트와 자신을 융합하는 위험까지 감수했다. 작가와 캐릭터의 혼동은 우리를 질문하게 만든다. 나보코프는 괴물이었을까? 그는 험버트가 느낀 것을 느꼈을까, 험버트가 생각한 것을 생각했을까(결국 그는 다른 소설에서도 이에 대해 이야기하지 않았는가)?

만약 그가 그 감정을 느끼거나 생각했다면, 그건 정말 괴물적인 것일까? 아니면 그저 평범한 인간의 변태성일까? 결국 생각은 행동이 아니다. 이야기가 범죄는 아니다.

진실은, 사람들은 온갖 종류의 끔찍하고 쓸모없고 비뚤어진 감정들을 품고 산다는 점이다. 예를 들어 나는 페리보트를 탈 때마다 차 열쇠를 배 밖으로 던져 버리고 싶은 이상한 충동에 시달린다. 때로는 나 자신을 배 밖으로 던지고 싶다는 감정을 느낀다. 물론 이에 따라 행동하지는 않는다. 그리고 현존하는 모든 전기에서 나보코프는 어쩌면 자신이 품었을 수도 있는 (또는 품지 않았던) 감정에 따라 행동한 예가 없다.

그러나 이런 감정을 가진 인물에 발을 깊이 들여놓는 사람만이 『롤리타』를 쓸 수 있었다. 모든 훌륭한 예술가는 명작이 이렇게 만들어진다는 사실을 알고 있다. 자아의 일부를 강탈당해야 한다. 먼저 자신 안에 들어가 둘러보다가 사람들을 불편하게 만들 무언가를 가지고 나와 글로 쓴다. 때로 흉악하더라도, 사람들이 듣고 싶어 하지 않을지라도, 때로 본인을 괴물처럼 보이게 만들지라도 쓴다.

위대한 작가는 가장 흉악한 감정이 가장 특이한 감정이 아님을 믿고 있어서다.

위대한 작가는 가장 사악한 생각조차 평범하다는 것을 알고 있다.

* * *

하지만 무슨 일이 있어도, 그 감정에 따라 행동해서는 안 된다.

나보코프와 아동 성폭행, 그에 대한 글은 존재하지만 그의 행동은 없었다. 글이 행동을 대체했다는 의미일까? 나보코프가 괴물 같은 욕구를 가졌고, 그 욕구를 작품에 쏟아부었을 가능성도 있다. 그렇다고 그의 작품이 치료나 혹은 대리 만족을 느끼는 관점에서 쓰였다는 말은 아니다—그건 반대해야 한다—하지만 그는 자신 안의 가장 끔찍한 모습에서 벗어나기보다는 그 안으로 깊이 들어가려는 위대한 예술가의 충동을 갖고 있었다.

생각은 행동이 아니다. 주제가 시험대에 올라온 적은 많았다. 필립 로스는 (다른 많은 작품을 썼지만) 성차별적인 남자에 대해 썼다는 이유로 성차별주의자로 불렸다. 제임스 설터는 마지막 소설에서 성인 남성과 어린 소녀의 성관계를 묘사했다는 이유로 비난을 받았다. 남성 욕망의 가장 시커먼 강물에서 나온 기록들이지만 그것을 기록하는 것 자체가 범죄는 아니다.

나보코프는 어두운 욕망을 글로 쓰면서 천재에게는 면허증이 주어진다는 공식을 거부했다. 위대함은 하고 싶은 것이라면 무엇이든 하는 자유이용권을 의미하지 않는다(다시 말하자면 나보코프가 아동과의 성관계를 원했는지 아닌지에 대한 증거는 없다). 앞서 나는 제니 오필이 나보코프를 일종의 괴물로, 괴물 예술가로 묘사한 부분을 인용했다. 아마 그건 부분적으로 사실일 수 있다. 그는 욕구가 최우선인 작가의 역할 속에서 살았을 수도 있다. 천재가 누리는 면책권에 관해 생각해 보면, 나보코프는 자신 안의 괴물성을 범죄로 만드는 것은 거부했음을 알 수 있다. 그는 모든 것을 소비하고자 하는 종류의 고르곤이 되지 않았다.

『롤리타』가 출간되자 나보코프에게 괴물의 그림자가 드리워지고 말았다. 그는 이 특별한 이야기를 들려주기 위해 평범한 범죄자로 여겨지는 위험을 감수해야 했다.

⁎ ⁎ ⁎

이 책의 후반부에 성인 독자의 목덜미를 서늘하게 하는 부분이 있다. 사실 나도 겁이 났다. 험버트는 권총을 손에 들고 몇 년 전 총 쏘는 법을 배운 순간을 회상한다. 이웃인 팔로와 전 경찰인 크레스토프스키와 함께 숲에 들어가 총을 쏜 기억을 떠올린다.

"나와 함께 한적한 숲속을 돌아다녔던 팔로는 훌륭한 명사수였고, 실제로 38구경으로 벌새 한 마리를 명중시켰지만 아쉽게도 증거물로 남길 만한 것은 없었고, 조그마한 무지개 빛깔의 솜털 하나만 남아 있었다."

우리에게 무엇이 파괴되었는지 보여 주는 것이 바로 『롤리타』의 프로젝트였다.

나보코프는 사실 일종의 안티 몬스터다. 그는 세상이 자신을 최악의 사람으로 생각하도록 기꺼이 내버려 두었다. 그렇게 함으로써 최악의 이야기를 하고, 그 이야기에 자신도 연루되게 함으로써 자기만의 방법으로 유년기를 도둑맞는다는 것이 얼마나 극악무도한 일인지 이해하고 느끼게 만들었다.

이 책은 괴물의 초상화처럼 보인다. 하지만 나보코프는 훨씬 더 기적적인 일을 해냈다. 그는 평범한 삶이 파괴되었다는 증거인 무지갯빛 깃털 하나를 찾아냈다.

8

침묵시키는 자와 침묵당한 이

칼 안드레,
아나 멘디에타

우리 잠깐 멈춰서 허밍버드[1]의 이미지를 생각해 보자. 아니면 나보코프가 롤.리.타.라고 할 때처럼 중간에 쉼표를 두고 '허밍 버드'라고 말해 보자. 이 단어는 '허밍버드'라고 붙여서 발음했을 때처럼 날렵한 느낌은 없지만 하나의 장점이 있다. '허밍 버드'를 띄어 쓰면서 앞 단어 허밍을 강조하게 되는 것이다.

허밍은 윙윙거리는 소리이자 콧노래이고 침묵의 반대편에 있는 단어다. 나보코프는 (매우 수다스러운 방식으로) 롤리타의 침묵에 대해 썼다. 하지만 침묵을 대표해 표현하는 것은 이상하고 답답한 일이다. 나는 그 답답한 일에 대해서 생각한다. 특히 비난/캔슬/미투가 쌓이는 이 시대에 침묵을 표현하는 이 어려운 일에 대해 생각한다. 하지만 남자 범죄자들이 모든 자원을 진공청소기처럼 빨아들일 때 작품이 무시된 사람들은 어떻게 해야 할까? 작품이 완성되지 못한 사람들의 침묵은 어떻게 해야 할까?

이 세상은 들리지 않는 목소리들로 가득하다. 도라 마르와 셰익스피어의 누이에 대해 생각해 보지만 당연하게도 우리는 알지 못하는 것을 알지 못한다. 자기 책을 출판해 줄 출판사를 끝까지 찾지 못한 사람들, 빈곤 문제와 인종 문제로 혹은 그저 세상의 무관심에 짓눌려 창작되지 못한 작품을 우리는 알지 못한다.

문제는 우리가 이 결핍을 항상 알아채지는 못한다는 점이다. 때로는 결핍된 사람들이 우리 자신이어도 그렇다. 데버라 리비는 『부동산*Real Estate*』에서 쓴다. "십 대 후반에 나는 엄마 책장에 꽂혀 있던 빛바랜 1960년대와 1970년대 문학잡지를 꺼내 읽곤 했다. 유명한 남

1 hummingbird. 벌새

성 작가들과의 인터뷰를 탐독하면서 여성 작가 인터뷰가 단 한 건도 없었다는 사실을 알아채지 못했다." 괴물 같은 남자들은 다른 목소리들을 대체한다. 하지만 그 다른 목소리를 우리가 어떻게 찾고 어떻게 들을 수 있을까?

리비는 성인이 된 후에 자신도 그 들리지 않는 목소리가 될 수 있었음을 인식한다. "하지만 나는 아주 어릴 때부터 내 인생의 윤곽을 살짝 엿본 적이 있다. 내가 작가라는 것을 알았다. 그러면 그녀는 누구일까? 이 작가 소녀/여자는 누구일까? 이 대표적인 문학잡지들의 어느 한 구석에도 여성 작가가 없었다는 사실에 불쾌감을 느끼지 않았다는 것은 나와의 이상한 분리다. 나 같은 여자가 없었다는 사실에 무언가 느꼈어야 했다. 부재는 정상이었다. 사라지는 것이 정상이었다."

우리는 그 침묵을 어떻게 계산할 수 있을까?

물론 만들어지지 않는 예술을 설명하는 것은 불가능하다. 하지만 아나 멘디에타의 죽음은 예술가의 침묵에 대한 하나의 우화가 되었다. 1985년 멘디에타는 '대지-신체 예술earth-body work'이라 불린 작품을 선보인 젊은 행위 예술가였다. 그녀의 작품은 페미니즘에 의해 전파되었고, 여성 대상 폭력이라는 주제와 피델 카스트로를 반대하는 반혁명파 아버지를 둔 쿠바의 피난민이라는 배경도 그녀의 작품에 중요한 역할을 했다. 아나의 작품은 섬뜩하고 대립적이며 분노를 자아내기도 한다. 한 영상 작품에는 두피에서 얼굴 위로 피가 흘러내리는 모습이 담겨 있다. 대표작 〈실루에타Silueta〉 시리즈는 대지에 찍힌 여성의 실루엣을 드러내는데, 멘디에타는 이러한 이미지를 위해 자신의 신체를 적극 활용했다.

멘디에타의 경력은 남편 칼 안드레의 도움을 받거나 그 그늘에 가려졌다. 안드레는 벽돌, 동판, 목재 등 미리 만들어진 단순하고 소박한 재료들을 바닥에 배치하여 형태와 모양을 만들었다. 조각은 수직성을 강조해야 한다는 관념을 깨고 수평 조각의 개념을 도입해 조각계의 혁신으로 소개되면서 1960년대 후반부터 크게 각광받았다. 형식을 거부하고 재료의 소박함을 강조하면서 미니멀리즘의 정수를 보여 주기도 했다. 이 시대에 그의 작품은 바닥을 가로질러 작은 도시 풍경을 만들어 낸다. 그러면 관객은 왕토를 내려다보는 왕이 되는 동시에 오브제의 패턴을 마주하는 하우스프라우[2]가 되기도 한다. 이 조각들은 우리가 방, 공간을 경험하는 방식을 자유자재로 갖고 논다. 그의 작품은 힘과 신비로움도 지니고 있다. 그의 작품 세계에 동참할 수 있다면 당신은 미니멀리즘의 미학과 비전을 감상할 줄 아는 관객일 것이다.

한편 멘디에타는 전도유망한 예술가였다. 그녀는 노골적인 페미니즘 작품으로 이름을 알리기 시작했다. 1973년의 〈강간 장면Rape Scene〉은 아이오와대학교 재학 중에 친구가 성폭행을 당하자 만든 행위 예술 작품이다. 멘디에타가 관객을 자신의 아파트로 초대하면 관객은 열려 있는 문을 통해 강간 피해자의 자세를 취한 예술가의 모습을 본다. 피해자는 테이블에 엎드려 있고 벌거벗은 하체는 피투성이다.

멘디에타는 안드레와 1985년 초에 결혼했다. 그해 가을까지 그녀는 남편의 명성을 따라가지 못했지만, 그즈음에 미술계에서 가장 권위 있는 로마 대상과 구겐하임 재단의 펠로십을 수상했다.

2 hausfrau. 주부

1985년 9월 8일 이른 아침 뉴욕 911 교환원은 전화를 한 통 받는다. "사고가 생겼는데요…… 아내도 예술가고 나도 예술가인데 우리가 좀 다퉜습니다. 내가 조금 더…… 그러니까 대중에게 더 많이 드러났다는 문제로요. 아내가 침실로 갔고 나도 따라갔는데 아내가 창문으로 몸을 던졌습니다."

사고가 생겼다……. 아나 멘디에타의 시신이 34층 아파트 창문 아래 인도에 피범벅이 된 채 누워 있었다.

그날 오후 경찰이 안드레를 소환 조사했고, 그는 아내 멘디에타가 자신과 함께 거실에서 영화를 보다가 침실로 들어가더니 어떤 영문인지 침실 창문을 기어 올라갔다고 진술했다. 그는 사고였다고 주장했지만 자살 가능성도 제기했다. 안드레는 그날 저녁 살인 혐의로 체포되었다.

2년 동안 수사가 이어졌고 마침내 안드레의 요청에 따라 배심원 없는 재판이 열렸다. 『빌리지 보이스*The Village Voice*』는 예술계의 표현에 따라 "칼이 미니멀리스트 재판을 받다"라는 제목의 기사를 실었다. 그는 실로 미니멀리스트적인 판결을 받기도 했다. 앨빈 슐레진저 판사는 "유죄를 선고할 증거가 충분하지 않아 무죄 판결"을 내렸다고 했지만, 나중에 안드레가 "아마도 범인이었을 것"이라고 말했다. 남성 괴물성은 어디에나 있다는 우울한 비유처럼, 재판은 제니퍼 레빈을 목 졸라 살해한 프레피 킬러, 일명 센트럴 파크 교살자로 알려진 잘생기고 호감 가는 인상의 로버트 챔버스의 재판과 같은 층에서 열렸다. 챔버스의 변호사는 피해자 제니퍼 레빈의 "거친 섹스"에 대한 욕구가 살인을 불러왔다고 주장했다(『뉴욕 포스트*New York Post*』의 머리기사는 이렇다. "센트럴 파크 살인 용의자 변호사 측 주장 '거친 섹스 도중 숨져'"). 한편 같은 복도의 다른 법정에서 안드레의 변호사들은 "아나를 전형적인 다혈질에 술 취한 히스패닉"으로 몰아가고 있었다고 재판에 참석한 큐레이터가 말했다. 이 거울 같은 두 재판에는 모두 취중 분노와 죽은 여성이 관련되어 있었다.

여성 화가 하워디나 핀델[3]은 실제로 그 법정에서 일어난 일을 이렇게 요약한다. "그들은 유색인 예술가라는 이유로 아나를 비하했다. 그녀가 부두교[4]에 관심이 있었다는 정보를 추리고 쿠바에서 카스트로와 함께 찍은 오래된 사진을 꺼내서 판사에게 그녀의 '타자성'을 강조했다. 예술계는 언제나 그렇듯이 인종차별적이었다. 만약 아나가 앵글로색슨이고 칼이 흑인이었다면 예술계는 칼을 린치했을 것이다. 분명히 그랬을 것이다. 나는 이 일이 굉장히 상징적이라고 생각한다. 사회는 이런 말을 하고 싶은 것이다. 네 인생은 개뿔 가치가 없어. 이렇게 직접적인 상징이 있을 수 있을까?" 핀델의 견해는 너무도 리얼리즘적이다. 그것이 실제로 일어난 사고였다.

이후 안드레의 후반기 25년간의 작품 활동에 대한 프로필을 『뉴요커』에 쓴 캘빈 톰킨스는 좀 더 세련되나 여전히 전형적인 방식으로 멘디에타를 설명한다. 그녀는 "행위 예술과 대지 예술의 요소를 결합한 독창적이고 다소 병적인 스타일의 작품을 창조했다. 작지만 육감적인 몸으로(그녀의 키는 약 147센티미터였다) 원시 자연과 직접적이고 본능적인 만남을 시도했다. 부정할 수 없는 재능의 소유자로 호소력이 있는 생생한 개성이 있었다—변덕스럽고, 매혹적이고,

3 Howardena Pindell(1943~). 1960~1970년대 소외되었던 흑인 미니멀리스트 화가

4 서인도제도, 특히 아이티에서 발견되는 마법 등의 주술적인 힘을 믿는 민간 신앙

불안하고 다혈질에 야심 찼다.” 육감적이고, 매혹적이고, 불안하고 등등은 멘디에타를 예술가가 아닌 하나의 오브제로 묘사하는 단어다.

톰킨스는 프로필에서 어이없는 실수를 저질렀다. “작품과는 전혀 상관없는 상황으로 인해 경력이 완전히 바뀌어 버린 예술가를 생각해 내기는 쉽지 않다. 안드레에게는 세 번째 아내인 아나 멘디에타의 사망이 결정적 계기가 되었다. 1985년 9월 8일 새벽, 머서 스트리트의 34층 고층 건물에서 젊은 행위 예술가 아나 멘디에타가 투신 사망했다.” 작품과는 전혀 상관없는 상황으로 경력이 완전히 바뀌어 버린 예술가를 생각해 내기는 쉽지 않다고요? 캘빈 톰킨스 씨, 저는 바로 한 명이 떠오르는군요. 아나 멘디에타라고 아시나요?

그녀의 이야기는 하나의 우화 같다. 유색인 여성은 제도에 의해 침묵을 강요당할 뿐만 아니라 동료 예술가에 의해서도 침묵당한다는 이야기다. 그녀의 작품은 역시 제도에 의해 길이 막힌 젊은이들이 이 죽은 여성을 대신해 목소리를 내기 시작할 때까지 사라져 있었다.

1992년부터 여성 인권 단체인 여성 행동 연합Women's Action Coalition은 “아나 멘디에타는 어디에 있는가”라는 제목으로 일련의 항의와 개입을 시작했다. 아나 멘디에타는 이 제도 안 어디에, 박물관의 어디에 있는가? 이 운동의 제목이자 질문은 멘디에타의 침묵, 즉 들리지 않고 사라져 버린 목소리라는 개념을 강조한다. 세월이 흘러도 계속되는 행동에 새로운 시위자들이 합류했고, 놀랍게도 그중 많은 이가 젊은이들이었다. 멘디에타는 그들이 태어나기도 전에 세상을 떠났지만, 그들은 그녀에게 동질감을 느꼈다. 그녀 또한 자기들처럼 너무 젊었고 아웃사이더였다. 자신들이 태어나기도 전에 사망한 한 여성 예술가의 삶에 대해 목소리를 높이고 항의를 이어 가면서 한 가지를 이야기했다. 세상은 달라지지도 더 좋아지지도 않았다. 그렇지 못했다. 낙관적 자유주의자인 우리는 결국 미국인 자아가 계속 발전할 것이라 믿었으나 눈을 들어 보니 여전히 진창 속에 있다. 시위 참가자들은 아나 멘디에타가 투신해 죽은 그날로부터 더 멀리오지 않았다고 말하고 있었다.

시위에는 진심이 담겨 있었고, 기발하고 약간은 기괴하기도 했다. 그들은 피해자 개념과 미술관에서 허용하는 정도와 시위의 언어 구성을 놓고 새로운 아이디어를 내기도 했다.

로스앤젤레스에서 베를린까지 곳곳에서 시위와 행사가 벌어졌다. 가장 격렬한 시위는 뉴욕 비컨의 옛 닐라 웨이퍼 공장 자리에 위치한 우아한 미술관인 디아: 비컨에서 일어났다. 시위의 제목은 "울음: 어떤 시위Crying: A Protest"였다. 지금 이 글을 쓰고 있는 시점에도 페이스북의 이 이벤트 페이지는 여전히 존재하고 '세부 정보' 아래에는 다음과 같은 글이 있다.

> 눈물TEARS
>
> 눈물
>
> 눈물
>
> 눈물
>
> 눈물
>
> 눈물
>
> 눈물
>
> 눈물
>
> 눈물
>
> 눈물

> 눈물
>
> 눈물
>
> 눈물
>
> 눈물
>
> 기쁨의 눈물
>
> 공포의 눈물
>
> 아나 멘디에타를 위한 눈물
>
> 칼 안드레의 DIA 전시회 마지막 날에 함께합니다.
>
> 공개 울음/실루에타 회고 파티. 준비물은 당신의 눈물

사람들은 진짜로 눈물을 가져왔다. 대부분 젊은 여성들이 디아:비컨의 복도와 전시실을 돌아다니며 안드레의 설치 작품 앞에 엎드려 흐느껴 울었다.

페미니스트 작가 머리사 크로퍼드는 자신의 경험을 이렇게 기록했다. "3시 15분 전시장 메인 룸에 들어갔을 때 집단 울음의 현장을 보았다. 그 공간은 흐느끼고 통곡하고 훌쩍이고 눈물을 삼키고 숨을 헐떡이는 소리가 만들어 내는 불협화음으로 가득했다. 충격적인 광경이었고 나 또한 격렬한 울음을 터트렸다. 작품과 소책자를 번갈아 보면서도 눈물이 터져 나왔다. 다른 관람객들은 전시실 구석에 멈춰 서서 우는 여자들을 바라보면서 조용히 소곤거렸다. 일부 공연가/시위자들은 바닥에 쓰러져서 마치 사랑하는 사람의 무덤 앞에 있는 것처럼 개별 작품 앞에 엎드려 울부짖었다."

당신은 어떨는지 모르겠지만, 나 같은 경우에는 그런 광경을 연출해야만 했다는 사실이 상당히 불편하다. 수많은 여자가 바닥에 몸을 던져 울고 있는 모습이라니……. 그러나 효과가 있었다면? 이 사람들이

미술관 바닥에 몸을 던지기 전까지 아나 멘디에타는 대체로 잊힌 예술가였다. 그녀의 작품은 역사라는 쓰레기통에 버려져 있었다.

제도 내부에서의 존재감은 중요하다. 예술가든 행정가든 문화적 제도 안에 자신의 자리를 확보하는 것은 의미 있는 일이다. 이것이 괴물 문제에 대한 완벽한 해결책이 될 수는 없을 것이다. 역사적으로 억압받던 집단의 사람들이 결코 괴물이 될 리 없다는 생각 또한 오류일 수 있다. 어떤 사람의 정체성이 자동적으로 그 사람을 악인으로 만들지 않고 마찬가지로 그 사람의 정체성이 그 사람을 자동적으로 선인으로 만들지도 않는다. 제도가 여성, 유색인, 퀴어, 트랜스젠더를 적극적으로 지원해 준다고 해서 이들이 모두 좋은 사람이 될 거라 생각하지는 않는다. 하지만 제도가 전반적으로 더 나아질 것이라 생각하는데, 그것이 공정한 제도이기 때문이다.

제도권에서 배제되었다는 사실을 발견하고 제도가 승인하는 방식에서 자신의 의견과 존재를 주장할 수도 있다. 그러나 그 방법이 통하지 않을 수도 있다. 가끔은 창피하고 시끄럽고 멋있지 않은 방식으로 공격해야 할 때도 있다.

어찌 보면 우스꽝스럽고 신파적이며 과장되었다고 할 수 있는 시위자들의 눈물은 거의 잊힐 뻔한 한 예술가를 다시 세상 밖으로 데리고 나왔다. 남자는 여자를 침묵시키고 법은 정의를 실현하지 않았고 기관은 여자를 잊었다. 이 눈물의 시위대를 보며 크레이프 가게에서 만난 소녀를 떠올렸다. 그 모든 일에도 불구하고 자신을 실망시킨 뮤지션을 여전히 사랑하기로 한 소녀였다. 시위자들도 크레이프 소녀처럼 자신만의 비판, 감정에 기반한 비평을 쓰고 있었다. 그들은 허밍버드의 노래가 더 크게, 점점 더 크게 들리도록 했다.

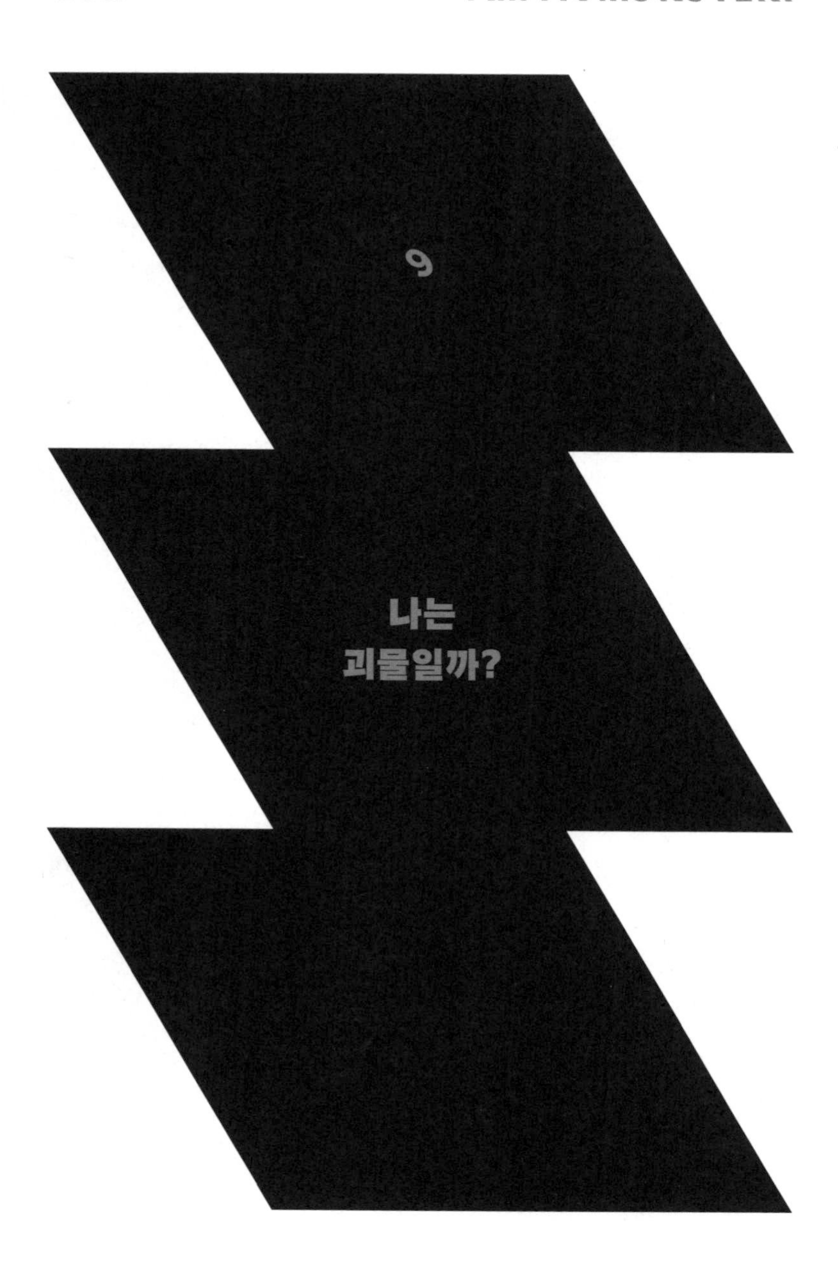

9

나는 괴물일까?

나는 괴물일까? 나는 아무도 죽인 적이 없다. 나는 괴물일까? 나는 파시즘을 옹호하지 않았다. 나는 괴물일까? 나는 아동을 성추행한 적이 없다. 나는 열 명이 넘는 여성들에게 약물을 투여하고 성폭행했다고 줄줄이 고소당하지도 않았다. 나는 괴물일까? 내 아이들을 구타하지 않는다(아직은 그런 적이 없다). 나는 괴물일까? 나는 반유대주의자로 알려져 있지도 않다. 나는 괴물일까? 나는 사이비 섹스 종교의 수장이 되어 어린 여성들을 애틀랜타 맨션에 가두고 내 명령을 따르도록 강요하지도 않았다. 나는 괴물일까? 나는 열세 살 소녀를 항문 강간하지 않았다.

나는 이런 끔찍한 일들을 저지르지 않았다. 그러니 나는 괴물이 아닐 것이다.

그럼에도 불구하고 나 또한 다른 모든 인간처럼 살면서 나쁜 행동들을 저질러 최소한의 내 몫을 채우기도 했다. 더 나아가 이딴 행동을, 그러니까 책을 쓰는 짓을 저질렀다. 한 권 썼다. 또 한 권을 썼다. 에세이와 기사와 비평문을 썼다. 그 점이 어쩌면 특정한 방식으로 나를 괴물로 만들지도 모른다고 생각하고 있다.

비평가 발터 벤야민은 이렇게 말한 것으로 전해진다. "모든 위대한 예술 작품의 밑바닥에는 한 무더기의 야만이 깔려 있다." 나는 생각한다. 그러면 덜 중요한 예술 작품의 바닥에는 그만큼 야만도 적게 깔려 있을까? 한 덩어리 정도 있을까? 작은 조각일까? (추가 조사를 통해 벤야민이 실제로 쓴 글은 이 번역에 더 가깝다는 것을 발견했다. "문화의 기록 중에 문화적인 동시에 야만적이지 않은 기록은 없었다." 아무래도 의미가 더 좁아지는 것 같다.)

전업 작가나 예술가가 되기 위해 갖춰야 할 자질에는 여러 가지가 있다. 재능, 두뇌, 근성 등. 부모가 경제적으로 여유 있다면 좋을 것이다. 당신은 이를 갖기 위해 분명 노력했을 것이다. 그러나 비슷한 조건을 갖춘 이들 사이에서 구별되기 위해 필요한 요소가 하나 더 있다면 이기심이다. 책이라는 것은 작은 이기심으로 만들어지는 물건이라고 할 수 있다. 가족과 시간을 보내지 않고 내 방문을 닫는 이기심. 복도에 있는 유모차를 무시하는 이기심. 현실 세계를 잊고 새로운 세계를 창조하려는 이기심. 진짜 사람들의 사연을 훔치는 이기심. 무표정한 익명의 독자를 위해 당신이 가진 가장 좋은 것을 아껴두는 이기심. 당신이 해야 할 말을 해 버리고 마는 이기심.

나는 이 점을 고민해야 했다. 어쩌면 나는 충분히 괴물이 아닐 수 있다. 나는 작가로서의 내 실패를 알고 있다. 목록의 첫 줄부터 마지막까지 철저하게 꿰고 있으며, 더 나쁜 건 내가 알기를 실패한 실패들이 어딘가에 더 있다는 점이다. 하지만 내 안의 또 다른 나는 물어야 한다. 만약 내가 더 이기적이라면 내 작품이 더 나아질까? 내가 더 큰 이기심을 열망해야 했을까?

내가 아는 모든 작가-엄마들은 이 질문을 던진다. 물론 모두가 큰 소리로 떠든다는 이야기는 아니지만, 내게는 이들의 생각이 때로는 귀가 먹먹할 만큼 크게 들린다. 하나의 정체성이 다른 정체성을 치명적으로 방해할까? 내 일 때문에 좋은 엄마가 되지 못하고 있나? 아마 오늘도 누군가는 이 질문을 던지고 있을 것이다. 하지만 이런 질문도 있을 수 있다. 내가 엄마라서 더 좋은 작가가 되지 못하는 것은 아닐까? 실은 이 질문이 더 불편하다.

어릴 적 나는 네 가지 유형의 사람이 있다고 믿었고, 무의식적으로 머릿속에 순서도 매겼다.

남자
소년
소녀
여자

여자가 되는 것이 두려웠다. 아마 그때부터 뭔가 알고 있었는지도 모르겠다. 내가 아는 거의 모든 성인 여성은 엄마였고 그 당시에도 어머니의 자리에 요구되는 이타심에 거부감을 느꼈다. 나에게 모성은 막다른 골목, 자아의 죽음처럼 느껴졌다.

나 또한 많은 아이와 마찬가지로 고아에 매료되었다는 점도 흥미롭다. 초등학교 다닐 때는 부모님이 돌아가신 개척 소녀에 대한 소설을 쓰고 삽화도 그렸다. 보통 고아 판타지는 억압적인 부모를 은유적으로 죽이는 방법으로 알려져 있다. 하지만 나는 부모를 없애면서 다른 무언가를 하고 있었던 것 같다. 즉, 내게는 극단적으로 불쾌한 미래(엄마가 되는 것)를 지워 버리고 있었던 게 아닐까. 그렇게까지 이타적이고 희생적인 사람이 되고 싶지 않았다. 내가 그 일을 할 수 있을 거라 생각하지 않았다.

성인이 되어 모성애에 의한 이타심이 나의 가장 큰 시련이자 선물임을 알게 되었다. 모성애에 따라오는 자아의 부식은 개인적으로나 정치적으로나 모든 의미 있는 방식으로 매우 힘든 일이었다(이 건조한 문장 안에 얼마나 많은 인고의 세월이 담겨 있는가). 하지만 이 과정이 나를 만들었다. 나 자신 외의 타인을 위할 수 있는 사람이 되는 법을 배웠다. 아이가 없는 사람은 이 교훈을 배우지 못한다는 말이 아니다. 내 경우에는 엄마가 되면서 배웠다는 뜻이다.

엄마가 되는 긴급 상황에 자비란 없다. 일단 엄마가 되면 이타심을 강요당한다.

그런데 그 사람이 예술가이기도 하다면 어떨까?

* * *

매일 일상을 살아가는 예술가라면, 적어도 팬과 자는 록스타가 아니라면 이기심의 드라마는 특정한 맥락에서 펼쳐진다. 가족이라는 맥락이다. 예술가나 작가나 뮤지션에게 절대적으로 필요한 것은 시간이다. 그러나 가족에게 필요한 것도 시간이다. 이 갈등은 언제나 해결될 수 없는 문제다. 세라 망구소는 격언적인 회고집 『300가지 단상*300 Arguments*』에서 다음과 같이 썼다. “섹스를 위해 결혼을 포기하는 건 가치 있고 결혼을 위해 섹스를 포기하는 것도 가치가 있다. 일을 위해 부모가 되지 않는 것도 가치 있고 부모가 되기 위해 일을 포기하는 것도 가치가 있다. 모든 경우가 다른 모든 경우와 직교한다. 그것이 문제다.” 예술-가족 문제는 직교이거나 직교적이라고 느껴진다(이 단어를 문장에 넣으니 내가 마이크로소프트사의 프로젝트 리더가 된 것만 같다).

예술을 창작한다는 것과 부모가 된다는 것은 서로에게 매우 효율적인 방해 요인으로 작용하며, 그렇지 않다고 말하는 사람은 자기를 속이고 있거나 자녀가 없거나, 남자다.

부모됨과 예술을 주제로 한 글을 읽다 보면 필연적으로 “복도에 있는 유모차pram in the hall”라는 표현과 자주 맞닥뜨릴 것이다(눈썰미 좋은 독자라면 앞서 한 번 언급되었음을 눈치챘을 것이다). 이 피할 수 없는 유모차 비유는 예술가적 삶의 어려움을 묘사한 시릴 코널리의 인상적으로 안 읽히는 1938년도 저서 『약속의 적들*Enemies of Promise*』의 중간쯤에 처음 등장한다. 실제 본문은 다음과 같다. “복도에 있는 유모차보다 더 음울한 예술의 적은 없다.” 이 표현이 문학적 클리셰가 될 만한 이유는 있다. 기본적으로 작품성이 떨어지는 이 책에서 오직 이 문장만큼은 울림이 있는데, 부모됨은 너무나 명백하고 부인할 수 없이 예술과 직교하기 때문이다.

확실히 짚고 넘어가자면 코널리는 남성 예술가에 대해 이야기하는데, 이는 다음 문장에서 더 명백해진다. “작가들이 아내를 선택하는 기준은 돈도 예술적 취향도 아닌 미모이며, 아기는 예술가의 관점을 제대로 볼 능력이 아내보다 훨씬 더 떨어진다.”(이 책에서 가장 웃기는 문장이다.) 코널리가 말하는 약속의 적은 다음과 같다. 아기와 아내. 아내와 아기. 그에게 약속이 잔인하게 좌절되는 예술가가 여자일지도 모른다는 생각은, 예술가가 아기일지도 모른다는 생각만큼이나 터무니없다. 적어도 아기는 자라서 예술가가 될 수 있지만 아내에게는 그런 일이 절대 일어나지 않을 테니.

코널리가 그린 이미지와 그 밑에 깔린 기본 논리는 언제나 당황스럽다. 어쩌면 내가 근본적으로 상식적인 엄마이기 때문일지도 모르고, 제1차와 제2차 세계 대전 사이 런던의 가정생활에 꾸준히 관심 가져 왔기 때문일지도 모른다. 하지만 왜 하필 복도의 유모차일까? 아기가 그 유모차에 누워 있을까? 누군가 유모차의 아기를 돌보고 있을까? 유모차를 창고에 넣을 수는 없을까? 그리고 우리는 정말 (남성) 작가가 서재에서 나와 의미 있는 방식으로 이 번거로운 유모차와 관계를 맺을 것이라 믿을까? 정강이를 부딪치는 것 말고? 코널리가 얼굴이 빨개져 울고 떼쓰는 존재 자체, 아기가 아니라 유모차 이야기를 하는 것이 어딘가 이상하지 않은가? 여기서 이상하다고 말하는 이유는 남자니까 그렇게 말한다고 생각하기 때문이다.

복도의 유모차 이미지는 가정생활이 예술가에게 가져올 모든 문제에 대한 동의어로 대중의 마음을 사로잡았다. 모든 작가는 어떻게든 성스러운 장소에 도달하기 위해 고군분투한다. 즉, 가족을 등지고 문을 잠글 수 있는 방에 들어가고 싶어 한다.

내 생각에는 작업하는 예술가의 기쁨과 고독이라는 축복을 〈내 책상 위의 천사An Angel at My Table〉의 한 장면보다 더 잘 잡아낸 영화는 없다. 이는 제인 캠피언 감독의 1990년도 작품으로 뉴질랜드 작가 재닛 프레임의 일대기를 그리고 있다. 재닛 프레임은 오진으로 몇 년간 정신병동에 입원했다가 마침내 글을 쓸 수 있는 장소와 시간을 찾게 되는데, 그곳은 칠이 벗겨진 작은 문간방 안의 낡은 침대다. 재닛 프레임은 침대맡에 등을 기대고 앉아서 무릎에 타자기를 올려놓고 열정적으로 타이핑한다. 혼자서 자유롭게. 캠피언은 이 장면에서 주인공을 화면 정중앙에 배치한다(캠피언의 위대한 영화적 재능은 여성 인물을 성적으로 표현하지 않고 아름답게 대칭적으로 중앙에 위치시킨다는 것이다. 여기서의 '중앙'은 개념이 아니라 물리적으로 한가운데를 의미한다). 재닛 프레임은 제4의 벽[1]을 깨고 고개를 돌려 눈부시게 행복한 표정으로 카메라를 응시한다.

세상과 단절된 채 문이 닫힌 나만의 공간에서 혼자만의 시간을 보내는 작가. 어떤 이들에게는 이것이 바로 행복의 그림이다. 우리가 상상하는 이상적인 엄마-작가라면 가족이 문을 두드려도 항상 웃는 낯일 수 있겠지만, 우리 대부분은 그렇게 너그러운 심성의 소유자가 아니라서 방해받는 것을 정말 싫어한다. 도리스 레싱은 회고록 『언더 마이 스킨*Under My Skin*』에서 이렇게 쓴다. "여성의 사생활을 존중하는 사람은 거의 없다. 아마도 50명 중에 한 명 정도일까? 나는 '아침 시

1 객석을 향한 가상의 벽

간에 꼭 글을 쓴다'고 말하지만, 누군가는 반드시 문을 두드리고 1분 후에 약간의 미안함과 부끄러움이 밴 웃는 얼굴을 문틈에 살짝 들이밀고 말한다. '잠깐만 들어가도 될까요.'"

영국의 시인이자 소설가 필립 라킨은 「구멍이 뚫린 삶The Life with a Hole in It」이라는 시에서 순수한 이기심의 이상적인 상태를 묘사한다.

> 문이 닫힌 샤토 안의 그놈
> 500단어 정도 쓰고
> 나머지 하루는 온전히 쉬기로 한다
> 목욕과 술과 새들 사이에서

라킨은 이상적인 작가의 삶을 소개한다. 즉, 생활의 필요는 누군가 챙겨 주고, 작품이 우선인 그에게 감정적 유대는 부차적이며, 누구도 그가 이기적이라는 사실에 의문을 표하지 않으며, 완전무결한 자유를 누리는 (남성) 작가의 삶이다. 천국이라 할 수 있지 않을까? 사회에 잘 적응하며 살아가는 평범한 사람의 관점에서 외로움은 심각한 문제로 보일 수도 있다. 세상과 단절하고 자신의 욕구만 채운다면 필연적으로 외로워질 수밖에 없지 않나? 하지만 작가들이란 좀처럼 외로워지지 않는 이들이다. 기본적으로 혼자 있기를 좋아하며, 심지어 외로움 자체를 사랑하기도 한다. 이런 성격은 작가를 작가로 만드는 요소다. 나는 아이를 낳은 후에 육아를 전적으로 책임졌고 프리랜서 작가 일은 4분의 1 정도로 줄였다. 그러면서 내가 작가라서 얼마나 운이 좋은지 생각하곤 했다. 일은 곧 나를 회복시켜 주는 혼자만의 달콤한 시간을 갖는다는 의미였다. 몇 년이 지나서 깨달았다. 아,

나는 혼자 있고 싶어서 작가가 되었구나. 그건 결과가 아니라 동기였다.

작가가 아닌 사람들이 일반적으로 바람직하다고 생각하는 삶, 끝나지 않는 휴가와 다시 일할 필요가 없는 삶은 작가들에게 그다지 이상적으로 느껴지지 않는 것 같다. 솔직히 전혀 그렇지 않다. 작가들은 혼자 글을 쓰고 누가 시중들어 주기를 원한다.

대체로 남성이 혼자만의 시간을 내기는 더 쉬울 것이다. 이는 그들이 숨기 위한 시간을 내는 것이 더 쉽기 때문이다. 적어도 일부 남성은 스스로를 속이고 있다. 소설가 존 밴빌은 『아이리시 타임스*The Irish Times*』와의 인터뷰에서 약간 거칠게 말하자면 자기는 형편없는 아빠고 그에 더해 대부분의 작가들이 그럴 거라고 말했다. "(글쓰기는) 너무나 고달픈 일이고…… 내 주변 사람들과 나의 아이들도 고달프게 한다. 나는 좋은 아빠가 아니었다. 작가 중에 좋은 아빠가 얼마나 될지도 모르겠다. 작가란 너무 많은 것을 취하고 너무 많은 산소를 빨아들인다. 이는 사랑하는 이들을 고달프게 한다." 타협에 대한 중언부언은 없다. 그는 더 일반적인 작가론을 펼친다. "우리는 무자비하다. 우리는 좋은 사람들이 아니다. 우리는 재미있는 사람일 수 있고 사람들의 주의를 집중시킬 수는 있지만 대체로 (우리와 사는 것은) 고역이다."

그는 막내딸에 대해 이렇게 말한다. "내 딸은 이 모든 상황에 마땅히 그럴 만한 방식으로 분노하고 분개한다. 이 상태는 여자가 취할 가장 좋은 상태라 생각한다. 내가 여자라면 항상 화가 나 있을 테니까."

그가 공감해 줘서 고맙다고 생각하면 내가 너무 한심한 걸까?

내가 아는 여성 예술가와 작가들은 지금보다 더 괴물처럼 되기를 소망한다. 은근슬쩍 농담조로 말한다. “나도 아내가 있었으면 좋겠어요.” 이 말이 무슨 뜻일까? 돌봄의 의무는 모두 저버리고 예술가로서의 이기적인 의식만을 수행하고 싶다는 뜻이다.

나는 충분히 괴물이 아닌 걸까?

앞서 언급한 〈맨해튼〉을 애정하는 문필가를 포함하여 내가 진심으로 훌륭하다고 믿는 두 남성 작가에게 이 질문을 몇 년 동안 사적으로 던졌다. 두 사람에게 유머가 담긴 친근한 메일을 보내기도 했지만, 실제로는 다음 사항을 알아내고 싶었다. 당신은 얼마나 이기적인가요? 다른 말로 하면, 당신처럼 훌륭한 작가가 되려면 나는 얼마나 이기적이어야 할까요?

나는 이 남자들과 친구로 지냈고 만나서 시시덕거렸다……. 왜 그랬냐고? 물론 설레고 재미있어서다. 나는 수녀가 아니니까. 하지만 그들이 작업을 어떻게 해내는지도 자세히 알고 싶었다. 그들은 생활을 어떻게 관리하고 있을까?

한 명이 추수감사절과 크리스마스에도 일했다고 하기에 기록해 두었다. 또 한 명은 노바스코샤에 가족 여행을 가서 아내 혼자 아이를 보게 하고 자신은 일을 했다고 했다. 음. 그렇군. 알고 보니 그들은 자신의 생활을 관리하지 않았다. 핵심은 그 안에 있었다. 그들에게는 다른 사람, 그 일을 해 줄 아내가 있었다. 그것도 도맡아서 해 줄 사람.

+ + +

물론 내 생활을 나 대신 관리해 줄 사람을 곁에 두려면 나 자신을 완전히 믿고 내 작품의 가치를 믿어야 한다. 몇 년 전 한 모임에서 다들 술에 취해 이야기를 나누는데 최근에 소설을 출간한 한 남자가 말했다.

"이 책 꼬옥 사셔야 해요." 그가 문장을 길게 끌었다. "굉장히 중요한 책이거든요."(이 소설가는 자기도 모르게 고갱과 그의 광기 비슷한 자신감을 흉내 내고 있었다. "나는 위대한 화가이고 그 사실을 나도 알아요.")

그 후 몇 년 동안 예술가 친구 빅토리아와 우리 작품을 이야기하면서 그 소설가의 어투를 따라해 보곤 했다. "굉장히 중요한 저서야." 나는 진지한 얼굴로 말해 보았다. "굉장히 중요한 그림이야." 친구도 시도했다. 친구나 나나 도무지 남들 앞에서는 멀쩡한 얼굴로 그 말을 할 수가 없었고, 우리의 실험은 결국 박장대소로 끝나고 말았다.

하지만 나의 작품이 중요하다고 말할 수 없다면, 그것을 어떻게 만들어 낼 수 있겠는가?

야망과 자신감은 한데 묶여 있다. 야망은 보통 남성이 갖고 있는 것이다. 나의 언어 사용법에서 '야망'은 전적으로 긍정적인 단어다. 야망은 예술이라는 자물쇠를 여는 열쇠다. 야망이란 말은 이렇게 풀어 볼 수도 있겠다. 나는 그냥 무언가를 만드는 것이 아니다……. 나는 무언가 대단한 것을 만들기 위해 노력하고 있다.

여성에게 야망은 그렇게 쉽게 쓸 수 있는 단어가 아니다. 이 단어를 여성에게 사용할 때는 경멸적인 경우가 많기 때문이다. 야망 있는 여자에게는 비난의 화살이 꽂히거나 의심의 눈길이 쏠린다. 야망 있는 여자란 아마도 비극적으로 본질적인 여성적 온화함에서 단절된 존재로 취급받기도 한다(1980년대 어린이의 마음 깊은 곳에서 야망 있는 여성 하면 언제나 리오나 헬름슬리[2]의 부풀린 머리와 빨간색 립스틱, 부하 직원들에게 소리 지르는 모습이 떠오른다).

여자가 이 단어를 사용하면 기껏해야 아집에 사로잡힌 사람으로 보이고 잘못하면 정신 나간 사람으로 보일 가능성도 있다.

몇 년 전 (과거) 나의 정신과 상담의였던 남성에게 야심 가득한 책을 쓰고 있다고 말한 적이 있다. 나는 목소리를 떨며 말했다. 솔직히 입으로 내뱉기 두렵기도 했다. 하지만 정신과 의사에게 충분히 할 수 있는 이야기가 아닌가? 야망뿐만 아니라 내가 야망을 가질 때 따라오는 어색함과 당혹감까지 말해야 하는 것 아닌가…….

나: 선생님 저는요…… 이번에…… 야심 가득한…… 책을 쓰고 싶어요.

오래전에 융을 배운 제럴드 선생님의 쪼그라드는 백발 후광 아래서 그의 안테나 두 개가 튀어나와 바짝 서는 것 같았다.

제럴드: 더 말해 보세요.

나: 이번에는 대단한 글을 써 보고 싶어요. 더욱 야심 가득한 작품을 쓰고 싶어요.

제럴드: 우리 여기에 대해 이야기해 봐야 할 것 같습니다. 이 야심이 어디에서 비롯되었다고 생각하세요?

나: 음, 글쎄요……. 제가…… 작가니까?

제럴드: 우리 이 야심이라는 문제를 어떻게 풀어야 할까요?

나: 대단한 책을 쓰려고 노력하면 되지 않을까요?

---

2 Leona Helmsley(1920-2007). 미국의 사업가. 1989년에 연방 소득세 탈세 및 기타 범죄로 조사를 받고 유죄 판결을 받았다.

제럴드: 혹시 그 생각이 아버지와 관련이 있다고 생각하나요?

내 야망이 증상이 아니고 미덕일 수도 있다는 생각은 제럴드에게 절대 입력되지 않는 것 같았다. 물론 이 세상의 모든 남자가 모든 여자의 야망을 병으로 취급하는 것은 아니다. 어느 날 남자 작가와 산책하며 내 회고록에 관한 진지하고 솔직한 대화를 나누던 중에 용기를 쥐어짜 내뱉었다. “나는요, 진짜 대단한 작품을 쓰고 싶거든요.” 그는 계속 걸으며 표정 변화 하나 없이 말했다. “욕망 열차의 탑승을 환영해요.” 그리고 아무렇지 않다는 듯 산책을 이어 갔는데 그 순간 마치 풍선을 삼킨 것처럼 가슴이 부풀어 올랐더랬다.

훌륭해지기 위해 노력해 볼 수 있다는 생각 자체가 짜릿했던 것이다.

내가 거트루드 스타인처럼 뻔뻔할 수 있다면 얼마나 좋을까? 스타인은 앨리스 토클라스의 자서전에서 앨리스의 목소리를 빌려 자신의 생각을 썼다. “내 인생에서 천재를 만난 적이 딱 세 번 정도라고 할 수 있는데 그때마다 내 안에서 종소리가 울려서 착각이 아님을 알았다. 세 번 다 그들의 천재성이 대중적으로 인정받기 전이었다. 내가 말하고 싶은 세 천재는 거트루드 스타인, 피카소, 앨프리드 화이트헤드[3]다. 저명한 사람들과 뛰어난 사람들을 적잖이 만났지만 일류 천재는 단 세 명이었고, 이 셋을 만날 때마다 내 마음에 종소리가 울려 퍼졌다. 단 한 번도 실수가 없었다.”(이 인용문은 읽을 때마다 웃음이 나오는데 카녜이 웨스트의 랩 가사가 생각나서다. “나를 블랙홀로 만들려던 사람들the same people that tries to blackball me/ 내 왕불알 두 쪽은 왜 잊었을까Forgot about two things, my black balls.”) 왜 스타인은 그렇

3 Alfred Whitehead(1861~1947). 20세기를 대표하는 영국의 철학자이자 수학자

게 눈 하나 깜빡하지 않고 자신을 욕망 열차에 입장시켰을까? 어떻게 여성이(내가) 그녀를 따라 하는 척이라도 해 볼 수 있을까?

또 다른 장면. 얼마 전 한 젊은 작가 부부의 집에 저녁 초대를 받아 우리는 책과 잡동사니로 어질러진 그들의 아늑한 거실에 앉아 있었다. 2층 침실에서 잠을 자고 있는 아이들이 가끔씩 하품하고 뒤척이는 소리가 들려왔다.

내 친구는 몸이 세 개라도 모자랄 지경이었다. 초등학교에 다니는 아이가 셋이었고 남편은 전업 작가이고 친구는 프리랜서로 책을 집필하며 경력을 쌓아 가고 있었다. 강렬한 문학적 야망이라는 구름이 폭풍우를 몰고 올 미기후처럼 이 집안을 덮고 있었다. 평일 저녁이었다. 그들도 나도 평소라면 잠자리에 들 시간이었으나 그날은 와인을 마시면서 책과 글에 대해 이야기했다. 그녀의 남편은 매우 사근사근하고 매력이 넘쳤는데 그 말인즉슨 내 모든 농담에 진심으로 웃어 주었다는 뜻이다. 그러면서도 긴장을 늦추지 않고 지나치게 경계하는 모습이었는데, 아직 인정받는 작가가 되지 못했기 때문인 것 같았다. 그는 자신을 보아 달라며 꼬리를 흔드는 개를 연상시켰다. 반면 그의 아내는 인정받는 작가였다. 소소한 성공이 아닌 큰 성공을 거둔 작가였다. 아내는 지쳐 있었다. 그가 강아지라면 그녀는 어딘가 여자가 한 명 숨어 있는 한 무더기의 빨랫감이었다.

그녀는 얼마 전에 완성해서 발표한 단편 소설 이야기를 꺼냈다.

"아, 그거? 당신이 나랑 애들 내팽개치고 쓴 그 단편?" 매우 똑똑하고 매력적인 남편이 물었다.

아내는 괴물이었다. 야망을 가질 만큼 괴물이었고, 작업을 마칠 만큼 괴물이었다. 남편은 그렇지 못했다.

이것이 바로 여자 괴물의 모습이 아닐까? 아이를 방치한다. 언제나 그렇다. 여자 괴물은 아이 둘을 두고 작가의 삶을 살기 위해 런던으로 떠난 도리스 레싱이다. 여자 괴물은 자해를 한 실비아 플라스다. 자살한 것만 해도 끔찍한데 아이들의 방에 가스가 들어가지 않게 테이프로 막아 놓기도 했다. 죽기 전에 아이들 먹으라고 내어놓은 빵과 우유에 대해서는 말도 꺼내지 말자. 사건 자체가 공포스러운 시다. 그녀는 남자를 공기 삼키듯 먹어 치우는 꿈을 꾸기도 했다. 그러나 뭐니 뭐니 해도 그녀가 괴물일 수밖에 없는 이유는 아이들을 엄마 없는 아이들로 만든 것이다.

나도 아내가 있으면 좋겠다.

가끔은 내가 섬을 아내로 삼았다고 생각한다. 예술가는 세상과 자기 사이에 건강한 선을 그을 필요가 있다. 보통은 예술가의 아내가 선을 긋는 역할을 담당한다. 바다로 둘러싸인 나의 섬에는 물이라는 경계선이 있다. 나는 이 섬을 아내 대역으로 삼았다. 섬은 도시를 제거함으로써 나를 위해 어떤 일들을 처리해 주었다. 예를 들어 나를 위해 약속을 취소해 주었다. 친지나 친구들이 쉽게 찾아오지 못하게 막아 주었다. 도시의 파티에 갔을 때도 집에 일찍 들어갈 핑계가 되어 주었다—미안, 페리 막차 타야 해서. 나는 세상으로부터 날 보호하기 위해 이 섬을 사용했다. 나를 위해 일해 줄 아내가 없어서였다. 섬으로 이사 가기 전에는 책을 한 권도 쓰지 못했다. 섬에서 살면서 10년 동안 세 권을 연달아 썼다. 이 섬은 나의 베라였다.

어쩌면 여성 작가인 당신은 자살을 하거나 아이를 유기하지는 않았을 수 있다. 그러나 무언가를 포기했을 것이고 자신의 일부를 버렸을 것이다. 책을 한 권 끝내고 나면 바닥에 떨어진 부스러기들이 보인다. 깨진 데이트, 깨진 약속, 깨진 만남. 이보다 더 중요한 항목도 놓쳤다. 아이들의 숙제를 확인해 주지 못했고 파트너에게 전화하지 못했고 배우자와 잠자리를 하지 못했다. 책을 위해서는 그 같은 일상의 일부가 깨어져야만 한다.

여타 현실 세계의 사람들과 마찬가지로 나에게도 범상한 괴물성, 누구도 알 수 없는 깊은 우물, 억압된 하이드가 있다. 하지만 좀 더 가시적이고 정량화할 수 있는 괴물성도 있다. 바로 자신의 일을 끝낸 예술가에게 보이는 괴물성이다. 작업을 끝마친 사람들은 언제나 괴물이다. 우디 앨런은 영화를 1년에 한 편만 찍겠다고 선언하고 실제로 1년에 한 편씩 내놓았다.

작업을 완성할 때 나오는 나의 괴물성은 언제나 외로움과 꼭 닮았다. 가족을 뒤로하고 통나무집이나 저렴한 모텔 방을 빌린다. 그렇게 멀리 가지 못한다면 외풍이 센 서재에 숨어 머플러를 목에 둘둘 감고 손가락 없는 장갑을 끼고 털모자를 쓰고 죽어라 달릴 것이다. 그저 이 일을 끝까지 마치기 위해서.

야망과 작품 완성. 이 두 가지가 예술가를 만든다. 예술가는 작품을 시작하기 위해서뿐만 아니라 끝내기 위해 괴물이 되어야 한다. 그리고 그사이에 야만적인 일을 저질러야 한다.

내 친구와 나는 일을 끝까지 마감하기 위해 누군가 아이를 봐 주길 기대한 것보다 더 괴물스러운 일을 저지른 적이 없다. 이는 강간만큼 악랄한 범죄도 아니고 누군가를 옆에 세워 두고 화분에 자위를 하는 것만큼 변태적이지도 않다.

내가 이 두 가지 즉, 남성 포식자들과 작업을 마친 여성 예술가를 납득하기 어려운 방식으로 비교한다고 생각할지도 모른다. 사실이 그렇다. 여성이 글을 쓰거나 예술을 창작하기 위해 해야 할 일을 할 때 우리 여성들은 스스로 괴물이라고 느껴지기 때문이다. 다른 이들도 냉큼 그렇게 우리를 묘사한다.

회고록 작가로서 이 질문에 대답하는 것이 의무라고 생각한다. 내가 지금 느끼는 감정이 정확히 무엇인가? 내가 느껴야 하는 감정 말고, 정치적으로 올바른 감정 말고, 편리한 감정 말고 실제로 느끼는 감정은 무엇일까? 헤밍웨이가 『오후의 죽음』에서 말한 것처럼 글쓰기에서 가장 어려운 점은 "내가 느껴야 할 것 같은, 느껴야 한다고 배운 감정 말고 실제로 느낀 감정을 아는 것이다." 나 자신에게 솔직해 보자. 내 안에서 어떤 감정이 진짜 일어나는지 살펴보면, 작업하기 위해 아이들에게서 문을 닫고 있을 때면 내가 끔찍한 사람처럼 느껴진다는 것을 인정해야겠다. 여자 예술가들이 실제로 끔찍한 사람이 된다거나 끔찍한 사람처럼 느끼는 면을 비난하려는 것이 아니다. 이 질문은 우리가 언제 어떻게 일할지, 작품을 완성할 수 있을지 아닐지에 영향을 미치기 때문에 중요하다.

여자들은 글을 쓰거나 예술을 하기 위해 필요한 일을 하면서 때때로 나쁜 엄마가 된 기분을 느낀다. 잠깐만, 여기서 또 내가 모두를 대변하는 것처럼 '우리'를 집어넣었다. 나에게는 내가 엄마라는 사실이 심장 중심에 있기 때문에 글을 쓰기 위해 해야 할 일들을 할 때면 가끔은 내가 끔찍한 엄마가 된 것 같은 기분이 든다. 괴물이라고 느껴진다.

* * *

시인 수잔 버퍼은 세이 쇼나곤[4]에게 바치는 독특하고 멋진 헌사인 『필로 북*A Pillow Book*』에서 다른 종류의 침묵, 엄마됨의 침묵을 이렇게 정의한다. "모티머 애들러는 위대한 책은 위대한 정신에 큰 유익을 주고 무한히 반복해서 읽을 수 있다고 썼다. (…) 애들러가 뽑은 위대한 책 511권의 목록에는, 1990년에 비평가들을 달래기 위해 업데이트되었지만 단지 네 명의 여성 작가의 작품이 포함되었다. 수가 너무 적어 손가락으로 셀 수밖에 없었던 네 명은 버지니아, 윌라, 제인, 그리고 조지다. 그리고 내가 아는 바에 따르면 이들 중 누구도 어머니가 아니다."

엄마됨은 그 자체로 침묵할 수밖에 없는 조건을 만들어 낸다.

헤밍웨이의 아내였던 작가 마사 겔혼은 예술가가 반드시 괴물이 될 필요는 없으나 괴물이 예술가로 거듭나야 할 필요는 있다고 생각했다. "남자는 자기가 구역질 나는 인간이라는 점을 만회하기 위해 위대한 천재가 되어야만 할 것이다." (아무래도 그녀가 잘 아는 누군가를 말하는 것 같다.) 그녀의 말에 따르면 당신이 정말 끔찍한 사람이라면 당신은 앞으로 저지를 모든 잘못을 배상하기 위해 한 분야에서 탁월해지기 위해 노력하게 된다. 어떤 의미에서 이는 페미니스트 입장에서 수정한 예술사라고 할 수 있겠다. 그녀는 신랄하고 재치 넘치는 한 문장으로 예술의 역사를 배상에 대한 도덕적인 이야기로 바꾼다.

하지만 이 질문은 던져 볼 필요가 있다. 모든 야심 찬 예술가가 괴물일까? 작업을 끝낸 사람들은 모두 괴물일까? 기어들어가는 목소리로 묻는다. (나는 괴물일까?)

---

4 清少納言(966?~1025?). 헤이안 시대 중기의 여성 작가. 일본 최초의 에세이집인 『마쿠라노소시枕草子』로 유명하다.

10

자녀를 유기한 엄마들

도리스 레싱,
조니 미첼

나의 여성 괴물들에 대한 초기 목록은 짧았고, 그들의 죄는 항상 모성과 관련 있어야만 했다. 좀 더 정확하게 말하면 직무 유기된 모성과 관련이 있었다. 남자의 범죄가 강간이라면 여자의 범죄는 양육의 실패다. 여자가 할 수 있는 가장 최악의 일은 아이를 저버리는 것이다.

나는 텍사스주 마파의 햇살이 쏟아져 들어오는 작은 집에 앉아서 이 문제에 관해 곰곰이 생각했다. 이 집은 예술가와 작가를 지원하는 래넌 재단Lannon Foundation이 운영하는 공간으로, 이 재단의 후원 덕분에 5주 동안 마파에 머물며 글을 쓸 수 있었다. 나는 이곳에서 오직 글만 썼다. 또한 혼자였다. 가족 없이 홀몸으로 왔다. 어느덧 세월은 흘러 아이들에게 손이 많이 가던 시절, 나의 모든 일하는 시간이 마치 도둑맞은 것처럼 느껴지던 시절이 지나갔다. 그래도 나는 여전히 엄마였다. 딸은 대학에 진학했지만 아들은 아직 집에서 학교를 다니고 있었다. 하지만 아들과는 잠시 떨어져 있기로 했다. 나 혼자 마파로 오기 위해서였다.

마파에서 지낸 첫 주에 매일 일기장에 내가 한 일들을 기록했다. 6,700자를 썼고 수프를 두 냄비 끓였고 48킬로미터를 걸었고 절친한 친구와 무려 네 시간 동안 전화 통화를 했다. 나는 내가 쓴 단어, 내가 걸은 거리와 보낸 시간을 하나하나 숫자로 기록하면서 이곳에서의 시간을 수량화했다. 왜냐하면 평소 내 시간의 많은 부분을 담았던 그릇, 다시 말해 가족이 그곳에 없었기 때문이다.

내가 머물던 집의 맞은편 거리를 따라가면 고등학교가 하나 보인다. 나는 집 앞에 앉아 책을 읽고 글을 쓰면서 지나가는 고등학생들의 이야기를 듣고 우리 아이들에 대해 생각했다.

아이를 버리는 엄마들에 대한 이야기는 언제나 충격적인 매혹으로 다가왔다.

몇 년 전 기자들 모임에서 아내가 자기와 아이 둘을 버리고 떠났다던 한 남자를 만났다. 나는 부엌 조리대에 기대서 시라즈 와인에 훔볼트 포그[1]가 올려진 크래커를 먹으면서 그가 천천히 풀어놓는 사연을 숨죽여 듣고 있었다. 그 이야기는 특별했고, 멋있었고, 무서웠다.

10년 전 어느 날, 아이들이 여덟 살, 다섯 살이었을 때 남자의 아내는 짐을 싸서 콜로라도의 집을 떠나 오리건주 포틀랜드로 갔다. 그냥 그렇게 하루아침에 아내는 사라져 버렸다. 유순하게 생긴 턱수염 난 기자 남편에게 아이 둘을 맡기고. 아니, 맡긴다는 단어는 정확하지 않다. 그 남자는 남아서 아이들을 키워야 했다. 베이비시터처럼 하루 이틀 아이를 보살핀 것이 아니다. 그는 차마 입에서 떨어지지 않는 그 말, 싱글대디(이 단어에는 '홀아비'란 단어에서 느껴지는, 굉장히 안타까운 상황에 처한 사람이라는 뉘앙스가 있다)가 되었다. 그가 먼저 자백하기를, 아이들이 어렸을 때 자신은 잦은 출장이나 파견으로 자리를 자주 비웠고 아내는 육아로 지쳐 있었다고 했다.

그를 만나 그의 인생 스토리를 들을 당시 나는 내 아이들을 하룻밤 이상 떨어뜨려 놓지 못하는 삼십 대 엄마였다. 나는 그 여자가 비행기로 횡단한 어마어마한 거리를 상상하면서 충격을 금치 못했고 그에 대한 생각도 멈추지 못했다. 이 여인은 로키산맥을 넘어서 웨

---

1 미국 캘리포니아에서 생산된 화이트 치즈

스턴 슬로프[2]를 지나 동부 오리건의 평야를 지나 비 오는 도시 포틀랜드까지 갔다. 자유를 찾아 떠나기 위해 아이와 자신 사이에 극도로 험난한 지형을 두었다. 나는 그녀의 집을 그려 보았다. 아이가 없겠지. 부엌을 생각했다. 당연히 아이가 없겠지. 새로운 연인으로 채워질 침대를 생각했다. 역시 아이가 없겠지. 그녀는 그 상황을 어떻게 견디고 있을까? 왜 그렇게 멀리 가야만 했을까? 어떤 강력한 동기가 있었을까? 그리고 어떻게 그럴 수 있나? 물론 기자 남편에게 이를 직접 묻지는 않았다. 무례한 질문처럼 느껴졌다. 나는 그저 와인을 홀짝이며 혼자 궁금해하기만 했다. 사실은 그 아내라는 사람에게서 낸시 미트퍼드의 소설 『사랑의 추구*The Pursuit of Happiness*』와 『추운 기후의 사랑*Love in a Cold Climate*』에서의 볼터 이미지를 떠올렸다.[3] 서술자의 대담하고 거침없는 엄마는 딸을 버리고 자유와 행복을 찾아갔다. 아니 사실은 탈주해 버렸다.

한 명의 엄마로서는 그 이야기가 끔찍했다. 하지만 작가로서는 그 이야기에 한순간에 매료되었다. 왜냐하면 당시 나는 아이들을 키우면서 마음 깊은 곳에서는 은밀히 이런 생각에 사로잡혀 있었기 때문이다. 내가 아이 둘을 기르면서 작가로서 일정한 수입을 낼 수 있을까? 괜찮은 작품을 쓸 수 있다는 희망을 가져도 될까? 나는 아이들을 사랑했다. 잘 돌보고 키우고 있었다. 가슴에 손을 얹고 내 인생에서 일어난 일 중 가장 좋은 일이라 말할 수 있었다. 그러면서도 아이들이 나를 일하지 못하게 막는다고 느끼고 있었다. 이 모든 이유로

2 콜로라도주 서부 경사면 지역

3 미트퍼드의 연작 소설에서 서술자는 자신과 아버지를 버리고 가출해 다른 남자들과 결혼하는 엄마를 볼터(Bolter, 탈주자)라고 부른다.

인해 기자의 아내 사연을 귀를 쫑긋하고 들었다. 나는 목을 길게 빼고 그녀의 인생을 전부 들여다보고 싶었다.

끔찍한 일을 저지른 여성들도, 그러니까 아이를 버린 여성들도 이 일은 그들이 저지른 가장 끔찍한 범죄라는 데 동의하는 것 같다. 폴라 팍스[4]는 회고록 『빌린 사치품*Borrowed Finery*』에서 이렇게 쓴다.

> 스물한 살 생일 2주 후에 나는 딸을 낳았다.
> 나는 딸을 입양 보내기로 하고 병원에 놓고 왔다. 그리고 열흘 후에 입양 중개자이기도 했던 의사에게 가서 딸을 돌려 달라고 말했다. 의사는 이미 법적으로 늦었다고 말했다. 어리고 무지했던 나는 이 거짓말을 진실로 받아들였다. 입양에 관여한 또 다른 의사에게 찾아가 물었더니 유대인 부부가 입양했다고 말했다. 아마도 나를 위로할 요량이었는지 그 의사는 짐짓 명랑한 말투로 말했다. "혼자 여행하는 사람이 가장 빨리 여행하는 법이죠."

팍스가 이 글을 적어 내려가기가 얼마나 고통스러웠을지 느낄 수 있다(이 이야기에는 예기치 못한 반전이 있는데, 입양된 팍스의 딸은 코트니 러브의 엄마가 된다).

(앞으로 더 이야기가 나올) 작가 제니 디스키는 말한다. "남자들은 항상 그런 짓을 하고 있다. 어떤 형태로든 가족을 저버린다. 하지만 게으르고 짧은 생각 때문에, 부분적으로는 약간의 진실 때문에 이 일은 평범한 여자에게 너무 쓰라리다고 말한다. 다만 심장이 굳은 여자만 제외하고."

4 Paula Fox(1923~2017). 미국의 아동 문학 작가

심장이 굳은 사람은 살인자도 강간범도 아니다. 아이를 떠난 엄마다.

1949년 도리스 레싱은 첫 결혼에서 낳은 두 자녀를 남겨 두고 당시 로디지아[5]에서 런던으로 이주한다. 레싱은 셋째 아이 피터를 데리고 『풀잎은 노래한다*The Grass Is Singing*』의 원고가 들어 있는 여행 가방을 갖고 떠났다. 런던에 도착한 후에 소설이 출간되었다(재출간. 로디지아에서 한 번 출간된 적이 있다). 책은 평단의 극찬을 받았고 레싱은 일부의 반대에도 불구하고 지구상에서 몇 안 되는 위대한 여성 문학가의 반열에 올랐다. 결국 노벨문학상도 수상했다.

아들 피터는 죽을 때까지 어머니와 살았고, 두 사람은 2013년 몇 주 간격으로 사망했다. 아이들을 버린 엄마들도 결국엔 아이와 함께하게 되는가 보다.

레싱은 런던에 정착한 지 10년이 지나서 자유로운 인간으로 살아가는 방법을 탐구한 그녀의 가장 유명한 소설 『금색 공책』을 발표한다. 이 책에서는 여러 주제 의식을 다루는데, 그중 여성 예술가의 작품 활동은 물론 그 존재 자체를 원하지 않는 이 사회에서 여성 예술가가 어떻게 살아가야 하는가를 탐색하고 조명하기도 한다.

『금색 공책』은 인간의 자유에 대한 열망으로 가득 차 있고 왜 공산주의가 인간의 관계 문제를 해결하는 데 실패할 수밖에 없었는지도 이야기한다. 무엇보다 수많은 페이지에서 모성의 문제를 다루고 있으며 모성애는 자유를 추구하는 여성의 발목을 잡아끌어 빠뜨리는 일종의 수렁으로 본다.

이 소설은 오늘날의 시각으로 보아도 형식 면에서 근본적으로

5 현 짐바브웨

실험적이다. 여러 권의 책, 즉 공책으로 구성되고 이는 또 색상으로 구분된다. “자유로운 여성들”이라는 제목의 좀 더 관습적인 소설 속 소설이 이 형식을 관통하며, 작가의 분신이라 할 수 있는 애나 울프가 주인공이다. 사실 이 “자유로운 여성들”을 자전적 소설이라 부르는 것이 망설여진다. 레싱이 그것을 승인하지 않을 것이기 때문이다. 아마 무덤에서 뛰쳐나와 호통을 칠지도 모른다.

그럼에도 애나 울프를 자유를 찾아 떠난 도리스 레싱의 경험으로 보고 싶은 유혹은 거부하기 어렵다. 그녀는 아이들로부터, 아프리카의 과거로부터, 예술을 창작하지 못하게 하는 삶으로부터 탈출했다. 세 아이 중 하나만 데리고 탈출했다는 점이 그 도주를 더욱 상상하기 어렵게 만든다. 만약 모든 아이를 버리고 왔다면 남겨진 아이들이 스스로 정당한 이유를 찾으려고 했을 것이다. 그러나 한 명의 아이는 버리지 않았다는 사실이 남은 아이들에게 강력한 메시지를 보내는 셈이 된다. 너희는 그렇게까지 중요하지 않아.

『금색 공책』을 처음 읽었을 때 나는 자유로운 여성 자체였다. 스물한 살이었고 대학을 중퇴하고 호주 뉴사우스웨일스의 황량한 해변에 있는 작은 집에 세 들어 살고 있었다. 나도 이해하지 못하는 이유로 지구 반대편의 머나먼 오지에서 살고 있었다. 그렇다. 솔직히 말하자면 당시 사귀던 남자를 따라간 것이었고, 결국 관계는 얼마 가지 않아 깨졌다. 나에게는 혼자 살 작은 방이 있었고, 공장 창고에서 일하고 남는 시간이 있었다. 나는 마음껏 맥주를 마시고 펑크록 쇼를 구경하고 기차 여행을 하고 책을 쌓아 놓고 읽었다. 독서가 내 천직이었다. 내게 온전히 선택권이 주어졌을 때 가장 잘할 수 있는 일을 천직이라 정의한다면 그랬다.

시간 많은 자유인이 그렇듯이 당시 나는 방대한 분량의 책과 사랑에 빠졌다. 아침에 일어나면 아무 할 일 없는 하루가 나를 맞았고 책에 몰두하면 할수록 더 좋았다. 사실 『금색 공책』도 『안나 카레니나』와의 오랜 씨름을 마친 후 그 넉넉한 분량 때문에 집어 들었을 뿐이었다. 내게는 애나 울프가 마주한 문제가 낯설었다. 약속과 헌신에 관련된 문제였다. 애나 울프에게 그 헌신은 아이, 정치, 미래와 관련이 있었으나 당시 나는 단지 하루의 즐거움에만 헌신하면 그만이었다. 자유라는 개념에는 끌렸지만 내가 제대로 자유를 누리고 있는 것 같지도 않았다. 직감적으로 자유란 더 큰 위험이 따르고 더 큰 보답을 받는 것이어야 했다. 세상의 모든 시간을 갖고 벽돌 책을 읽거나 공짜 기차를 타고 어디선가 열리는 록 콘서트를 다니는 것보다는 더 중대한 일이어야 했다.

책에서 다루는 주제가 내 관심사와는 거리가 멀었지만 이 책을 사랑했다. 일단 내 시간을 잡아먹어 주었다. 또한 도리스 레싱의 분신인 애나 울프에게는 거부할 수 없는 매력이 있었다. 특히 런던 새벽녘에 애인이 침대에 누워 있고 옆방에 어린 딸이 자고 있을 때 애나 울프가 깨어나는 대목에서의 솔직함이 무척 마음에 들었다. 그녀는 자유로운 여자가 되고 싶었지만 쉽지 않았고 위험 부담이 너무 컸다.

> **아마 6시 정도였을 것이다. 갑자기 무릎이 뻐근했다. 내가 마더 슈거에게 '가정주부 병'이라고 말한 것이 나를 꼼짝 못 하게 하고 있음을 깨달았다. 내 안에서 불안이 엄습하고 평화는 사라져 버렸는데 스위치가 켜지면서 생각의 흐름이 바뀌어 버린 것이다. 재닛에게 옷 입혀야지, 아침 먹여야지, 학교 보내야지, 마이클에게 아침 차려 줘야지, 찻잎이 떨**

> 어졌으니 사러 가야지, 기타 등등. 이 쓸모없고 불가피한 긴장과 함께 나를 옥죄는 분노의 스위치가 켜진다. 무엇에 대한 분노일까? 억울함이다. 이 사소한 것들을 하나하나 신경 쓰느라 어마어마한 시간을 소모한다는 데서 오는 억울함.

애나 울프를 잡아먹는 것은 집안일뿐이 아니다. 이 모든 것을 생각하고 기억하기, 즉 오늘날에 감정노동이라 지칭하는 일을 하고 있다. 그녀는 여자/엄마 역할을 해낼 사람이 자기 혼자뿐이라는 사실에 긴장한다. 그녀는 계속 자신의 정신 분석에 대해 생각한다.

> 오래전 마더 슈거와의 상담 중에 원망과 분노가 비개인적이라는 사실을 알게 되었다. 분노는 우리 시대 여성의 질병이었다. 나는 이 병을 여자들의 얼굴에서, 목소리에서, 사무실로 날아오는 편지에서 본다. 여자가 느끼는 감정은 부당한 현실을 향한 원망이고 이 독성 어린 분노는 비개인적이다. 이 병이 비개인적이라는 것을 모르는 운 나쁜 사람들은 분노를 남편이나 연인에게 돌린다. 나처럼 운 좋은 여자는 이에 맞서 싸운다.

이 부분을 처음 읽을 때 나의 미래는 아직 창창하고 모든 가능성에 열려 있었다. 굳이 말하자면 나는 여러 면에서 애나 울프보다 애나 울프의 딸에 가까웠다. 나는 『금색 공책』을 기차에서, 내 수도원 같은 작은 방에서, 애인을 기다리던 펍에서 걸신들린 듯 읽었다. 애인의 호주 억양은 그에게는 그저 평범한 일상이었겠지만 나에게는 이국의 흥분이었다. 그 시절에 나는 『금색 공책』에 나오는 공산주의와 사랑에 관해 게걸스럽게 삼켰지만, 모성에 관한 부분 앞에서는 놀라고 당황했다. 나는 이 책에서 말하는 여자가 될 리 없었다.

그로부터 20년이 흘렀다.

두 번째로 이 책을 집어 들었을 때 나는 두 아이의 엄마였다. 집주인, 요리사, 아내, 정원사, 교사, 운전기사, 청소부였다. 그 무엇보다 자유 시간을 갈망했다. 시간만 충분하다면 글을 쓸 수 있을 터였다. 이번에는 특별히 이 부분에 강렬하게 감정 이입했고 내 인생을 그대로 설명하는 목소리로 들렸다. "여자가 느끼는 감정은 부당한 현실을 향한 원망이고 이 독성 어린 분노는 비개인적이다. 이 병이 비개인적이라는 것을 모르는 운 나쁜 사람들은 분노를 남편이나 연인에게 돌린다. 나처럼 운 좋은 여자는 이에 맞서 싸운다."

그 책을 다시 읽던 시절, 나는 레싱이 말하는 불운한 여자가 될까 봐, 계속해서 이 문제를 개인적인 문제로 삼고 천년 동안 지속된 제도의 특권을 극복하지 못하는 남편 탓을 할까 봐 두려웠다. 이 빌어먹을 설거지가 쌓이는 이유는 나에 대한 사랑과 존경이 부족하기 때문이야.

이것이 바로 레싱이 운이라고 부른 것이다. 분노라는 아내의 병과 싸울 능력, 비개인적인 독이라는 것을 아는 능력. 이 독은 저녁 차리기와 자장가 불러 주기 사이의 풍경을 황무지로 여긴, 〈혹성탈출 Planet of the Apes〉의 한 장면과 버금가게 황량하다고 느낀 여인들에게는 익히 잘 알려져 있다. 한 번도 답답한 기분을 느낀 적 없다는 엄마를 이제까지 단 한 명도 만난 적이 없다. 물론 그들 각각의 상황, 수입, 절박함의 정도에 따라서 다양한 층위의 고뇌와 상실감을 겪을 것이다. 남편이 얼마나 자주 설거지를 하느냐에 따라, 자신의 성격이 얼마나 수용적인지에 따라, 그들의 정치관이 급진적인지에 따라 다르고 그들이 얼마나 두려워하는지에 따라서도 다를 것이다.

하지만 나는 왜 이 상황을 비개인적이라고 받아들이지 못하고 있을까? 다시 말하면 반드시 내 잘못이 아닐 수도 있고, 내 개인적인 문제가 아닐지도 모른다는 생각을 왜 하지 못했을까? 나는 왜 레싱의 운 좋은 사람 중에 하나가 되지 못했을까?

이상한 반복이다. 레싱은 애나 울프를 통해 여성이 일을 하기 어려울 때 느끼는 압박에 대해 목소리를 낸다(그녀에게 진짜 일이란 무엇일까? 예술일 것이다). 이 압박은 결국 한 여성이 두 아이를 다른 대륙에 남겨 두고 떠나게 만든다.

애나/도리스의 모성에 대한 양면성은 『금색 공책』에서 가장 유명한 단락이 될 곳에 드러나 있다. 이 문장은 모성의 거부감과 분리에 대한 완벽한 묘사가 아닐 수 없다.

> **재닛이 방바닥에서 놀다 고개를 들고 말했다. "엄마, 이리 와서 나랑 놀아요." 나는 움직일 수 없었다. 잠시 후 의자에서 억지로 몸을 일으켜 딸 옆에 앉았다. 그 아이를 보며 생각했다. 내 아이네. 내 살과 피. 하지만 그렇게 느껴지지 않아. 재닛이 다시 말했다. "같이 놀아요, 엄마." 나는 마치 동작을 수행하는 기계처럼 나무 블록을 쌓아 집을 만들었다. 바닥에 앉아 있는 내가 보였다. '어린 딸과 놀고 있는 젊은 엄마'라는 그림 안에 있었다. 영화의 한 장면, 사진 속에 있는 한 사람과도 같았다.**

좋은 문학 작품이, 아니 좋은 글 한 편이 해야 할 일은 내가 느껴야 할 것 같은 감정이 아니라 실제로 느끼는 감정과 살아 있는 경험을 대신 드러내 주는 것이다. 어쩌면 제2의 물결 페미니즘의 의식 고양 모임도 바로 이 개념을 기반으로 한다고 할 수 있다. 당신이 정말 느끼는 감정을 말해 보면 어떻습니까? 혁명적인 행동이 될 수도 있지 않을까요? 어쩌면 부분적으로는 누가 말하는지에 따라 다르다고도 생각한다. 레싱은 이 부분에서 중요한 일을 해냈다. 대체로 가사 노동에 시달리는 익명의 여성들에게는 이렇게 직접적으로 느낀 경험의 진실을 밝히는 것이 중요하다.

내가 사기꾼 같다는 느낌, 엄마 역할을 거부하고 싶다고 말하는 이 조용한 목소리, 그 경험 속에서 나도 살았다. 수년 동안 나는 충분히 좋은 엄마가 아니었고 현재도 아니라는 공포 속에서 살고 있다. 이 역할에 내 존재 전부를 던져 넣을 수 있었다. 내 안의 예술가 자아, 어쩌면 진정한 자아, 완전히 선하다고만은 할 수 없는 이 자아를 구석에 밀어 둘 수 없었다. 아마 그래서 딸이 세 살 즈음일 때 아이와 놀 때마다 나 자신에게 뇌물을 주었을 것이다. 제발 눈 딱 감고 좋은 엄마처럼 행동하라고 나를 살살 달랬다. 하지만 가끔은 내 안의 애나 울프가 튀어나오는 것을 막을 수 없었다. 기계, 영화의 한 장면, 사진, 시뮬라크르, 잘린 가지, 타자, 분열된 자아.

분열된 자아는 다른 여성 예술가들에게서도 흔하게 찾아볼 수 있는 이야기다. 레싱의 이야기는 진 리스나 앨리스 워커 같은 다른 위대한 작가의 삶에서도 메아리처럼 울린다. 사실 레싱의 개인적 경험은 예술적 스타일과 프로젝트가 완전히 다른 동시대 다른 여성 작가와 놀랍도록 유사하다. 뮤리얼 스파크는 1940년대에 가까스로 이혼하고 로디지아에서 런던으로 이주했다. 그녀는 다음과 같이 썼다. “나는 목숨을 걸고 탈출했다. 내가 이혼을 고집하지 않았다면 무슨 일이 일어났을지 신만이 아신다.” 폭력적이었을 거라 예상되는 그녀의 남편은 결국 정신병원에 입원했다(하지만 내가 지금 그녀를 위해

변명하거나 변호하는 것처럼 느껴진다).

스파크는 자신의 자유에 더 큰 명분을 만들어 내는데, 아들 로빈을 자신의 부모에게 맡기면서 이렇게 말하기도 한다. “우리 아들이 나의 부모님과 함께 에든버러의 안정된 보금자리에서 지내게 되어 너무나 다행이고 안심이다. 아버지는 나의 아들에게 세상에서 가장 좋은 두 번째 아버지가 되어 주었다.”

그녀의 전기 작가인 마틴 스태너드는 스파크의 육아 포기에 대해 이렇게 말한다.

> **뮤리얼은 시릴 코널리의 『약속의 적들』(1938)에서 묘사한 “복도의 유모차” 증후군의 희생자가 된 적이 없었다(내가 말하지 않았나. 피할 수 없다). 그녀의 ‘유모차’, 즉 가사와 육아의 의무는 다른 사람의 복도에 놓였다. 만약 그 유모차가 예술의 진척을 방해했다면, 이 족쇄는 양도되어야 하고 그 양도가 ‘가족/가정일이라는 영원한 화학 반응’으로부터의 이혼을 의미한다면 그 일을 해야 했다. (…) 그녀는 자신의 소명 의식에 이끌렸을 뿐이다. 그리고 누구에게도, 그 무엇에도 휘둘리지 않고 남은 인생을 과거에 대한 후회와 한숨으로 보내지 않을 수 있었다.**

스태너드는 비난을 완전히 거두지 않고 스파크의 발밑에 살짝 내려놓은 것 같다. 나만 그렇게 느끼는 건지 모르겠지만 그 “족쇄” 부분이 약간 비꼬는 말투라고 느껴지지 않는가? 그리고 “자신의 소명 의식에 이끌렸을 뿐”이라는 부분도 그렇다. 고갱이 배를 타고 타히티로 떠날 때, 아내와 아이들은 해안가에서 손을 흔들고 있었다. 그의 소명 의식은 순풍처럼 그를 등 뒤에서 밀어주었었다.

만약 집에서 일을 하는 어떤 사람에게 행운과 자본과 도움이 있다 해도, 육아와 글쓰기는 엄중하게 직교의 관계이고 두 힘은 끊임없이 서로에게 대항한다.

처음 여자 괴물들을 생각할 때 가장 먼저 앤 섹스턴이 떠올랐다. 그녀는 하르피이아[6]의 어머니로 새된 소리를 지르고 발톱을 세우고 급강하하는 여자 시인이었고, 아이들보다 자신의 신경증을 더 소중히 여기는 주부 예술가였으며, 그 자녀들은 어머니의 무시무시한 창조성의 제단 아래서 희생되었다. 섹스턴은 미국 문학사에서 대단히 명예로운 시인 중 한 명이었으나 근래에는 딸인 린다 그레이 섹스턴의 자극적인 회고록 『머시 스트리트를 찾아서*Searching for Mercy Street*』 때문에 더 회자되고 있다. 그런데 시인의 명예라는 것이 있기나 할까? 이는 나비의 직구 속도를 측정하려고 노력하는 것과 같지 않을까?

섹스턴이 사망한 후에 린다 그레이 섹스턴은 어머니의 상담 내용이 담긴 테이프를 발견한다. 그중 일부인 이 녹취록에서는 섹스턴 또한 애나 울프에서 파생된 버전이었음이 드러난다. 그녀의 괴롭고 모호한 양가감정은 격렬하게 끓어오른다. 만족하지 못하는 엄마-예술가로서의 폭발음은 최대 볼륨까지 올라간다. 다음과 같은 부분을 보자.

> **나는 술을 퍼마셔요. 그게 나를 때리는 방법이니까.**
>
> **그러다 린다의 궁둥이를 때리기 시작했고 조앤이 내 얼굴을 때렸어요.**
>
> **3주 전에는 성냥을 가지고 린다의 방으로 들어갔어요.**

---

6 그리스 신화에 나오는 괴물

> **내게 글쓰기는 아이들만큼 중요하단 말입니다.**
>
> **린다가 너무 미워서 얼굴을 찰싹 때리고 말았어요.**

이 텍스트는 너무 강하고 완결성이 있어서 글이 아니라 괴로움 속에서 한 말이었다는 사실을 잊게 된다. 이는 참을 수 없어 터져 나온 진실한 고백이다. 나를 때리기 위해 술을 퍼마신다는 표현은 한번 들으면 잊기 어렵다. "3주 전에는 성냥을 가지고 린다의 방으로 들어갔어요"라는 부분은 시나 단편 소설이나 오페라 등의 첫 문장으로 사용해도 손색이 없을 만큼 시선을 사로잡는다.

하지만 중얼거림 중간에 묻힌 "내게 글쓰기는 아이들만큼 중요하단 말입니다"라는 이 한 줄이야말로 가장 큰 위반으로 느껴질 수 있다. 진실일까? 아니면 섹스턴이 상담 시간에 종종 그랬던 것처럼 말하지 못하는 것을 말하는 재미에서 한 말일까?

나는 이 부분을 읽자마자 내 앞에 도전장이 떨어진 기분이었다. 나 또한 내 글쓰기가 아이만큼 중요하다고 믿었을까? 그렇게 믿은 적은 없었다. 하지만 한 번쯤 생각해 보는 것, 한 번쯤 말해 보는 것은, 한 번쯤 이 문장을 입속에서 올리브처럼 굴려 보는 것은 중요하다고 생각했다.

내게 글쓰기는 우리 아이들만큼이나 중요해. 생각하는 것만으로도 구토가 나올 것 같았다.

오직 두 부류의 사람만이 순수하게 착해야 한다고 요구받는다. 엄마와 어린이다. 우리는 착한 소년, 착한 소녀, 착한 엄마라고 부른다. 이 단어를 다른 집단에 이다지도 쉽게, 이다지도 자연스럽게 적용한다는 것은 상상할 수 없다. 나는 가끔 내가 착함이라는 개념에 사로잡혀 있다고 느꼈다. 좋은 엄마가 되고 싶은 욕구는 강력한 갈망이기도 했다. 이 개념의 핵심에는 무언가 굉장히 순수한 것, 평범하고 단순하고 좋은 인간의 상호 관계라는 것이 있다. 그저 이 귀여운 딸에게 약간의 관심을 주고 재미있게 놀아 주는 것을 의미하는 것이다. 귀여운 곱슬머리와 볼록 나온 배에 꼬질꼬질한 레이스가 다닥다닥 붙은 드레스를 입은 여자아이에게 그렇게 못해 줄 것이 뭐가 있을까? 그러나 내가 되어야 할 것만 같은 사람이라는 개념과 그 순간에 내가 느끼는 도피하고 싶은 감정 사이에는 어마어마한 간극이 있다. 좋게 말해서 지루함이라 말할 수 있는 무기력한 기분, 하지 못한 일만 생각하다가 친구들과 도망가고 싶다는 욕망을 불쑥 느끼는 상태다. 나의 내적 삶은 좋은 엄마의 뇌에 있는 그림과는 전혀 맞지 않았다.

그런데 좋은 엄마의 뇌는 어떻게 생겼다는 거지? 달콤한 설탕 덩어리로 만들어져 있을까? 뇌엽절리술을 받은, 균질하고 불투명한 덩어리인 걸까?

(만약 내 아이가 지금까지 예의 바르고, 재미있고, 생각 깊고, 똑똑하고, 성실한 사람으로 자랐다면 그것은 나의 욕망을 포기했기 때문일까? 아니면 내 관심사가 다른 곳에 있었는데도 불구하고 이렇게 된 걸까? 알 방법은 없다.)

무엇보다 중요한 건 좋은 엄마는 집을 떠나지 않는다.

나는 비행기를 타고 집을 가출하는 상상을 즐겨 하지 않는다. 내 머릿속에 몇십 년 동안 자리 잡고 떨쳐 버릴 수 없는 노래처럼 귓가에 맴도는 문장이 하나 있는데 다음과 같다. “엄마가 된다는 건 언제나 돌아간다는 것을 의미한다.” 이 말을 우울하게 해석하자면 꼼짝없이 갇혔다는 이야기다. 나는 엄마의 역할에 갇혔지만 엄마로서 산 인생 또한 내 생애 다른 무엇보다 사랑해 마지않았다. 문제는 위에서 말한 것처럼 엄마가 된다는 것과 예술가가 된다는 것은 직교라는 점이다. 어떻게 이 두 가지를 이인용 자전거처럼 끌고 갈 수 있을까(커다란 아기인 내가 장난감 두 개를 집어 하나로 합치려고 애쓰는 장면을 상상한다)?

애나/도리스—저세상에 계신 도리스 여사님, 자꾸 이 둘을 통합하려는 저를 용서해 주시길—는 아이와 함께 갇혔다는 느낌을 너무나 실감 나게 묘사한다. 하지만 도리스 레싱은 아이들을 버리지 않았었나? 그 사람이 엄마이자 작가로 사는 사람의 피로와 무기력을 어떻게 알지? 하지만 사람의 일은 그렇게 간단히 판단할 수 없다. 앞서 말했지만 레싱은 아들 피터만큼은 영국으로 데려갔다. 또한 다른 양육 관계에 손을 내밀기도 했다. 1963년 불우한 한 소녀를 양녀로 삼는데 이 소녀는 이후 작가 제니 디스키가 된다. 디스키는 레싱의 수양딸로 지내던 시절에 관한 센세이셔널한('자극적'과 '훌륭한'이라는 두 의미를 포함한) 에세이를 『런던 리뷰 오브 북스*London Review of Books*』에 발표한다. 그리고 이 글들과 자신의 암 투병기를 모아 『감사하는 마음으로*In Gratitude*』라는 다소 불길한 제목의 책을 출간한다(이 제목이 왜 불길한지 모르겠다면 얼른 두 단어를 붙여 발음해 보자[7]).

레싱과 디스키의 관계는 레싱이 양육에서 느끼는 복잡한 양가감정, 인생을 구획화하는 능력, 모성을 향해 느낀 절대적 공포에 대해 많은 것을 말해 준다.

디스키는 쓴다. "내가 정확히 언제부터 도리스 레싱의 집에서 살았는지 기억나지 않는다. 내 생각에 1963년 2월 초 실비아 플라스

7 gratitude는 고마움, 감사함이라는 뜻이지만 ingratitude는 은혜를 모른다는 뜻이다.

가 자살한 지 불과 몇 주 후였던 것 같다. 자살에 대한 충격이 여전히 생생해 도리스의 친구들 사이에서 화제였다.” 그해는 『금색 공책』이 출간된 다음 해였다.

레싱이 디스키를 수양딸로 삼은 경위도 불분명하다. 디스키는 레싱의 아들 피터와 동급생이었지만 어떤 식으로든 친하지 않은 것 같다. 디스키의 부모가 딸을 돌볼 형편이 되지 않아 디스키는 도리스 레싱의 집에 와서 같이 살았다. 디스키가 말하길, 레싱은 훗날 디스키도 안타까운 상황에 처한 젊은이에게 똑같이 베풀라는 당부만 했다고 한다. “레싱의 제안은 누군가를 위해 시간을 내어 주는 일이라기보다는 능력과 필요를 기준으로 한 행운의 적절한 분배 같았다.” 레싱의 좌파적 원칙은 그만큼 뿌리 깊게 자리하고 있었다.

레싱은 확실히 자신을 디스키의 구세주로 여긴 것 같다. “(레싱은) 내가 십 대를 벗어나기 전에 집에 오지 않았다면 분명 죽었을 거라고 단호하게 말했다.” 레싱이 개입하지 않았다면 그랬을 것이라는 뜻이다. “레싱에게 여자의 임신과 결혼, 여기에 더해 마약 중독자가 되는 것은 인생이라고 할 수 없었다. 사실 나와 다른 젊은 여자들에 대해서라면 젊은 여자의 ‘임신’과 ‘결혼’은 곧 ‘죽음’의 다른 말이나 마찬가지였다.”

『금색 공책』의 저자이며 자녀 양육에서의 영혼의 소멸을 적나라하게 묘파한 여인은 실생활에서 모성과 죽음을 혼동하고 있었다. 디스키의 말을 들으면 레싱은 이 세상 그 무엇보다 임신을 가장 두려워한 것으로 보인다.

디스키는 그 집에서도 여전히 반항적이고 제멋대로였다. 레싱은 디스키를 쫓아내고 연락을 끊었으며, 결국에는 “크리스마스 목록에서 그녀를 지웠다.” 레싱의 눈에 디스키의 범죄는 일종의 예비 엄마라는 위치에서 벗어나지 않고 언제든 임신할지도 모른다고 위협하는 존재였다. "거침없이 위험하게 사는 데다 활동하는 자궁을 가진 여자는 무엇이든 할 수 있다. 자칫 마약을 할 수도 있다. 희망이 없다. 끔찍한 실망이다. 잘못된 실험이다."

기본적으로 레싱은 디스키가 잠재적 모성을 지녔다고 비난했다. 레싱에게 모성이란 그런 정도였을까? 인간에게 일어날 수 있는 최악의 저주였을까? 누군가를 키우고 돌보는 것이 그렇게까지 지옥 같은 일인가?

그렇다면 레싱은 왜 그 일을 계속했는가?

디스키는 엄마로서 레싱의 부족한 점에 대해 날카롭게 지적한다. "내가 볼 때 도리스가 셋째 아이만 런던에 데려오고 나머지 두 아이는 아버지에게 남겨 둔 행동에서 가장 흥미로운 점은 그렇게 하려고 세상 반대편으로 건너와야 했다는 점이다. 내 관점이지만, 이것은 도리스가 자기 자신과 달갑지 않은 진실 사이에 최대한 거리를 두려는 사례였다." 그녀는 도리스가 살아온 진실, 자신의 작품을 끝까지 쓰기 위해 아이들을 두고 와야 했던 진실을 이야기한다.

디스키는 계속 말한다. "나 또한 페미니스트이자 엄마다. 여성이 그런 시대, 그런 장소에서 탈출하여 자유를 찾아 자신이 원하는 삶을 살고, 자신의 열정을 충족하고 강력한 창작의 욕구를 실천하려는 결단력에 박수를 보내고 싶다." 하지만 디스키는 도리스가 떠난 동기에 대해 계속 궁금해한다. 애나 울프, 곧 레싱이 『금색 공책』의 가장 유명한 구절에서 남긴 정치적 시각은 무시하는 것이다. 디스키는 레싱이 아이 둘을 버리고 온 행위를 정치적이라기보다 개인적 이유로 보고, 그녀 특유의 대담하고 독특한 글쓰기 스타일을 이용해 죄책감 없이 묻는다.

> 고의적이었을까? 예술을 위해 반드시 필요했을까? 예술 작품이 완성되기 위해 다른 사람들이 고통을 감내해야 할까? 잘 모르겠다. 갇혀 있다는 느낌은 나 또한 잘 알고 가끔은 우리가 일을 하기 위해 집이 아닌 다른 곳에 있어야 한다는 사실도 알지만, 그렇다고 해서 내 꿈을 성취하기 위해 클로이를 영원히 떠난다는 건 상상조차 할 수 없다. 어쩌면 내가 겁쟁이라서일지도 모르고 도리스는 내가 그저 운이 좋아서 도망갈 필요가 없다고 말할 것이다. 다행히 나는 가르치는 일로 먹고살 만큼 충분할 돈을 벌고 있기 때문이다.

여기서 다시 운이라는 정치적 개념이 등장한다. 먹고살 충분한 돈이 있는 사람들은 누구인가? 글을 쓰기 위해 필요한 시간을 감당할 수 있는 사람은 누구인가?

예술은 보통 자발적인 활동으로 비춰진다. 당신이 선택할 수 있는 여러 아이템 중 하나이며, 당신의 가용 자원과 시간에 따라 우선시할 수도 있고 생략할 수도 있는 업으로 보인다. 가족의 긴급한 상황과 균형을 맞춰야 하는 항목이다. 하지만 당신이 예술가이고 언제나, 항상 아이들의 욕구만을 가장 먼저 채워 주려고 한다면, 언젠가는 당신의 욕구가 고개를 들고 목소리를 낼 것이다. 그리고 어느 날 이런 질문을 할 것이다. 나는 그 잃어버린 세월 동안 무언가 만들 수 있지 않았을까? 이런 질문도 할 것이다. 그런데 너무 늦지 않았을까?

실제로 늦었을 수도 있다. 많이 늦었을 수도 있다. 아이가 어렸을 때는 시간이 필요했을 수도 있다. 예를 들어 변호사나 교수 같은 다른 직장인들이 경력을 쌓기 위해 반드시 그 기간이 필요한 것과 마찬가지다. 다른 노동자들이 생계를 유지할 돈을 벌기 위해 그 시간이 필요한 것과 똑같다.

우리는 마음속으로라도 일하러 가는 엄마를 처벌해서는 안 된다.

마파는 일종의 루르드[8]였고 이곳의 생수는 예술이었다. 이 도시는 예술과 창작을 진심으로 진지하게 여겼다. 물론 그렇기 때문에 이색적이고, 그렇기 때문에 흥미진진한 곳이자 안식처가 되기도 한다. 나는 엄마에게 전화해서 말했다. "엄마 여긴 그냥 리조트 같아요. 물론 스포츠는 누가 누가 똑똑한가 겨루기지만."

처음 마파로 이주해 이 도시를 완전히 개조한 사람은 조각가 도널드 저드[9]였다. 뉴욕의 소란스러움에 지친 그는 웨스트 텍사스의 소도시에 들렀다가 마을 가장자리에 있던 폐쇄된 육군 기지를 매입했다. 이제 그의 도시는 모순의 도시가 되었다. 당시에 마파는 그만의 평범한 소시민의 일상이 있는, 학부모 회의와 약국 심부름과 금요일 밤의 불빛과 트럭을 타고 일하는 사람들의 도시이면서 예술가들의 순례지이기도 했다. 저드는 1994년에 사망했지만, 그의 육군 기지 건물은 그의 작품과 친구들의 작품이 전시된 아름다운 장소로 변모했다. 벙커 여러 채에는 댄 플래빈[10] 작품들이 전시되고, 천장이 높은 두 개의 격납고에는 저드의 〈100개의 알루미늄100 Untitled Works in Mill Aluminum〉이 전시되어 있다. 전 세계 사람들이 이 작품들을 보기 위해

8 Lourde. 가톨릭교회가 공식적으로 인정한 프랑스 남서부의 성모 발현지 도시

9 Donald Judd(1928~1994). 1960년대 미국 뉴욕에서 시작된 미니멀리즘을 대표하는 작가로 분류되었으나 저드는 스스로 미니멀리즘 작가로 불리기를 거부했다.

10 Dan Flavin(1933~1996). 빛을 활용한 '라이트 아트light art'를 보편적인 미술 사조로 확립한 미국 미술가

이곳을 찾는다. 몇 번이나 비행기를 갈아타고 엘패소에 도착해 리오 그란데강을 따라 두 시간가량 차를 몰고 좌회전하여 한 시간을 더 달려야 이곳에 다다를 수 있다. 개인 경비행기를 타고 오지 않는 한 이 경로밖에 없다.

어떤 경우건 마파는 비슷한 생각을 하는 영혼들로 채워진 장소가 되었다. 예술품 구매자들이 오갔고, 도시 일부는 무엇이 되었건 무언가를 간절히 만들고 싶어 하는 따뜻한 괴짜 예술가들과 작가들의 화기애애한 거주지가 되었다.

나도 마파에 있었다. 가족과 떨어져서 그 예술가들 중 한 명으로, 다른 사람을 돌보는 역할이 아니라 내 작품에 의해 정의되는 사람으로 그곳에 있었다. 나도 무언가를 내주지 않고 가져가는 사람이었다. 시간을 갖고 집을 갖고 재정적 자원을 가졌다. 무언가를 가진 사람이 된다는 것은 약간은 외롭고 버겁기도 한 일이었다. 내가 나를 내주지 않으면 유용하지 않을 텐데, 그럼에도 내가 사랑받을 자격이 있을까? 아, 지겹고 뻔한 질문이다.

다시 말해서, 마파에서의 내 행운은 믿어지지 않을 정도로 좋았다. 내가 원하고 원할 수도 있는 모든 것을 갖고 있었다. 아름다운 집, 충분한 식비, 오직 나를 위한 시간, 바란 것 이상의 햇살이 있었다. 그래도 이 안에서는 완전히 긴장을 풀지 못했다. 그곳에 있어야 한다고 요청받은 자아는 시시각각 흔들리고 불편해했다.

마파는 혼란스러운 장소였다. 그곳에서 나는 어떤 사람인지 알 수 없었다. 갑자기 아내 아닌 사람, 엄마 아닌 사람이 되었다.

나는 받기만 하는 사람이 되었다. 엄마 이상의 어떤 사람, 자아가 있는 사람이었다. 마파에서는 보살핌을 받았고, 그렇기에 오직 작가가 되었다. 필요하다면 새벽 4시까지 실존적 고민을 하며 깨어 있을 수 있었고, 다음 날 늦은 점심으로 엔칠라다를 먹을 수 있었고, 나의 작가 자아로만 사는 것이 지친다고 말할 수도 있었다. 나는 내 텅 빈 생활, 내 텅 빈 시간들을 좋아한다는 사실을 깨달았다. 어린 시절 이후 처음으로 네모난 햇살 조각이 바닥을 가로질러 가는 광경을 지켜보았다.

이것들이 나의 아이들과 함께 있는 시간만큼 중요할까? 그것과 이것을 어떻게 측정할 수 있을까?

사실은 그 밑에 이런 질문이 깔려 있다. 이런 식으로 며칠, 몇 주, 몇 달을 보내면 아이를 버린 것이 될까? 만약 내가…… 집에 돌아가지 않는다면? 만약 내가 엄마인 나와 내가 되고자 하는 예술가 사이의 거리에서 머물다가 미쳐 버린다면 어떻게 될까?

아들이 보고 싶었고, 내가 어딘가 고장 난 사람처럼 느껴졌다. 다시 아들이 보고 싶었고 나는 행복해졌다. 내 팔로 아들을 꼭 끌어안고 싶었다. 그와 동시에 트럭을 잡아타고 멕시코로 떠나는 공상에도 빠졌다.

지평선이 서서히 바뀌고 있었다.

정확히 어떻게 해야 아이를 떠난 것이라 할 수 있을까? 아이를 버리고 떠난 엄마는 괴물이라고 주장하는 순간부터 이 질문이 떠오른다. 기자의 아내처럼 짐을 싸고 서부를 횡단해 아이들을 가끔 명절에만 보거나 아예 보지 않는다면 버린 것이라 할 수 있을까? 아이를 얼마나 오래 보지 않아야 유기한 엄마가 될까? 아이를 잠시 보지 않고 문을 닫아 버리면 나도 아이 버린 사람이 될까? 아니다, 그렇지 않을 것이다. 그건 너무 터무니없다. 하지만 하루 종일, 매일, 저녁 시간을 건너뛰고 남은 시간도 아이와 함께하지 못한다면, 내가 아는 남자 작가들처럼 몇 달 혹은 1년 내내 프로젝트에 몰입하기 위하여 집을 비운다면 어떨까? 일주일 동안 작가 집필실에 간다면? 한 달이라면? 1년이라면?

그냥 출근을 한다면 어떨까?

아이를 버린다는 것에 대한 개념 또한 연속체 위에 존재한다. 나는 매우 바쁘게 사는 성공한 인권 변호사 친구에게 아이 버린 엄마들에 대한 챕터를 쓰고 있다고 말했다.

"그런 엄마들 싫지!" 그녀가 말했다. 그녀는 감정을 주체하지 못해 길게 말하지도 못했다. 윤리적 사고라기보다는 도덕적 감정이었다.

그러다 잠깐 말을 멈추었다. "하지만 나는 섬에 사는 전업주부 엄마보다는 아이 버린 엄마로 인식될 것 같네." 친구는 매일 우리 섬에서 페리를 타고 도시로 출근해 정부 기관에서 일을 한다.

그녀는 이에 대해 더 생각했다. "진짜 아이 버린 엄마는 아이와 떨어져 사는 엄마 아니야? 그러니까 나는 아이 버린 엄마라고 할 수 없겠네." 하지만 이렇게 말하는 친구의 말투에서 약간의 불안과 짜증이 느껴졌다. 자신을 판단하는 다른 엄마들의 합창 소리가 우리 섬의 자갈 해안과 울창한 숲 위에서 떠다니는 것처럼 들린 것이다.

친구는 아이 버린 엄마가 연속체에 있는 개념임을 돌려 말하고 있었다. 이 개념은 스펙트럼 위에 있다.

다음은 아이 버린 엄마로 매도당할 가능성이 있는 행동들이다.

서재나 작업실의 문을 닫고 아이를 들어오지 못하게 한다
나 아닌 배우자가 아이의 주 양육자다
아이를 조부모나 유모나 베이비시터에게 맡긴다

아이를 어린이집에 맡긴다
한 번에 며칠, 몇 주, 혹은 몇 달 동안 출장을 간다
이혼을 하고 다른 부모가 주 양육자가 된다
아이를 조부모가 키운다
집을 나간다
어쩌면, 출생 직후 아이를 입양 보낸다

당신만의 목록도 첨가하시라! 아마도 우리 각자는 위의 목록을 읽다가 어느 문장에 줄을 그으면서 이렇게 말했을 것이다. 바로 여기부터가 아이를 버리는 것이다. 당신은 어디에 줄을 그었는가? 어린이집에 보낸 것? 양육권을 넘긴 것? 집을 나간 것? 왜 그곳에 선을 그었는가? 윤리적 사고인가, 도덕적 감정인가?

여기서 하나 짚고 넘어가야겠다. 위의 행동에서 어떤 것도 남자가 할 경우에는 유기 행위로 간주되지 않는다. 이 문제의 남자가 예술가라면 더욱 그렇다. 제니 디스키가 제대로 지적했듯이 남자들은 항상 그렇게 하고 있다.

남자들은 자신의 예술을, 혹은 무엇이건 추구하기 위해서 아이들을 너무 자주 떠나기 때문에 특별히 주목받지도 않는다. 그들의 작품을 감상하는 우리의 경험을 훼손할 정도의 괴물적인 행동으로 비치지 않는다는 건 확실하다. 하지만 나는 레싱을 약간 흐린 눈으로 바라본다. 그녀의 작품을 감상하는 내 경험은 약간 바뀌었으며, 그녀의 괴물성을 인식한 뒤에는 그녀에게도 약간의 얼룩이 생겼다. 그러면서 궁금해진다. 그녀의 냉철한 지성이 아이를 저버린 냉정한 심장과 연결되어 있는 것은 아닐까? 내 의견이 옳다는 것이 아니라 그런 생각이 스쳐 갔다는 것이다. 다시 말하지만 얼룩은 이런 식으로 작동한다.

그렇다면 한 여성이 섹스턴처럼 자신의 예술이 중요하다는 것을, 어쩌면 아이만큼이나 중요하다는 것을 인식하기 시작한다면, 그 여성은 무엇을 해야 할까? 미쳐 버릴까? 보모를 구할까?

엄마-예술가에게 아이를 버리는 것이 하나의 선택권이 될 수 있다는 것을, 아이를 목숨처럼 사랑하는 엄마도 그럴 수 있음을 서서히 알아가기 시작한다. 어쩌면 너무 급진적인 생각이지만, 아이를 목숨처럼 사랑하는 엄마라면 더욱 그럴 수 있다.

생각은 여기서 한 걸음 더 뻗어 나간다. 젊은 예술가, 젊은 여성 예술가가 애초에 아기를 갖지 않는 편이 낫다는 생각을 하면 얼마든지 용서받을 수 있다. 당신이 그저 일하러 나간다는 이유로 아이를 유기했다는 비난을 받는다면, 그리고 더 중요하게는 당신이 이 비난을 필연적으로 내면화하게 된다면, 아이는 생략하고 곧바로 예술로 직행하는 편이 더 나을 수 있다.

여성에게 예술적 자유(자유 옆에 방점 하나를 찍고 싶다)는 대개 임신 문제와 연결되어 있다. 아주 어렸을 때도 독자로서 이를 직감했다. 나는 고전 소설의 열렬한 팬이었는데, 고전 소설에서 주인공의 임신은 심심치 않게 맞닥뜨리는 줄거리였다. 『테스*Tess of the D'Urbervilles*』와 『애덤 비드*Adam Bede*』 등이 그러했다. 주인공이 임신할 때마다 가슴이 조여드는 기분이 들었다. 그때부터 독서 체험은 갑자기 지루해져서 시들해지기도 했다. 이제 주인공은 삶의 선택권을 잃을 것이다. 그녀의 세상은 집이라는 네 벽으로 축소될 것이다. 여기서 어떤 플롯이 나올 수 있는가? 나는 책을 읽다가 중간에 덮어 버리는 성격이 아니었다. 책에 한번 사로잡히면 끝까지 사로잡혔다. 하지만 이런 줄거리를 만나면 연달아 하품을 하고 몸을 배배 꼬았다. 나를 끌고 가던 강력한 힘이 그저 죽어 버렸다. 임신한 여자에게 누가 관심이 있지? 일단 나는 아니다.

어렸을 때는 이렇게 보았다, 아니 느꼈다. 임신은 선택권의 사망을 정의한다. 이 판단에 대해서는 심정적으로 확고했다. 도리스 레싱이 제니 디스키에게 받은 느낌과 비슷했다.

지금도 나는 누군가 임신을 하면 이야기에 대한 관심이 도중에 식는 것을 느낀다. 엄마로 사는 것을 무척이나 좋아하는 사람으로서 이런 말을 한다. 심지어 나는 임신 기간도 즐겼다. 하지만 독자로서 임신은 심장을 철렁 내려앉게 한다. 임신은 서사의 종말이다. 모든 문이 한꺼번에 닫힌다. 앞으로 네 인생의 선택권과 영영 작별할 작정이야? 임신한 등장인물에게 이렇게 소리 지르고 싶다.

엄마됨은 나에게 일어난 가장 위대한 일이었다고 말한다면 그것은 선택의 여지가 있었기 때문이지 선택의 여지가 있었음에도 불구하고는 아니다. 나는 선택을 해야 했다.

여성 로큰롤 가수의 이야기는 아이를 떠나기로 선택한 여성의 이야기라 할 수 있다.

1965년 조니 미첼은 스물한 살 미혼 상태에서 임신을 했다. 미첼은 예술대학 학생이자 포크 가수 지망생으로 팬들도 하나둘씩 늘려 가던 참이었다. 그녀는 아이를 낳되 입양을 보내기로 결심했다. 임신 중절과 아이 양육은 고려하지 않았다. 미첼은 캐나다 시골 출신인 부모가 혼전 임신을 어떻게 받아들일지 가장 두려웠다. 아이는 위탁 가정에 맡겨졌다. 그리고 아기 켈리(켈리 그린의 그 켈리다)[11]는 새로운 가정에서 카일로런이라는 새 이름을 얻었다.

미첼의 명반 〈블루Blue〉에 실린 곡 'Little Green'에서 미첼은 아기를 포기한 자신의 사연을 노래한다.

> **아기를 가진 아기가 지친다.**
> **집으로 거짓말을 보내느라**

이 노래는 미첼이 당시 실제로 느끼지 못한 평온함을 가장한다. 그녀는 젊은 자신에게 노래한다. "너는 슬프고 미안해하지만 부끄럽지는 않아." 가수는 자신이 부끄럽지 않다고 주장하지만, 은유와 위장에 의지하는 이 노래의 간접적 표현 방식을 고려하면 그 주장은 거짓말일지도 모른다. 실라 웰러는 미첼, 캐럴 킹, 칼리 사이먼의 전기인 『걸스 라이크 어스*Girls Like Us*』에서 다음과 같이 쓴다. "조니는 아기 입양 사연이 폭로되면 가수로서의 평판과 장래에 해가 될까 봐 걱정했다. 저항 정신의 세대인 1960년대 록 신에서도 젊은 여자 가수는 대중이 알지 못하는 고통스럽고 낭만적인 과거 때문에 받을 징벌을 두려워했다."

아기를 포기하면서 미첼은 본인에게 필요한 만큼 더 이상해지고 더 멋있어지고 가끔은 덜 멋있어지기도 했었다. 아기 없이 그녀는 인기 스타를 넘어 위대한 아티스트가 되는 그 어려운 일을 자유롭게 해낼 수 있었다.

그리고 이는 실현되었다. 수많은 남자 록 가수처럼 미첼은 예술적 야망과 앨범 판매량을 하나로 합칠 수 있었다. 대부분의 여성 아티스트와 달리 그녀는 인기 스타와 예술가라는 두 타이틀을 동시에

---

11 켈리는 아일랜드의 흔한 이름이며, 아일랜드의 녹지를 연상하게 한다고 하여 켈리 그린이라는 색명이 있다.

얻을 수 있었다. 카녜이 웨스트가 묘사한 록스타를 기억하는가? 아티스트란 명성의 한 측면으로 국한되지 않는 온전한 인간이다. 조니는 그런 종류의 록스타, 예술가이자 상업적으로 성공한 가수가 되었다. 성상파괴주의는 그녀의 정체성의 핵심이었다. 그녀는 속박이 없었기 때문에 까다롭고 문제적일 수 있었다. 즉, 이는 여성이면서 창의적이기 위한 암호다.

예술가로 살고 싶다는 열망으로 인해 그녀는 평화로운 가정생활과 사람 좋아 보이는 사랑하는 남자를 떠나기도 했다. 미첼은 그레이엄 내시와 헤어지면서 본인이 직접 지은 유명한 로럴 캐넌의 목가적인 삶을 버렸다. 둘은 수많은 잡지 사진의 모델이 된 놀랍도록 예쁜 집에서 함께 살았고, 이 집은 크로스비, 스틸스, 내시 & 영의 대표곡 'Our House'의 영감이 되기도 했다. 그녀의 전기 작가 데이비드 야페와의 인터뷰에서 그녀는 말한다. "나 스스로 가능할 줄 몰랐던 방식으로 그레이엄에게 마음을 바쳤고 그 사람은 나와 결혼하고 싶어 했다. 처음에는 승낙했는데, 자꾸 생각이 났다. '우리 할머니는 좌절한 시인이자 뮤지션이었어. 할머니는 경첩이 부서질 때까지 부엌문을 차 버리기도 했어.' 어쩌면 나는 그 일을 해낼 수 있는 유전자를 갖고 있는 사람일지도 모른다고 생각했다. 그레이엄을 진심으로 아꼈지만 계속 생각했더랬다. '나는 결국 우리 할머니처럼 될 거야. 부엌문 경첩이 떨어질 때까지 문을 차 버릴 거야.' 그래서 '안 하는 게 낫겠군' 했다. 마음이 정말 아팠다."

"나는 그 일을 해낼 수 있는 유전자를 갖고 있는 사람이다." 다시 말해서 그녀는 캐나다 평원에 살고 있는 조상들, 아이와 함께 남아 시를 쓰지 않고 음악도 만들지 못한 조상들, 즉 그 상황을 견디지 못해 문을 발로 차 버릴 만큼 좌절한 할머니에게 무언가를 빚지고 있었다.

어쩌면 책임감이라든가 의무감은 그보다 더 깊을지 모른다. 어쩌면 그녀는 떠나 보낸 아이를 위해서라도 자신의 커리어를 가능한 한 훌륭하게 만들어야 한다고 생각했을지도 모른다.

『걸스 라이크 어스』에서 실라 웰러는 미첼의 사고 과정을 상상하여 이 관점에서 목소리를 낸다. "내가 원치 않은 아이를 포기하고 그에 대해 아무것도 하지 못한다면, 내가 이렇게 어려운 결정을 했다면 나는 다시 찾은 삶에서 다른 무언가를 '탄생'시켜야 한다." 웰러는 계속해서 쓴다. "조니 자신도 아기를 잃은 것이 곧 노래의 시작과도 같다고 믿었던 것 같다."

미첼은 직업과 경력을 위해 모성을 일찌감치 버렸다. 그녀는 많은 여성이 그러했듯이 자아와 예술을 분리했고 둘 중 하나를 우선시했다. 미첼의 인생 이야기를 들으면서 내 수업에서 만났던 한 성인 제자를 떠올렸다. 여기서 '페이스'라 부를 그녀는 남편과 아이들을 돌보다 늦게서야 글을 쓰기 위해 나의 수업에 등록했고, 수십 년 동안 자신의 일을 미루고 양육한 아이를 훌륭한 예술가로 성장시켰다. 어떤 면에서 페이스의 이야기는 미첼의 이야기를 떠올리게 한다. 역시 예술가였던 페이스는 엄마가 되기 위해 예술가로서의 삶을 포기했다. 미첼은 그 반대였다. 그들은 모든 엄마-예술가가 걸어야 하는 이 불안한 연속체의 양극단에 있다. 한쪽 끝에는 아이를 포기하고 예술가로 성장한 여성이 있다. 다른 한쪽 끝에는 아이를 위해 예술가로서의 자아를 포기한 여성이 있다. 예술가-엄마는 이 양극단 사이 어떤 지점에 머물 것이고, 그중 운 좋은(또 나오는 단어) 여성이라면 일시적으로 도망할 수 있는 짧은 순간들이 있었을 테고, 이때 주변 사람들이 지지하는 방식으로 어떤 일을 성사시켰을 것이다. 페이스는 엄마 정체성과 예술가 정체성을 차례차례 살아야 했다. 그녀는 많은 여성처럼 동시에 두 가지 일을 할 수 없었다. 미첼은 다른 방향으로 나아가 자신의 자아를 분리해 엄마 자아를 완전히 끊어 버리고 예술가 자아로서만 살았다.

미첼의 전성기에 불안정성, 변덕스러움, 노골적인 적대는 예술의 연료가 되었다. 미첼은 위대한 작품을 창작하기 위해 노력하면서도 특정한 방식으로 그녀를 이 업계의 여성으로 만들려는 음악 산업계라는 험난한 물살을 헤쳐 나가야 했다. 그녀가 워너 브러더스에서 〈블루〉 앨범을 발매했을 때, 사내 홍보 담당자 스탠 코닌은 지금으로서는 상상하기 힘든 성차별적인 광고를 제작했다. 그녀의 작품이 아직 발굴되지 않은 보석이라는 점을 강조하기 위해서 1968년 즈음에 "조니는 90퍼센트 처녀JONI IS 90 PERCENT VIRGIN"라는 광고 문구를 썼다. 또한 〈블루〉의 시장 출시가 지연되는 것을 설명하기 위해 "조니는 한 세월 걸린다JONI TAKES FOREVER"라는 광고 문구도 썼다. 그녀는 더 이상 참을 수 없었다. 워너 브러더스의 사장실에 쳐들어가서 난동을 부렸고 얼마 가지 않아 레이블에 끌려다니지 않는 가수로 성장한다.

주변의 공세에 시달리지만 언제나 어렵고 까다로운 미첼은 이 책의 목적과 매우 밀접한 관련이 있는 명언을 남긴다. "내 영웅들은 대체로 괴물이었고 안타깝게도 모두 남자였다. 그들의 인격을 예술과 분리한다면, 마일스 데이비스와 피카소는 언제나 나의 주요 영웅이었다." 미첼에게 삶과 예술을 분리하는 것은 미학적인 문제가 아닌 생존에 필요한 관점이었다. 다시 말해서 그녀는 관객으로서가 아니라 예술가로서 이 문제에 직면하고 있었다. 그런 면에서는 나도 그녀와 같다. 그녀처럼 어떻게 해야 할지 알아내려고 노력할 뿐이다. 어쩌면 피카소와 마일스의 괴물성은 그녀에게 가장 개인적인 것, 즉 모성을 예술을 위해 옆으로 치워야 하는 인생에서 모델로 삼기에는 전혀 어울리지 않는, 어찌 보면 황당할 정도로 터무니없는 모델일지도 모른다. 어쩌면 조니는 나처럼 어떻게든 모델을 찾고 예술가를 관찰하며 어떻게 행동해야 할지 알아내려 했을지도 모른다.

어쩌면 그녀가 가장 어렵기로 유명한 두 남자를 자신의 영웅으로 삼은 건 우연이 아닐지도 모른다. 그들이 어려운 사람임에도 불구하고가 아니라 어려운 사람들이기에 그들을 골랐을 수 있다. 나는 이쯤에서 미첼이 일반적 의미에서 호감 가는 인물은 아니라는 사실을 다시 이야기하고 싶다. 『걸스 라이크 어스』를 읽으면서 미첼이 칼리 사이먼이나 캐럴 킹과 비교해 얼마나 골칫덩어리인지를 발견하고 더 용기를 얻고 영감을 받기도 했다. 사실은 미첼이 이 책의 인터뷰를 거부했다는 말을 듣고 그녀를 더 좋아하게 되었다. 타협하지 않는 여성 모델이 절실히 필요한 작가인 내가 보기에 그녀는 예술가의 역할에만 전념하는 사람이었다. 오만하다는 평가도 전혀 두려워하지 않았다. 호감을 얻어야 할 필요는 없었다. 사랑은 받아야 했지만 호감은 필요 없었다. 웰러의 책 『걸스 라이크 어스』의 사소한 장면에서 웰러는 조니가 그레이엄 내시를 만나 유혹하는 모습을 관찰해 쓰기도 한다. "그녀가 로이 블루멘펠드, 레너드 코언, 데이비드 크로스비를 유혹했던 것처럼 자신의 노래로 구애했다. 그녀는 여성스러웠지만 연인 앞에서는 마치 남자처럼 자신의 작품을 전시했다." 여성 아티스트라면 누구나 이러한 오만이 자신을 호감 가는 사람으로 만들지 않는다는 걸 안다.

미첼이 위대한 록의 시대에 유일한, 유일한, 단 한 명의 여성 거인이었다는 사실이 우연일까?

그녀는 위대한 예술가가 하는 일을 했다. 열정적이고 공격적으로 자신의 능력을 보호하여 무언가 연약하고 부드러운 것을 만들어 냈다. 남자들에게는 종종 이런 일을 대신해 주는 여자가 있다. 전화를 받아 주는 아내가 있으니 남자들은 폐쇄된 샤토 안에서 개자식이 될 수 있다. 조니 미첼은 자기 스스로 자신의 연약함을 대변하고 보호하는 개자식이었다.

조니 미첼 같은 여자는 어려운 존재의 진수라 할 수 있다. 개자식 같으면서도 한없이 취약하다. 이 둘의 혼합은 사물의 질서를 무너뜨린다. 데이비드 야페의 조니 미첼 전기에서는 당시 그녀가 얼마나 급진적이었는지, 그리고 이 (남자들의) 세상이 그녀의 개방성과 엮이고 싶어 하지 않았는지에 대해 이야기한다. "〈블루〉는 팝 음악에서 전례가 없을 정도로 개방적으로 자신을 다 보여 주는 앨범이었다." (다시 한번 그녀 안의 나쁜 자식이 경적을 울린다.) 그녀는 회상한다. "내 주변의 남자들은 하나같이 긴장했다. 움찔했다. 나를 부끄러워하기도 했다. 나에게 고해성사 같은 음악을 한다고 말했고 그다음부터는 피 튀기는 스포츠 같았다. 사람들이 내가 밧줄에서 떨어지는 것을 목격하려고 몰려든다고 느꼈다."

흥미롭게도 남자들은 그녀를 막으면서 그녀를 돕고 싶어 했다. 그것이 그녀를 보호할 유일한 방법이라 생각한 것이다. 그녀는 이렇게 말한다. "〈블루〉가 처음 나왔을 때 대중적이지 않았고 주변 남성들에게 충격을 주었다. 엄청난 충격이었다. 난리가 났었다. 크리스 크리스토퍼슨은 이렇게 말하기도 했다. '조니, 당신을 위해서 무언가 아껴 두시죠.' 나의 취약성이 그들을 기겁하게 한 것이다."

2018년 도로시 챈들러 파빌리온에서 열린, 너무나 아름다웠던 조니 미첼 헌정 공연 〈조니 75Joni 75〉에서 가수 브랜디 칼라일은 크리스 크리스토퍼슨과 듀엣으로 'A Case of You'를 불렀다. 그 공연을 보면서 “당신을 위해서 무언가 아껴 두시죠”라는 말을 생각했다. 이 생각을 하면 아직도 소름이 끼치는데, 두 사람의 노래가 끝나자 크리스토퍼슨이 미첼에게 했던 말을 칼라일이 똑같이 했다. “당신을 위해서 무언가 아껴 두시죠.” 칼라일은 조니 미첼이 여왕처럼 앉아 있는 객석을 바라보며 말했다. “크리스를 비롯해 여기 온 모든 사람을 위해 용기 있게 말할게요. 고마워요, 조니. 당신을 위해 아무것도 아껴 놓지 않아서요.”

조니의 열렬한 팬은 아닌 나의 어머니도 『걸스 라이크 어스』를 읽었다. 어머니는 이 책에서의 조니 미첼을 전혀 좋아하지 않았다. 예술가이면서도 엄마가 될 수 있는 방법을 찾지 못했고 이기적이라고도 했다. 책에 등장하는 또 다른 인물 중 한 명인 캐럴 킹처럼 엄마이자 배우자이자 예술가가 될 수는 없었는지 의아해했다. 왜 이 여자는 타협을 하지 않지? 타협이란 단어가 다시 등장했다.

엄마는 캐럴 킹의 음악이 듣기에 더 좋다고도 말했다. 조니의 가식적인 태도에 거부감이 생긴다고 했다. 사실 많은 사람이 그렇게 평하기도 한다. 사람들은 조니의 높은 음역대를 가지고 놀리기도 하고 “너에게 스웨터를 떠 주고 싶어/ 너에게 연애편지를 쓰고 싶어”라는 노래 가사와 그녀의 악기인 덜시머를 조롱한다. 물론 당신도 이 질문은 할 수 있을 것이다. 누구의 음악이 더 좋은가. 조니인가, 캐럴인가? 둘 다 음악계에 공헌한 바가 크기 때문에 논란은 있을 수 있다.

글쎄다. “공헌한 바가 크기 때문에 논란은 있을 수 있다”라는 말은 사실 공허한 염불 같은, 비평가들이 할 법한 말이다. 주관적인 반응이 일어날 수 있고 일어날 것이라는 관점이 더 유용하다. 캐럴과 조니에게 ‘얼룩’이 있다면, 다시 말해서 우리가 그들의 인생을 알기 때문에 그녀의 음악을 다르게 평가한다면, 부분적으로는 우리의 인생이 반영된 결과로 나타난 얼룩일 것이다. 1940년대생 전업주부인 나의 어머니는 아내, 엄마, 예술가를 좀 더 아름답고 위협적이지 않은 방식으로 결합한 캐럴과 자신을 더 동일시했을 수 있다. 오해하지 마시길. 나도 캐럴 킹을 좋아한다. 어릴 때는 얼마나 열렬히 좋아했던지 캐럴 킹이 우리 엄마인 척하기도 했다.

하지만 나는 무언가 다른 것을 찾고 있다. 스스로를 타협하지 않는 존재로 만들고, 자신을 신뢰하는 법을 배우기 위해 고군분투하는 (나 같은) 여성 예술가에게는 중요한 질문이 떠다닌다. 나는 어떻게 행동해야 하나? 나는 어떻게 처신해야 하나? 나는 어떤 존재가 되어야 하나? 조니가 마일스와 파블로를 모델로 바라보았다면, 나는 조니를 바라볼 수 있을 것이다.

내가 나 스스로를 예술가라고 생각할 용기를 가질 즈음에—이 질문을 하는 것만으로도 용기가 필요했다—나에게는 나를 필요로 하는 사랑스러운 아이가 둘 있었고, 그 아이들을 버리는 건 내가 아는 한 내 선택지에 없었다. 그래서 나는 조니가 아이를 입양 보낸 것에 대해서는 특별히 주목하지 않았고, 그녀가 계속 지켜 갔던 그 당돌함, 까다로움, 신경 쓰지 않는 태도에 주목했다. 나에게는 조니 같은 사람, 예술가로서 타오르는 혜성처럼 살아간 사람이 필요했다. 어쩌면 그녀가 뜨겁게 타올랐던 이유는 부분적으로는 여자들이 결코 포기해서는 안 되는 것을 포기했다는 사실에서 비롯되었을지 모른다. 나는 그녀의 이야기를 읽고 갱생되었다. 무엇을 어떻게 해야 할까? 그 대답은 여전히 모르지만, 나는 정당성을 입증하고자 하는 야만적인 욕구가 예술을 만드는 욕구와도 같다는 점을 다시 한번 배우고 있었다. 나에게는 그랬다.

조니 미첼을 떠올리면서 그녀의 잃어버린 딸도 생각한다. 도리스 레싱을 떠올리면 그녀가 두고 온 아이들이 생각난다. 그 얼룩이 이들의 작품 감상을 방해한다는 의미일까? 좀 무서운 생각이지만, 오히려 작품 감상에 더 좋지 않을까?

마파의 집에 앉아서 눈을 감고 도리스 레싱이 아이를 버리는 장면을 상상했다. 만화의 한 장면을 보는 것처럼 추상적인 시각적 이미지였다. 비행기를 타는 레싱, 여행 가방을 움켜잡는 레싱, 소설, 막내 아이. 그녀 밑에는 버려진 아이 둘이 아프리카 지도 한가운데에 덩그러니 서 있다.

나의 마음은 더 현실적인 상상을 거부하고 있었다.

레싱 역시 크게 다르지 않았다. 회고록 『언더 마이 스킨』에서 그녀는 진실에 대한 정신적 거부를 이렇게 이야기한다. "나는 종국에 내가 떠날 줄 알았다. 하지만 이 용서받지 못할 일을 저지르리라는 것, 아이 둘을 버리고 가리라는 것은 몰랐고, 입으로 말할 수도 없었다."

이후에 그녀는 이 유기를 합리화한다. "지금도 옳은지 아닌지 모르겠지만 두 아이와 깨끗하게 헤어지는 편이 더 나았다고 느낀다. 이런 상황에서 이용되는 공식이지만, 아이들이 성장하면 나를 이해할 거라 생각했다. 나만의 집에 있는 나를 자주 그려 보았지만 그저 아파트나 집을 의미한다기보다는 내가 어딘가에 단단히 자리를 잡는다는 느낌을 의미했다. 그곳이 어디인지도, 돈도, 명예도 중요하지 않았다. 다만 내가 아이들을 떠난 것을 정당화할 수 있는 정체성을 얻어내야만 했다."(강조는 내가 한 것이다.)

이 새로운 정체성, '예술가'라는 정체성은 유기를 정당화할 수 있었다. 멀리 돌아왔지만 다시 마사 겔혼으로 돌아간다. "남자는 자기가 구역질 나는 인간이라는 점을 만회하기 위해 위대한 천재가 되어야만 할 것이다.” 예술가는 자신이 실제로 얼마나 형편없는 인간인지를 덮기 위해서 위대해져야 한다. 이건 여성에게도 진실이다.

(미첼도 아이를 포기했지만 위대한 노래를 탄생시킴으로써 일종의 균형을 맞추었다. 반드시 성공적인 균형을 말하는 것은 아니다.)

아프리카에서 날아간 도리스 레싱은 마치 ‘예술가가 되기 위해 아이를 포기한 여인’이라는 동화 속 주인공 같다. 우리에게는 동화, 우화, 신화가 필요하다. 왜냐하면 동화나 신화는 우리 삶을 지배하는 도덕적 복합성을 좀 더 단순하고 광범위하고 뚜렷한 붓놀림으로 색칠해 주기 때문이다.

물론 현실에서는 이러한 일들이 명확한 의도를 갖고 이뤄지지 않는다. 정말로 레싱은 자신이 잃은 것을 만회하기 위해서 어려운 천재가 되어야만 했을까? 조니 미첼이 그랬을까? 아니라고 생각한다. 이들의 천재성은 신으로부터 주어진 선물, 어딘가 신비로운 곳에서 흘러나온 힘에 가깝다.

나는 결코 그런 천재가 될 수 없지만 이들의 삶을 연구한다. 그 강철 같은 정신을 나의 내면에 담고 싶어서, 내 작업을 어떻게든 끝까지 마치기 위해서다. 그리하여 나도 소소하고 인간적인 직무 유기를 실행하며 내 일을 하기로 한다.

마파에서의 일곱 번째 아침에 처음으로 치나티 재단까지 걸어갔다. 꽤 많은 단어를 써서 산책할 자격이 있다고 생각했다. 단어 수에 대한 집착은 나의 오래된 습관이다. 하지만 도널드 저드가 남긴 거대한 복합 미술관인 치나티까지 올라가는 건 이상하게도 망설여졌다. 진정한 순례자 사이에 끼어드는 방해꾼처럼 느껴져서다. 프런트에서 체크인하고 치나티 계곡에 있는 저드의 〈무제 콘크리트 작품 15 15 Untitled Works in Concrete〉를 보러 갔다. 거대한 콘크리트 상자들이 서로 가깝게 모여 있는 듯하면서도 공기가 잘 통했다.

먼지 풀풀 나는 흙길을 걷다가 '뱀 조심' 표지판도 지나쳤다. 나는 뱀을 조심하지 않았다. 대신 묵직한 회색 코끼리 행렬이 풀밭을 가로지르는 것 같은 거대한 시멘트 조각상을 바라보았다. 예술 체험을 하려고 했다. 실제로 미니멀리즘을 이해하는 사람에게는 다를 거라 상상하지만, 때로 미니멀리즘은 불신을 멈추고 온전히 집중하기 위한 시도가 필요하다.

내 부츠에 껍질이 꺼끌꺼끌한 씨앗이 달라붙었다. 한 발로 중심을 잡고 씨앗을 빼내기 위해 허리를 굽혔다. 태양은 이제 본격적으로 정오의 업무를 시작하려 하고 있었다. 나는 초월을 준비했다.

1980년대 초반에 예술 성자 도널드 저드가 심어 놓은 조각들을 따라 천천히 걸었다. 그는 외로웠을까? 나는 약간 외로웠다.

조용했다. 가로수길 반대편 작은 국도에 저 멀리서 차 소리만 들려왔다. 이 조각들의 그림자를 따라 걷다가 푸른 하늘을 가로지르는 독수리의 실루엣을 올려다보았다. 그때 나의 뇌 일부가 아래를 내려다보라고 소리를 질렀다. 커다랗고 통통한 뱀 한 마리가 발밑에 있었다.

순간 온몸에 식은땀이 흘렀다. 뱀을 보았을 때 흘리라고 남겨 놓은 특별한 땀, 인류의 역사만큼 오래된 땀, 평생 내 몸 어딘가에 살고 있다가 이 순간만을 기다려 뱀처럼 끈적끈적하게 분출되는 땀이었다.

죽은 뱀일지도 몰라. 나는 희망했고 내 희망에 응답하듯 뱀이 몸을 움직였다.

뱀은 몸을 풀어 나에게서 미끄러지듯 멀어져 갔다. 그 길이는 놀라울 만큼 길어졌다. 뱀은 나타났을 때처럼 순식간에 사라져 버렸다. 뱀은 저드 조각상 근처의 그늘로 향했고 거대한 돌기둥 밑으로 부드럽게 숨어 들어갔다. 나는 회색의 거석들을 내려다보았다. 혹시 이 모든 구조물이 뱀을 깔고 있는 것은 아닐까? 아, 생각하기도 싫지만 뱀의 둥지가 그 밑에 있다는 뜻인가?

그것은 세상에서 가장 완벽한 은유처럼 보였다. 너무 완벽해서 당황스러울 정도였다. 거대하고 무거운 이 작품은 예술적 야망과 성취를 완벽하게 표현했다. 자원, 시간, 수많은 사람의 도움이 필요한 작업이었다. 저드에게는 자기 자신에 대한 믿음도 필요했다. 그리고 그 밑에는 뱀이 있었다. 마치 출처가 불분명한 벤야민의 문장을 우스울 정도로 문자 그대로 해석한 것과 같았다. “모든 위대한 작품의 밑바탕에는 야만성이 깔려 있다.” 그 야만성이란 강간이나 폭행 같은 노골적인 것일 필요는 없고 단순히 자원을 빼앗는 것일 수도 있다. 이기주의, 특권 의식, 그리고 행운. 무엇이라 부르건 상관없다. 나는 맨발로 주차장으로 돌아와 〈무제 콘크리트 작품 15〉를 내려다보았다. 깨끗하고 평범해 보였다. 푸른 하늘, 적갈색 먼지, 회색 구조물. 마치 어린애가 그린 그림 같았다. 도널드 저드가 자기 자신은 지우고 이 땅에 지워지지 않는, 거대한 유언을 써 놓은 것만 같았다.

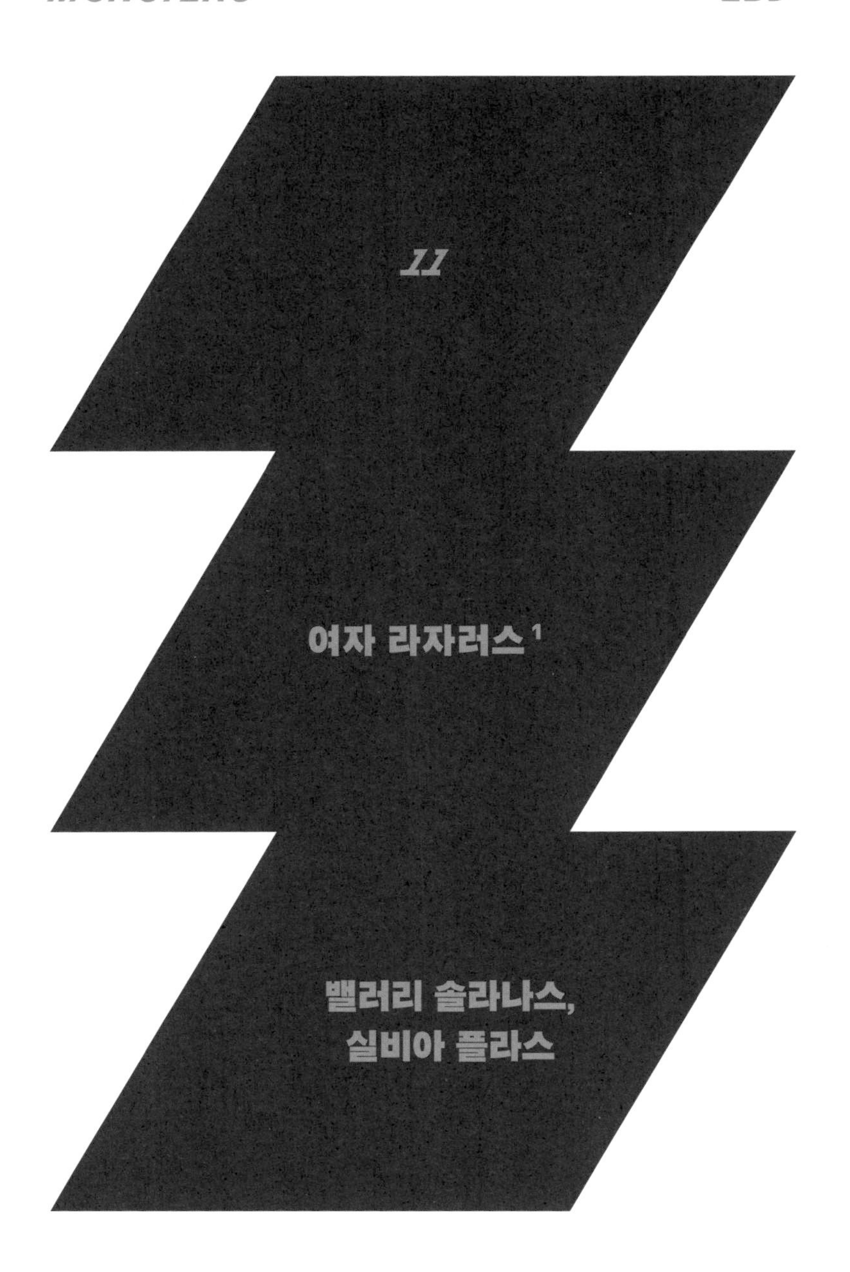

11

여자 라자러스[1]

밸러리 솔라나스, 실비아 플라스

마파를 떠나 집으로 왔다. 아들을 두 팔로 끌어안자 드디어 제자리에 온 듯한 기분이었다. 이 재미있고 영리하고 착한 아이를 내 품에 끌어안으니 로리 콜윈[2]이 했을 법한 표현을 쓰자면, 비로소 갓 구운 빵처럼 이 세상에 올바르게 자리 잡았다는 느낌이었다. 자녀를 버리고 떠난 자 귀환하다!

2018년이었다. 나는 아주아주 나쁜 뉴스가 들릴 때 그럴 수밖에 없는 특정 유형의 시청자가 되고 말았다. 무슨 일이 있어도 눈을 똑바로 뜨고 현 사태를 주시해야만 한다고 생각했다. 그러나 이러한 책임감은 필연적으로 실망스럽게 귀결될 수밖에 없었다. 뉴스를 아무리 열심히 시청해도 달라지는 건 하나도 없다는 참담한 깨달음이 찾아오기 때문이다. 간신히 머리를 헹구고 나면 다시 기함할 뉴스가 들려오곤 했다.

창문 옆에 있는 안락의자에서는 바깥 풍경을 볼 수 있었다. 브렛 캐버노[3]의 청문회가 시작되었을 때 나는 어떻게든 경멸의 시선이라도 보내기 위해서 의자를 텔레비전 쪽으로 돌려놓았다. 그때 비가 창문을 세차게 때렸고, 내 눈을 믿을 수 없었던 기억이 지금도 또렷하다.

캐버노는 전문가의 코치를 받은 것처럼 분노를 감춘 미소를 띠고 있었다. 의자에 웅크리고 앉아 손가락으로 자료 파일을 훌훌 넘기

---

1 1962년 실비아 플라스가 자살하기 1년 전에 발표한 시 제목. 라자러스는 죽은 후에 부활한 성경 속 인물이다.

2 Laurie Colwin(1944~1992). 음식에 대한 비유를 많이 하는 미국 작가

3 Brett Kavanaugh(1965~). 미국 연방 대법원의 대법관. 대법관 인준 청문회 과정 중에 과거 고교 시절의 파티에서 성추행 의혹이 제기되어 논란이 일었다.

면서 얼마나 강하게 쏘아보던지 그의 미간에 거꾸로 된 대문자 T 모양의 주름이 깊게 새겨졌다. 그는 마치 요가 수행자처럼 가쁜 숨을 들이마셨다가 황소처럼 내뱉었다. 그의 주변에 있는 여자들의 얼굴은 온통 하얀 바다 같았다. 여인들의 얼굴에 감정이 폭풍처럼 밀려오고 밀려갔다.

그는 누구와도 그 무엇과도 싸울 준비가 된 듯 보였다. 위협적으로, 호전적으로, 야비하게 말했다. "저는 원래 낙관적인 사람입니다. 늘 해가 뜨는 쪽에 서려고 노력하는 편이죠." 너무 사이코스럽고 그 자리에도 어울리지 않는 표현에 혹시 이는 공화당의 비밀 악수 같은 것이 아닐까 생각했다. 실제로 조지 W. 부시가 애용한 표현으로 자신이 예수처럼(예수라는 분은 들어 보셨을 거다) 부활할 것이라는 신호를 내포한 문구였다. 캐버노는 그 말을 거침없이 뱉어 냈다.

그는 어느 모로 보나 꿈쩍하지 않는 고집쟁이였다. 많은 일이 있었고 시간이 흘렀지만 그의 믿음이 확고하다는 사실만 더 명확해졌다. 법정 밖에서 이루어지는 격론도, 보닛을 쓴 여인들의 시위[4]도, 어떤 분노나 수학도 상황을 바로잡을 수 없었다. 나 같은 사람이 텔레비전을 아무리 시청해도 마찬가지였다. 그런데도 보지 않을 수 없었고, 보면 볼수록 무력감에 사로잡혔다. 제발 누가 뭐든지 해 주세요!

"분노는 약자들의 감정이죠." 1990년대 중반에 상담사가 내게 한 말이다.

4 2018년경 여성 운동가들이 마거릿 애트우드의 소설을 원작으로 한 드라마 〈시녀 이야기 The Handmaid's Tale〉 속 복장을 모티브로 해 가운을 입고 보닛을 쓴 채 거리 시위를 했다.

여성들은 점점 고조된 분노를 분출할 방법을 찾고 있었다.

남성 예술가들의 폭력에는 이야기가 있다. 대체로 다음과 같은 사연이다. 그는 자신보다 더 큰 힘, 자신이 통제할 수 없는 힘의 지배를 받는다. 때로는 이러한 힘이 통제 불능이 되어 실수를 저지르고 범죄를 저지른다. 안타깝지만 우리는 이 힘이 그의 예술을 위대하게 하는 힘과 동일하다는 것을 이해해야 한다.

여성 예술가가 폭력을 저지르면 우리는 어떤 이야기를 할까? 이야기를 하기나 할까? 아니면 그 폭력은 어떻게든 작품을 파악하기 위해 가장자리에 불안하게 서 있어야 하는 사생활의 블랙홀일까?

여성의 폭력도 다른 폭력과 크게 다르지 않다. 여성성이란 원초적으로 내재된 특성이 아닌 우리가 합의하는 것이며, 그 합의 사항 중의 하나가 여자는 폭력적이지 않다는 명제다. "우리는 여자로 태어나는 것이 아니라 여자가 되는 것이다." 보부아르는 말했다. 여자, 즉 만들어진 여자는 순응하고 타협하는 사람이며 비폭력적인 존재다.

어쨌든 다수가 여자가 된다는 의견에 동의한 맥락에서 여성의 폭력은 상상할 수 없는 일이 된다. 공백이다. 대화를 끝내 버리는 주제다. 그 광경 앞에서 우리 마음은 한발 물러나 본능적으로 외면한다. 학대받은 개가 큰 소리에 화들짝 놀라는 것처럼, 아이가 치켜든 손에 몸을 움츠리는 것처럼. 정확히 그렇다.

1966년, 밸러리 솔라나스는 자신의 타락 행위의 무대가 될 도시, 뉴욕으로 향했다. 이미 서른 살이었고 복잡한 과거를 갖고 있었다. 뉴저지에서 자랐고 어린 시절 아버지에게 성추행을 당했다. 메릴랜드대학교를 졸업하고 미네소타대학교에서 심리학 대학원을 1년 정도 다녔다. 다양한 제보에 따르면, 그녀는 대학 재학 중과 졸업 후에 매춘을 했다.

그리니치빌리지에 자리를 잡은 솔라나스는 『업 유어 애스*Up Your Ass*』라는 희곡을 썼고, 유쾌하게도 이 작품을 자신에게 헌정했다. 1967년 초반에는 자신의 인생을 바꿀 책 한 권을 썼다. 『스컴 선언문*SCUM Manifesto*』이다.

'SCUM'은 Society for Cutting Up Man(남자를 말살하는 사회)의 준말로, 책에서는 이 지구상의 남성들을 멸종시켜야 한다고 선언한다. 선언문의 머리말은 다음과 같다. "이 사회에서 삶은 기껏해야 지루하기 짝이 없고 이 사회의 어떤 측면도 여성과는 관련이 없기 때문에, 시민 의식이 있고 책임감 있고 스릴을 추구하는 여성이 할 수 있는 일은 정부를 전복하고 화폐 체제를 해체하고 완전한 자동화를 도입하고 남성이라는 성별을 말살하는 것뿐이다."

돈과 일과 남성을 제거하고 나면 비로소 여자들이 살기 좋은 사회가 나타난다. 요즘 아이들은 이렇게 말할지도 모른다. 틀린 말 없는데? 솔라나스는 미처 몰랐을지도 모르지만, 적어도 돈과 일에 대해서는 당시 사상가들과 같은 맥락에서 이야기하고 있다. 솔라나스가 마르크스 상황주의 운동의 학자였다는 증거는 없지만 만약 그랬다면 선언문을 발표하기 몇 년 전에 마르크스주의 이론가인 기 드보르가 파리의 벽에 남긴 유명한 그라피티를 알았을 것이다. NE TRAVAILLEZ JAMAIS. 일하지 말라. 이는 분필로 쓴 서구 사회의 근간에 대한 거부 선언이었다. 솔라나스의 선언문은 동일한 급진적 충동에서 출발했으나 거칠게 튕겨 나가 마르크스주의에서, 실천 가능한 혁명의 꿈에서 완전히 멀어졌다.

그녀의 사회 비판은 남성의 조건에 대한 심리학적 독해에 뿌리를 두고 있다. 어쩌면 심리학 대학원 재학 시절부터 싹트고 있었을지 모른다. 솔라나스에 따르면, 남자들은 내면 깊숙한 곳에서는 "자기들이 쓰레기만도 못하다"는 사실을 알고 있다. 솔라나스의 남성은 자신의 무능함을 보상하기 위해 가정과 직장에서 군림하고 전쟁으로 세상을 지배하려 한다. "진정한 사회 혁명은 남성에 의해 이루어질 수 없다." 그녀는 계속 쓴다. "꼭대기에 위치한 남성은 현상 유지를 원하고 아래에 있는 남성은 오직 위로 오르고 싶어 한다. (…) 남성은 기술 발전에 의해 강제로 변해야 할 때, 선택의 여지가 없을 때, '사회'가 그가 변하거나 죽지 않으면 안 되는 단계까지 갔을 때만 변한다. 우리가 지금 그 단계에 와 있다. 여성들이 정신 차려 행동하지 않으면 우리 모두 죽게 될지도 모른다." 역시나 이 선언문는 그 어느 때보다도 현재의 우리에게 경종을 울린다. 책임자들이 세상을 돌이킬 수 없이 망쳐 버렸으니 나머지인 우리가 정신 차려 행동해야만 한다는 인식이 강렬하다. 이렇듯 한번 솔라나스를 인용하기 시작하면 멈추기가 어렵다. 정곡을 찌르는 말이 많아서다.

솔라나스에게 정신 차리고 행동한다는 것은 남성을 제거한다는 것을 의미한다. 모든 여성이 이 막중한 책임을 맡을 수 없다. 오직 스컴SCUM—"자신을 부당하게 자극하는 사람들을 이빨로 물어 버릴 수 있는 증오 많고 난폭한 계집들"—만이 이 임무를 맡을 자격이 있다. 선언문은 우리를 채찍질한다. 처음에는 그녀의 분노에 수긍해 고개를 끄덕인다. 그러다가 얼음송곳을 엉덩이에 꽂아야 한다는 부분에서 "우리가 어쩌다가 이렇게 되었지" 하고 한탄하게 된다.

솔라나스는 자신의 선언문을 등사기 인쇄로 자비 출판해 거리에서 직접 팔았다(1996년 메리 해런 감독의 〈나는 앤디 워홀을 쏘았다I Shot Andy Warhol〉에서 솔라나스가 이 선언문을 여자에게는 25센트, 남자에게는 50센트를 받고 파는 장면이 나온다. 그녀가 스스로를 마르크주의자로 정체화하지는 않았지만 충분히 훌륭한 유물론자다운 면모를 보인다). 비슷한 시기에 솔라나스는 앤디 워홀의 팩토리에 무작정 들어가 『업 유어 애스』 한 부를 건네면서 출간을 부탁하지만 워홀은 거절한다. 그러나 그녀를 팩토리에 머물게 해 주고 자신의 영화 〈나는, 남자다I, a Man〉의 단역으로 출연시키기도 한다. 편집증과 피해망상증이 점점 심해지던 솔라나스는 이 원고 문제로 워홀을 괴롭히다가 그가 자신의 원고를 갖고 있다는 사실에 예민해진다. 혹시 그 인간이 내 작품을 훔쳐다가 마음대로 출판하면 어쩌지?

솔라나스는 계속해서 거리로 나가 선언문을 직접 팔았다. 때로는 자신을 팔기도 했는데, 한 시간 동안 일대일 대화에 6달러를 받았다. 그러다 우연히 나보코프, 윌리엄 버로스, 아서 밀러의 작품을 출간한 적 있는 전설적인 출판계 거물이자 올랭피아 출판사의 대표인 모리스 지로디아스가 낸 광고를 발견했다. 참신한 저자를 찾고 있었던 지로디아스는 바로 그녀와 출간 계약을 맺는다. 솔라나스는 곧 출간될 책의 저자가 된다는 사실에 흥분했지만 얼마 가지 않아 지로디아스의 계약서에 쓰인 법적 조항에 집착했다(사실 이 계약서는 평범한 표준계약서였다).

누군가는 그녀를 떠올리면, 싸구려 모텔에서 몸부림치면서 자신을 적대하는 남자들 때문에 좌절하고 여성성에 대한 신화에 참여하기를 거부함으로써 고립된 모습을 상상할 수 있다.

약자였기에 분노한 것이다.

1968년 6월 3일, 솔라나스는 도시를 배회하고 있었다. 카펫 가방[5]에는 종이봉투가 있었고, 그 안에는 권총이 한 자루도 아니고 두 자루나 들어 있었다.

나는 이 디테일을 눈여겨보아야 한다고 생각한다. 그녀는 왜 총을 주머니에 넣거나 허리에 차지 않았을까? 종이봉투는 마치 작은 책의 대용물 같고 가장 여성적인 액세서리이며 자궁의 은유로도 쓰이는 가방의 거칠고 못생긴 패러디 같다. 그녀는 삽입이 아닌 일종의 혼란스러운 힘으로 질 안에 남근을 넣었다고 표현했다.

이 종이봉투는 자신의 몸에서 총을 떨어뜨려 놓는 방법이기도 하다. 잠재적인 폭력 행위는 단지 갖고 다니는 것이고 언젠가 일어날 수 있는 일이지만 그녀의 일부는 아니다.

솔라나스는 하루 종일 몇 군데를 들렀다. 지로디아스의 사무실에도 들렀을 가능성이 있지만, 이는 총격 사건이 벌어진 후에 지로디아스가 퍼트린 소문 또는 신화일 가능성도 있다. 다시 말하지만 그 행동은 스틸레토의 용기에서 나온 행위라기보다는 결국 남성성이라고 할 수밖에 없는 어설픈 권력의 흉내로 느껴진다. 솔라나스는 이 남근의 상징을 갈색 종이봉투에 넣어 몸에서 떨어뜨려 놓고서 맨해튼을 돌아다니며 쏠 사람을 찾았다.

그녀는 팩토리에 들어가 워홀의 가슴에 총을 쏘았다. 미술평론가 마리오 아마야도 쏘았지만 누구도 이 불쌍한 사람을 기억하는 것 같지는 않다. 그녀는 워홀의 매니저인 프레드 휴스에게도 총을 겨누었는데, 그는 워홀의 영화에나 나올 법한 인상적인 말을 내뱉었다. "저기 엘리베이터가 있네. 저거 타면 어때, 밸러리?" 그녀는 그 엘리베이터를 탔다. 그리고 그날 저녁에 자수했다.

그녀의 행동은 희생자를 잘못 선택했기 때문에 무의미할 수밖에 없다. 게이 아이콘, 반反천재, 규범의 전복자, 심지어 오스카 와일드의 정신적 후예인 앤디 워홀은 이 세계의 남성성을 제거한다는 취지를 생각할 때 너무나 생뚱맞은 후보가 아닐 수 없다.

어쨌든 워홀은 생명을 건졌고 솔라나스는 3년형을 선고받았다. 그녀는 1970년대에 정신병동을 들락날락했고 1980년대에도 마약 중독 문제를 안고 성 노동으로 겨우 생계를 유지하면서 주변부 생활을 계속했다. 그리고 1988년 샌프란시스코의 텐더로인 지역의 한 호텔에서 폐 공기증과 폐렴으로 사망했다.

한편 『스컴 선언문』은 점점 더 넓고 더 나은 방향으로 나아갔다. 1968년 지로디아스는 리얼리스트 출판사의 폴 크래스너의 논평을 첨가해 이 선언문을 출간했다. 플로린스 케네디, 티그레이스 앳킨슨과 로빈 모건 같은 페미니스트 리더들이 솔라나스를 이 시대의 새로운 목소리로 환영했다. 1970년대에 모건은 이 선언문을 영향력 있는 앤솔로지인 『자매애는 강하다*Sisterhood Is Powerful*』에 포함시켰다. 지로디아스는 이 선언문을 1970년과 1971년에 두 차례 더 출간했다. 1977년에 솔라나스는 지로디아스의 사소한 편집에 놀라 '밸러리 솔라나스 판'으로 자비 출간하기도 했다. 1983년에 런던의 모계 사회 연구 그룹Matriarchy Study Group에서 이 선언문을 재조명했고, 그 이후로도 수차례 재출간되었다(1996년 샌프란시스코에 본사를 둔 AK 출판사가 프레디 베어[6]의 훌륭한 해설을 실은 판본을 출간하기도 했다).

이렇게 솔라나스의 선언문은 뒷심을 받으며 계속해서 재평가되었다. 스컴은 더 이상 시커먼scummy 물이 아니었다. 스컴은 범법적이고, 급진적이고, 퀴어하며, 타자성을 가진 존재였다. 스컴에 관련된

6 Freddie Baer(1952~). 시각예술가

학술 연구가 이어졌고, 스컴을 공부하는 수업이 개설되었으며, 스컴을 노래한 밴드가 생기고 영화도 만들어졌다. 1993년 문화평론가 B. 루비 리치는 『보이스 리터러리 서플먼트*Voice Literary Supplement*』에 급부상하는 솔라나스의 영향력에 대한 에세이 「선언문의 운명」을 싣기도 했다. "1990년대는 라이엇 걸스[7], 레즈비언 어벤저스, 델마와 루이스, 에일린 워노스[8] 재판, 로레나 보빗[9]의 시대다. 솔라나스의 행동뿐만 아니라 글에서도 강렬한 현대성이 느껴진다."

리치는 솔라나스가 매우 균형 잡힌 사람처럼 들리게 썼다. 행위와 텍스트가 동등하게 중요하고 서로 지탱하며 평형을 이루는 것처럼 보인다. 그러나 세상은 그렇게 보지 않았다. 해런의 영화 제목 〈나는 앤디 워홀을 쏘았다〉가 모든 것을 말해 준다. 그녀는 오로지 그 총격 사건으로만 기억된다.

하지만 솔라나스는 자신의 텍스트가 행동만큼이나 중요하다고 믿었다.

약간 두렵지만, 우리는 그녀의 말을 통해 작품과 창작자를 분리하는 문제를 새로운 방식으로 보게 된다. 선언문의 훌륭함이 총격 사건을 정당화할 수 있는가? 총격은 원고의 정당성을 입증하는가? 그녀가 선언문인가? 그녀는 총격인가? 글인가 행동인가? 말인가 여성인가?

물론 우리는 절대 이 질문에 답할 수 없다. 이제는 총격을 빼놓고서는 그 선언문을 읽을 수 없기 때문이다. 솔라나스는 곧 그녀의 행동

7 riot girls. 1990년대 미국에서 생겨난 페미니즘 펑크 록 장르 및 문화 운동을 통칭하는 말

8 Aileen Wuornos(1956~2002). 미국의 연쇄살인범. 1989년부터 1990년에 걸쳐 플로리다주에서 일곱 명의 남성을 살해했다.

9 Lorena Bobbitt(1969~). 1993년 당시 남편이었던 존 웨인 보빗의 학대와 성폭행을 견디다 못해 남편의 성기를 절단한 일명 '보빗 사건'의 주인공

이다(이런 방식으로 그녀는 팬과 자는 록스타 남자들의 이상한 사촌이 되었는데, 본업 이외의 일탈 행위가 그들의 음악만큼 중요해졌다는 점에서 그렇다).

"내 선언문을 읽으라. 그러면 내가 누군지 알 수 있다."

왜 그녀는 자신의 선언문이 자기가 누구인지 말해 줄 것이라 믿었을까? 그녀의 행동은 그녀가 원하던 만큼의 분노 표출을 이루어 주지 못했다. 불발된 시도이며 실패한 메시지이고 우스운 농담이었다. 반면에 선언문은 타오르는 분노를 적절한 언어로 바꾼 사례였다.

무언가를 하고 싶다는 열망은 실제로 무언가를 해 버렸을 때 맥없이 좌절되었다. 하지만 그 열망은 혁명을 약속하는 선언문이라는 목적론 안에서 새로운 안식처를 찾았다.

『스컴 선언문』을 읽으면서 한 가지 질문이 나를 괴롭혔다. 만약 실비아 플라스가 오븐에 자신의 머리를 넣지 않고 테드 휴스를 쏘았다면 어땠을까?

실비아 플라스는 솔라나스처럼 충격적인 행동 하나로 전기적 사실과 작품을 분리할 수 없는 예술가의 표본으로 자리 잡았다. 아무리 우리가 최선을 다해 작품과 창작자를 분리하려고 해도 플라스의 시집 『에어리얼*Ariel*[10]』은 플라스의 유명한 죽음에 관한 유명한 이야기로 만들어진, 얇은 날개 달린 요정이 되어 우리에게 날아온다. 작가로서의 플라스는 자신의 전기에 갇혀 있다. 우리 또한 그녀와 함께 그곳에 갇혀 있다. 우리는 이 감금을 선택할 수 없다. 그저 일어난 일이다.

10 공기의 요정이라는 뜻

'플라스'라는 이름을 들을 때 한 세트처럼 따라오는 단어들이 있다. 오븐, 아이들, 미인, 테드 휴스를 생각한다. 그와 동시에 시를 읽는다면 플라스의 시도 생각할 것이다. 시를 읽지 않는다면 이 나머지만을 생각한다. 어느 쪽이든 그녀가 자신의 삶을 끝낸 폭력적인 방식이 좋든 싫든 우리의 머릿속을 복잡하게 한다.

이 감금은 실비아 플라스를 얼룩이라는 개념 자체에 대한 시범 사례로 만든다. 그녀의 작품은 불가피하게 변해 버린다. 플라스의 전기에 대한 정보는 본질적으로 비자발적인데도 불구하고, 플라스 연구의 영역은 대체로 똑똑한 사람이 다른 똑똑한 사람들에게 그녀의 자살을 잊으라고 말하는 것과, 다른 똑똑한 사람들이 기본적으로 "나도 잊고 싶지만 안 되는 걸 어떡해!"라고 대답하는 것으로 구성되는 것만 같다.

시인 루스 파델은 『인디펜던트*The Independent*』에 기고한 에세이에서 시의 독법에 대해 다음과 같이 말한다. "(플라스의) 시를 읽는 한 방법은 다른 방법보다 작품을 더 선명히 조명한다. 삶에서부터 읽기가 있고 시를 위한 읽기가 있는데, 후자야말로 시인들이 기뻐하고 배우려는 방법이다."

두 가지 방식의 읽기—"삶에서부터 읽기"와 "시를 위한 읽기"—가 분리될 수 있다는 개념은 터무니없다. 파델이 말했듯이 두 가지 형태의 작품 감상은 결투를 벌이는 권투선수인 걸까? 지각 있는 사람은 이 두 방식이 서로 대립하는 것이 아니기 때문에 잘못된 분리라는 것을 안다. 그렇다. 현실 속 플라스의 신화가 그녀의 작품을 읽는 데 방해되는 건 사실이다. 그렇다. 우리는 작품 자체도 면밀히 살펴봐야 한다. 그렇다. 가끔은 그녀의 신화가 진지하고 면밀한 독서를 힘들거나 복잡하게 한다. 그럼에도 불구하고 그녀의 시를 읽는 더 정확한 방법이 있다는 논리는 어리석다.

플라스는 이런 종류의 책망하는 비평가들, 즉 나머지 우리에게 시를 어떻게 읽어야 하는지 알려 주는 일에 열성인 자칭 중재자들을 끌어들이는 것 같다. 파델과 그 동류에 대한 응답으로 한 명의 플라스 독자를 상상해 보자. 자기 슬픔을 치명적인(폭력적인) 사건으로 만든 한 여자 시인에게 매료된 십 대 소녀가 있다. 이 소녀는 전적으로 자살 때문에, 뭐라 이름 붙일 수 없지만 익숙한 무언가의 실행이라는 자살 때문에 시인에게 매력을 느낀다. 우리의 상상 속 소녀는 플라스의 전기를 따라 먼저 『벨 자*The Bell Jar*』를 읽고 나서 시 『에어리얼』을 읽으며 남자를 공기처럼 먹는다거나 아버지에게 직설적으로 말하는 이 쉽고 격렬한 시구절에 경외심마저 품는다. 다시 말해서 소녀는 전기를 먼저 접하고 그다음에 작품을 읽었다. 그것은 그녀 자신만의 타이밍이었다(독자들은 내가 그 소녀였다고 말해도 놀라지 않을 것이다. 당신도 그 소녀였을 수 있으니까). 이런 순서가 실비아 플라스 시 읽기 체험을 '덜 선명히 조명'하는 걸까(그런데 이 표현이 모호하기 이를 데 없는 고전적인 비평가적 언어, 전문가와 비전문가 사이에 울타리를 치도록 고안된 언어는 아닐까)?

솔라나스와 마찬가지로 플라스도 폭력적인 행동과 분리해서 접근할 수 없다. 두 행동 모두 의미가 있고, 적어도 나에게는 의미가 있다. 플라스의 자살과 솔라나스의 워홀 살인 미수 사건은 1960년대 페미니스트 운동의 두 가지 측면을 대표하는 행동으로 볼 수 있다. 한 측면은 내향성과 자기 성찰이고 다른 측면은 정치적 행동이다.

플라스는 전자의 범주에 속한다. 여성은 남성이 지배하는 사회에서 자신들의 불행과 광기를 언어로 표현하려고 노력한다. 그들은 이야기하고, 영혼을 탐색하고, 증언한다. 그들은 회고록을 쓰고 의식 고양 모임에서 만난다. 플라스의 글은 이 담론보다 앞서 쓰였지만, 그 담론에 확고하게 속해 있다.

'일기식 쓰기journaling'가 문학 회고록 작가들을 괴롭게 하는 용어이듯이(나는 그걸 누구보다 잘 안다), 플라스가 자신의 작품이 의식 고양 모임처럼 읽힌다는 평가에 코웃음을 쳤으리라 장담한다. 그럼에도 불구하고 그녀의 작품에는 자기 고백의 서사, 내밀함, 개인성에 대한 충동이 흐른다.

솔라나스는 의식 고양 모임의 시대를 앞서가기만 한 것이 아니다. 그녀가 그런 모임을 만났다면 분명 혐오했을 것이다. 그녀는 무엇보다 행동을 믿었다. "스컴은 수백만 명의 개자식이 세뇌당할 때까지 기다리기에는 너무 조급하다." 『스컴 선언문』은 일종의 반反회고록이라 할 수 있다.

솔라나스는 자기 내면의 감정과 경험에 집중하는 대신 바깥세상을 바라보며 행동을 요구했다. 그녀에게는 이론과 계획이 있었다.

솔라나스는 자신의 스컴 자매들을 치열하고 에너지 넘치는 강한 여성 부족으로 상상했다. "지배적이고, 안전하고, 자신감 넘치고, 고약하고, 과격하고, 자기애 넘치고, 독립적이고, 자부심 있고, 스릴을 추구하고, 자유분방하고 오만한 여자. 자신이 우주를 지배하기에 적합한 사람들이라 생각하고, 이 '사회'의 한계를 자유롭게 넘나들고, 이 사회가 제공하는 것보다 훨씬 많은 것을 찾아내기 위해 움직이는 사람들이다." 나에게는 이 부분이 선언문에서 가장 아프고도 가장 아름다운 순간으로 보인다. 맥줏집과 주먹다짐과 젖은 키스와 즐거운 드라이브가 저절로 상상된다. 하지만 내가 아는 한 솔라나스는 그러한 유토피아적인 여자 모임의 멤버가 아니었다. 그녀는 레즈비언이라는 주제에 관해서도 말을 아꼈다. 그녀에게는 스컴 자매가 없었다. 그녀는 혼자였다. 버소Verso 에디션의 서문에서 아비털 로넬[11](그녀는 성차별 금지법인 '타이틀 나인Title IX'에 따라 성추행으로 고발당하기도 한다)은 솔라나스를 다윗파 교주인 데이비드 코레시와 비교한다. 이들은 혁명가였지만 "자신만의 어록과 함께 홀로 부유하는 사람"이었다.

선언문에는 목표, 즉 모든 혁명적 행동이 실행됐을 때 쉴 수 있는 푸른 목초지가 필요하다. 솔라나스의 목표는 대량 학살이기도 했지만 여성 동지애에 대한 내밀한 환상이기도 했다. 그녀의 푸른 목초지에는 자유분방한 여성들로 가득하다. 그러나 그녀의 혁명이 상상의 범위를 너무 벗어났기 때문에 그녀의 궁극적 행복은 안전하게 불가능했다. 솔라나스는 정치적 욕구가 충족되면 개인적으로도 행복해질 것이라 말한 적이 있다. 그런 일은 절대 일어날 리 없기 때문에 자신의 불행과 외로움도 완벽하게 정당화된다.

어떤 면에서 솔라나스의 선언문은 그녀의 행동과 마찬가지로 무력감을 표현한 것일지 모른다. 그녀의 혁명은 너무 거대해 시작조차 할 수 없었다. 실제로 한 남자를 쏘았지만 그 과격해 보이는 행동조차도 취약함과 불확실성으로 점철되었다. 선언문에서의 솔라나스는 어둠 속에서 조용히, 상대를 무자비하게 공격하는 단호한 여성이었다. 그러나 현실의 총격 시도에서는 확고한 의지가 부족했다. 허둥지둥했다.

『스컴 선언문』은 심오한 권한이 부여된 목소리로 작성된 심오한 취약성에 관한 문서다. 상처뿐인 세상에 사는 여성이 작성한, 동지를 부르는 처절한 호소문이다.

11 Avital Ronell(1952~). 미국 뉴욕대 종신 교수인 철학자

솔라나스는 논객이었으나 궁극적으로는 회고록 작가가 되었다. 실비아 플라스도 비슷한 변화를 겪은 것이 아닐까? 그녀의 부드러운 고백의 시를 작은 선언문으로 읽을 수도 있을까? "나는 남자들을 공기처럼 먹지"를 어떻게 다르게 읽을 수 있을까?

나도 플라스와 솔라나스를 같은 선상에 놓는 것이 옳지 않을 수 있다는 걸 안다. 플라스는 훌륭한 예술가이고 존경받는 인물이다. 솔라나스는 훌륭한 예술가라 할 수는 없고 사실 예술가로 분류되는 일도 거의 없다. 게다가 솔라나스는 괴물이지만 플라스는 그렇지 않다.

하지만 두 사람은 모두 폭력 행위로 얼룩졌다. 둘 다 분노와 무력감이라는 작은 금속 이빨을 드러냈다. 그리고 자신의 일에서는 이중으로 구속되어 있었다.

그들의 텍스트는 남자 없이 위치하지만 남자에 의해 정의된다. 자유롭지 않은 자유의 장소에 있다. 그들은 남성의 폭력이 없는 세상을 꿈꾸지만 그들의 꿈은 여전히 남성에 의해 금지된다. 마치 이론가 마크 피셔의 문장 "자본주의의 종말보다는 세상의 종말을 상상하는 것이 더 쉽다"처럼 가부장제의 종말보다 세상의 종말을 상상하기가 더 쉽다.

개인사적으로 그들은 고통받고 상처받은 사람들이지만 가부장제와 대항한 아마존은 아니었다. 하지만 가부장제에 맞서 싸운 전사들이기도 했다. 너무나 거대하고 소모적이라 그 힘을 휘두르는 사람들에겐 보이지 않고 잊히고 당연시되는 힘에 맞서는 일상적 투쟁을 페미니즘이 아니라고 하면 무엇을 페미니즘(혹은 해방 운동)이라 할 수 있겠는가?

솔라나스의 말처럼 그녀의 텍스트를 읽으면 그녀를 알 수 있다.

하지만 그녀의 행동도 읽어야 한다. 이 두 여성은 자신의 작품에서, 이후에는 자신의 행동에서 남성의 헤게모니로부터 탈주하려 했다. 이 두 사람은—자신의 작품에서—남성이 지배하는 이 실제 세상의 한복판에서 벌어지는 폭력을 적나라하게 드러냈다. 다시 말해서 현실 세계를 드러냈다.

캐버노 인준 청문회가 종료될 무렵에 민주당은 일주일 동안 FBI가 캐버노를 수사하는 것으로 협상했다. 이 수사가 무의미하다는 건 누가 봐도 명백했다(이는 FBI가 어떤 식으로든 트럼프를 무너뜨릴 정부 기관이라고 믿기 시작한 자유주의자들에게 한 가지 사실을 일깨웠을 것이다. FBI는 약자들의 친구가 아니다). 온몸에서 기운이 빠져나갔다. 대체 무엇을 해야 할지 몰랐다. 일단 다음 위기가 올 때까지 텔레비전을 끄기로 했다. 임신중지 권익 단체에 기부금을 보냈다.

남성 예술가의 폭력은 그들의 위대함과 연결되어 있다. 그 폭력은 충동이다. 자유다. 여성 예술가의 폭력이나 자해는 감수성의 표시이거나 광기의 증거일 수 있지만, 그 이면에 있는 창의적이고 도덕적인 힘의 증거로 보는 경우는 거의 없다.

우리는 이 두 여자의 이야기를 각각 동화로 만들었다. 플라스는 희생자이고(오븐) 솔라나스는 가해자(총)다. 나는 조니 미첼과 도리스 레싱을 여성 이기주의에 대한 교훈적 우화로 썼다. 여성 예술가는 죽음의 골짜기에 빠지는 것이 아니라 창의적인 작품으로 가는 길을 걷는, 일종의 『천로역정*Pilgrim Progress*』에 등장하는 인물이다. 만약 조니와 레싱이 여성 역량 강화의 우화가 된다면 플라스와 솔라나스는 무력감과 분노의 우화가 된다.

+ + +

물론 플라스는 작품이라는 강하고도 섬세한 망치를 휘둘렀다. 반면 솔라나스는 결국 덫에 갇힌 쥐처럼 되고 말았다. 그녀는 물질적인 환경이 우리 삶의 형태를 좌우하기에, 세상을 발전시키려면 반드시 환경을 바꾸어야 한다는 사실을 이해하고 있었다. 하지만 젠더를 넘어서지 못하고 자기 비평의 한계에 의해 뒤로 밀려났다. 이런 면에서 그녀는 급진적 페미니즘의 한계를 노출하기도 했다. 이 세상을 두 개의 렌즈—남성 대 여성이라는 이분법적 렌즈—로만 보는 관점이 유용할 때도 있지만 그 분열에서는 혁명을 일으킬 수 없다. 남성과 여성의 분립은 그녀가 자신을 잃어버린 광경이 되어 버렸다.

그녀의 작품에서는 우리 삶을 형성하는 실제 물질적 환경에 대한 이해가 희미하게 드러난다. "돈을 위해 일주일에 최대 두세 시간 이상 일해야 할 인간적 이유는 어디에도 없다" 같은 마르크스주의적 사고는 기 드보르의 "일하지 말라"와도 일맥상통한다. 이 선언문의 여기저기서 잠시나마 모든 인류를 해방시킬 혁명적 정신에 가깝게 가닿기도 한다. 하지만 그러다 갑자기 얼음송곳을 높이 들고 처단해야 할 개자식들을 찾아간다.

그럼에도 불구하고 솔라나스는 우리가 기대치 못한 무언가를 남겨 주었다. 특정 유형의 급진적 페미니즘의 가장 극단으로 안내해 그 한계를 잠깐 들여다보도록 한 것이다. 그녀는 젠더 본질주의의 제단 위에 진정한 해방의 비전을 올려놓고 희생시켜 버렸다. 솔라나스를 보며 의문에 잠긴다. 이 남자들의 범죄에 이토록 사로잡혀 있을 때 내 눈을 가리는 것은 무엇인가? 내가 괴물 남자들을 괴물화할 때 보지 못하는 것은 무엇인가?

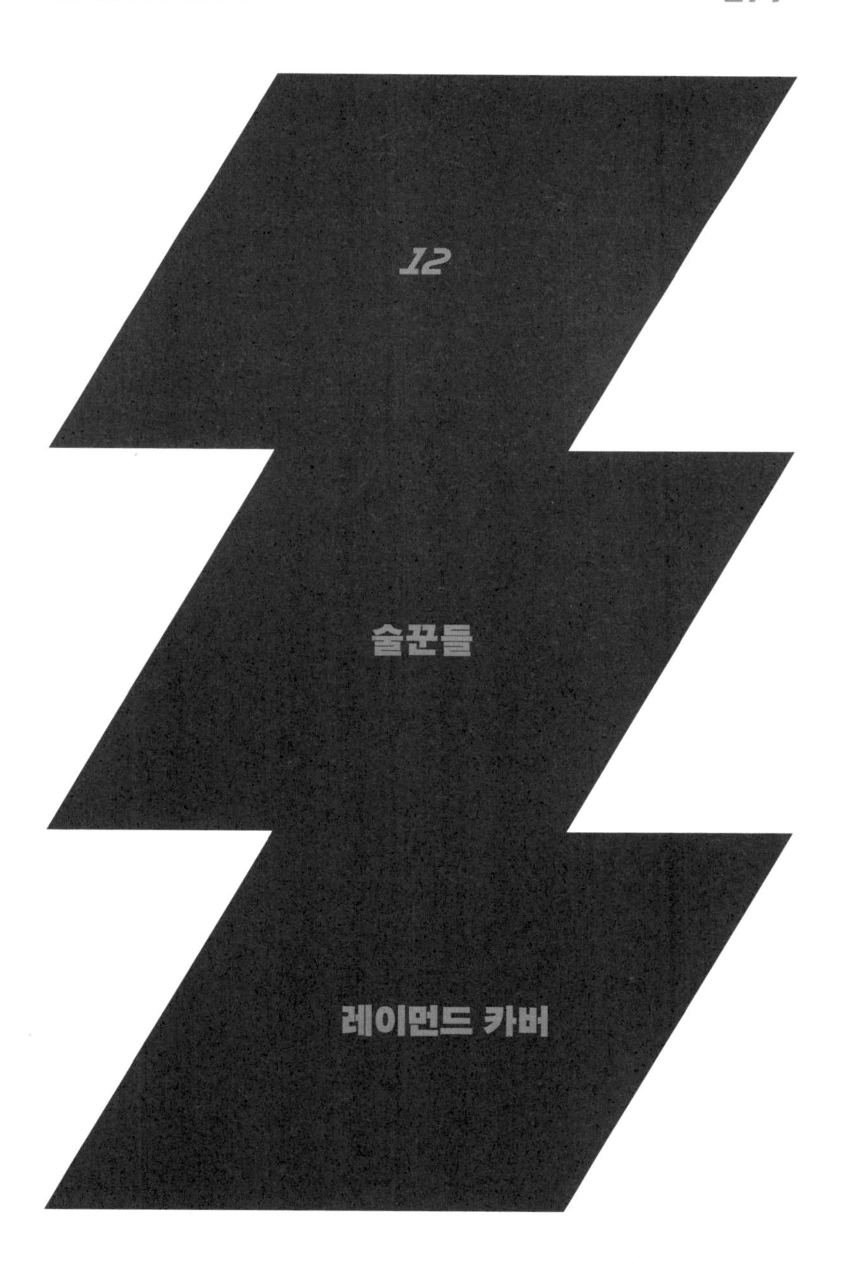

12

술꾼들

레이먼드 카버

그 질문은 완강하게 고개를 들었다. 질문은 나를 찾아오고 또 찾아왔다. 우리 가운데 얼룩진 사람에게는 어떤 공감과 연민을 가져야 하나? 그저 실책을 저지른 사람에게 갖는 연민은 어떤가?

괴물, 얼룩이 묻은 자, 고발당한 자. 이는 본인이 저지른 끔찍한 일이 곧 정체성이 되어 버린 사람에게 붙일 수 있는 명칭이다. 물론 어느 누구도 순수하게 100퍼센트 괴물일 수는 없다. 이 책에서 논의한 최악의 사람들도 한 명의 인간이고 그들이 저지른 끔찍한 일로만 정의할 수 없는 삶을 살았다.

괴물에게 연민을 가져야 할까? 이 생각은 나를 불편하게 한다. 나는 괴물의 예술을 소비하긴 했지만 소비하면서도 마음속에서는 돌무더기가 걸리적거렸다. 폴란스키와 우디 앨런에게 어떻게 연민을 갖는단 말인가. 그들의 악행—그들의 전기적 사실—은 무시할 수 없는 것이었다. 그쪽으로 향한 문은 완전히 닫아 버려야 한다. 나의 페미니즘은 그들의 작품을 소비할 만큼 유연하지만 그 남자들에게 연민을 가질 만큼 유연하지는 않다. 그들은 역겨운 행동을 했다. 권력을 남용했다. 본인 스스로에게 수치스러운 짓을 저질렀다. 그들은 나를 관객으로 삼을 수는 있겠지만 내 동정을 받을 가치는 없다.

그들의 악행으로 인해 그들 개인에 대한 나의 관심은 끝났다. 뒤돌아보고 말고 할 것도 없다. 그들이 구원받는 상상은 내 머릿속에 침투하지 못한다. 네가 일을 망쳤고 너는 이제 아웃이야. 너는 퇴출되었어. 인터넷도 내 말에 동의한다. 인터넷이라는 저승사자는 두 팔을 벌리고 당신이 오기를 기다린다. 인터넷이 당신을 한번 안으면 당신은 그 자리에서 죽는다. 미국인들이 즐겨 말하는 인생 제2막이 그들에겐 없다.

나는 우리 집 뒷마당이라 할 만한 곳에서 구원 이야기를 듣고 자랐다.

배경 설명을 해 보자면, 내가 어렸을 때인 1970년대 시애틀은 문학의 주요 무대라 할 만한 도시가 아니었다. 우리 지역에는 전국적으로 유명한 작가가 거의 없었다. 그래서 미국 북서부에 관련된 글을 만나면 감개무량한 마음이었다. 블랙베리와 퓨젓사운드와 더글러스 전나무와 익숙한 시애틀 거리 이름이 나오면 무조건 기꺼이 읽었다. 리처드 브라우티건의 이야기를 읽었다. 재미있는 척하기도 어려웠던 켄 키지[1]의 『때로는 위대한 생각*Sometimes a Great Notion*』도 읽었다. 1950년대 『시애틀 포스트 인텔리전서*Seattle Post-Intelligencer*』의 늙고 괴팍한 기자들이 쓴 칼럼 모음집도 읽었다. 우리에게는 베티 맥도널드[2]와 톰 로빈스[3]와 메리 매카시[4]가 있었다. 맥도널드는 주부라고 무시되기 십상이었고, 로빈스는 우스꽝스럽고 가벼웠으며, 매카시는 북서부의 지역주의와 자신을 잇는 다리를 고의적으로 불태워 버렸다.

그러다가 레이먼드 카버가 나타났다. 북서부 해안의 알파이자 오메가였다. 그는 오리건주 클래츠카니에서 태어나 워싱턴주 북동쪽 아래에 있는 야키마에서 유년 시절을 보냈다. 열아홉 살에 첫 아내 메리언 버크와 결혼하여 각종 허드렛일을 전전하며 곤궁한 삶을

---

1 Ken Kesey(1935~2001). 『뻐꾸기 둥지 위로 날아간 새*One Flew Over the Cuckoo's Nest*』 등의 소설로 1960년대 미국과 히피문화에 큰 영향을 준 소설가

2 Betty MacDonald(1908~1958). 유머와 재치가 넘치는 이야기를 많이 쓴 미국 작가

3 Tom Robbins(1932~). 영화로도 만들어진 소설 『카우걸 블루스*Even Cowgirls Get the Blues*』로 잘 알려진 미국 소설가

4 Mary McCarthy(1912~1989). 부모를 여의고 시애틀의 외가에서 자랐으나 동부로 대학을 가면서 주로 동부 지식인에 관한 소설을 쓴 미국 소설가

이어 갔다. 카버는 못 말리는 술꾼이었고 변변치 않은 가장이었고 아내를 괴롭히는 남편이었다. 카버는 아내와 아이들과 캘리포니아로 이사해 치코주립대학에 입학했다. 그리고 최초의 문학 스승인 존 가드너를 만났다. 영감을 불어넣기로도, 강박적으로 자기 미학을 주장하기로도 유명했던 문학 교수 존 가드너는 이후 『소설의 기술*The Art of Fiction*』을 썼다.

소설을 공부한 카버는 글쓰기에 자신을 내던졌다. 그리고 음주에도 자신을 내던졌다. 단편 소설이 잡지에 실리기 시작했다. 그의 첫 번째 단편 소설집 『제발 조용히 좀 해요*Will You Please Be Quiet, Please?*』가 1976년에 출간됐다. 같은 해에 그는 알코올 중독으로 병원에 네 차례나 입원했다.

이듬해 그는 새롭고 진지한 결심으로 술을 끊고 여러 페스티벌과 컨퍼런스에서 만난 시인 테스 갤러거와 친분을 쌓았다. 1978년 아내 메리언과 이혼하고 1979년에 갤러거와 새 삶을 시작했다. 그리고 남은 삶은? 은혜롭다grace.[5] 이후 금주에 성공하고 워싱턴주로 돌아와 올림피아 반도의 북쪽 끝 커다란 만에 면한 소박한 도시 포트앤절리스의 갤러거의 집에 정착한다. 1988년 사망할 때까지 같은 집에서 술은 한 방울도 입에 대지 않고 글 쓰고 낚시하고 지인들과의 만남을 즐기며 산다. 복된 말년이었다.

1980년대 중후반에 카버가 물리적으로 가까이에 있다는 생각은 나 같은 사람, 즉 인생에서 중요한 두 가지가 읽고 쓰기밖에 없는 젊은 문학도에게는 매우 의미 있었다. 시애틀은 여전히 대중의 상상에서 그 존재가 희미했지만, 그래도 이곳에 나 혼자 있는 것은 아니었

5 그의 시 「그레이비소스gravy」를 패러디한 문장

다. 카버는 세계에 속해 있었다. 하지만 북서부의 우리에게는 마음속 특별한 자리를 차지했다. 그는 사랑하는 우리의 작가였다.

1988년 8월의 어느 날 아침 나는 워싱턴대학교 로홀의, 먼지 낀 창문으로 환한 햇살이 들어오던 강의실에 있었다. 시인 데이비드 워거너의 소설 쓰기 워크숍에 참여하고 있었는데, 수업 시작 시간이 지났는데도 교수님이 오지 않았다. 한참 후에 교실로 천천히 들어온 그는 테이블 위에 책과 과제들을 올려 두었다. "안타까운 소식이 있네요." 그가 말했다. "레이먼드 카버 작가가 사망했어요." 누구 하나 숨소리도 내지 못하고 있을 때 우리 중 한 학생—베티 페이지[6] 헤어스타일에 빨간색 립스틱을 바른 친구—이 손에 얼굴을 묻더니 소리쳤다. "어떡해! 우리 불쌍한 테스!"

그 친구가 카버나 갤러거를 개인적으로 아는 것 같지는 않았고, 솔직히 말해 그녀의 비통한 목소리가 멜로드라마틱하고 허세로 가득하다고 생각했다. 나는 당황스러워서 입 다물고 앉아 있었지만 침묵 속에서도 동요되는 감정을 느꼈다. 당시에는 인터넷이 없었으므로 작가의 사망 소식은 우리 수업에 들어오는 시인 선생님만이 들려줄 수 있는 이야기였다. 죽은 작가는 그냥 작가가 아니라 우리 작가였다. 나 또한 내심 그 빨간 립스틱의 멜로드라마틱한 친구를 이해했고 소리치고 싶었다. "이렇게 가면 안 돼요. 레이!" 마치 사랑하는 가족을 여읜 유족처럼. 어쩌면 난 유족이었는지도 모르겠다.

그의 이력과 특히 그의 지리적 배경은 나에게 매우 중요했다. 하

6 Bettie Page(1923~2008). 1950년대 핀업 사진 모델로, 흑발의 긴 곱슬머리와 앞머리로 유명하다.

지만 카버의 인생사, 즉 비참한 알코올 중독자에서 맑은 정신의 성공한 소설가로의 극적인 전향은 그의 소설과 시를 읽는 모든 독자 위에 드리워져 있다고 말할 수 있다.

그의 구원은 작품의 스타일과 문체의 변화에서도 두드러졌다. 그는 불행한 술주정뱅이에서 구원받은 인간으로 변모하여 우리 앞에 훤히 모습을 드러냈다.

1970년대 카버의 소설은 거부감이 들 정도로 간결했다. 문학계 최고의 미니멀리스트로서의 명성은 1981년에 출간된 단편 소설집 『사랑을 말할 때 우리가 이야기하는 것*What We Talk When We Talk About Love*』으로 더욱 확고해졌다. 노동자 계층의 좌절을 그린 열일곱 편의 단편 소설은 상상할 수 있는 한 가장 간결한 산문체로 쓰였다. 모든 단어가 자기 자리를 얻어 내기 위해 싸운 것 같았다. 구원은 메뉴에 없다. (정말 멋진 단편) 「춤 좀 추지 그래?」에서 한 중년 남자는 가구를 야드 세일에 내놓는다. 소설은 침실용 가구에 대해 생각하는 장면에서 시작한다.

> 그는 부엌에 가서 술을 한 잔 더 따라 마신 후에 앞마당에 놓인 침실 가구들을 바라보았다. 한때 매트리스를 덮었던 줄무늬 시트가 침대 옆에 놓여 있고 서랍장 위에는 시폰 베개 두 개가 놓여 있었다. 커버가 벗겨진 걸 제외하면 가구들은 방에 있을 때와 크게 다르지 않아 보였다. 그의 자리 옆에도 협탁과 독서등이 있었고 그녀의 자리 옆에도 협탁과 독서등이 있었다.
>
> 그의 자리, 그녀의 자리.
>
> 그는 위스키 잔을 입에 갖다 대며 이에 대해 생각했다.

완벽한 첫 문단이 아닐 수 없는데, 이 짧은 세 문단 안에 실패한 결혼의 풍경이 전부 담겨 있다. (실패한 결혼의 유령을 연상시키는) 한 젊은 커플이 등장하여 남자가 내놓은 중고 물건을 살펴본다. 남자는 그들에게 술을 따라 주고 레코드에 음반을 올려놓고 춤을 춘다. 짧고 건조한 산문의 문장은 무척 간결하면서도 어디로 향할지 모르는 곳으로 우리를 인도한다. 이 단편 소설의 코다 같은 마지막 장에서 젊은 커플의 여자는 친구들에게 가구 판 남자와의 이상한 만남에 대해서 이야기한다. 마지막 문장은 이렇다. "그녀는 그 남자 이야기를 계속했다. 만나는 사람마다 붙잡고 그 이야기를 해 보았다. 그 속에 있는 그 이상의 무언가를 말로 표현해 보려고 무척이나 노력했다. 얼마 후 그 노력도 그만두고 말았다." 이 단편 소설은 처음부터 끝까지 공감과 연대의 실패에 대한 이야기라 할 수 있다.

『사랑을 말할 때 우리가 이야기하는 것』은 한 세대의 작가들에게 지대한 영향을 미쳤다. 작가 지망생과 작가들은 카버의 작품을 공부하고 그의 단순한 문체와 리듬을 거의 종교적으로 모방하려고 했다. 소설가 제이 매키너니는 『뉴욕 타임스』에 이렇게 썼다. "우리는 부끄러운 줄도 모르고 그를 모방했다. 시러큐스, 아이오와, 스탠퍼드 외 이 나라의 모든 글쓰기 워크숍의 모든 작가가 레이먼드 카버의 제목을 붙인 단편을 쓰고 발표했다. 「혹시 담배 피워도 돼요?」, 「이건 어때, 자기?」 이런 식이었다." 다시 말해서 『사랑을 말할 때 우리가 이야기하는 것』은 특별한 책, 사람들의 글쓰기 방식까지 바꿔 버린 책이었다. 수많은 작가가 자기 문장이 그의 문장처럼 들리길 원했다.

그러나 카버가 행복의 손길 안에 있을 때 그의 목소리는 더 이상 과거의 목소리처럼 들리지 않았다. 「춤 좀 추지 그래?」의 마음을 헤집어 놓는 강렬한 비감과 카버의 다음 단편집 『대성당*Cathedral*』에서 느껴지는 따뜻한 교감을 비교해 보자. 『대성당』의 문체는 여전히 간결하고 노동 계급의 일상을 소재로 삼고 있지만 여기에는 이제까지 없었던 새로운 관대함이 있다. 이 단편집과 동명의 단편에서 한 부부가 아내의 옛 시각 장애인 친구를 초대한다. 화자인 남편은 아내의 친구를 만나기 전까지는, 남편들이 으레 그렇듯 아내의 이성 친구에 대해 그리 호의적이지 않지만 저녁은 예상보다 더 즐겁게 흘러간다. 두 남자는 위스키를 좋아한다는 공통점을 나누고 시각 장애인 친구는 화자가 권하는 대마초를 받아 든다. 둘은 같이 소파에서 쉬면서 대성당에 관한 다큐멘터리를 본다. 화자는 이 친구가 성당이 어떻게 생겼는지 전혀 모른다는 사실을 깨닫는다. 그래서 이전에 (마치 화자처럼 거칠고 신랄했던) 양파를 담았던 식료품 봉투를 펼쳐서 함께 성당을 그린다. "내 손이 종이 위를 움직일 때 그의 손가락이 내 손가락 위에 올라왔다. 지금까지 살면서 한 번도 없었던 일이었다."

화자는 잠시 자신에게서 빠져나와 위에서 내려다보는데, 이 이야기는 단순한(지나치게 단순한 게 아닌가 싶은) 한 줄로 끝났다. "'이거 진짜 놀랍네It's really something.' 나는 말했다."

마치 짧고 감동적인 에피파니의 순간을 전달하는 단편 소설이란 개념을 놀리는 문장 같았다. 제임스 조이스적 본질과 존 치버적 암시가 이 노동자 남성의 거친 말에 들어가 있었다. 그리고 이 문장은 인간의 연대를 가능하게 했다. 이 연대의 가능성이야말로 이 이야기의 주제라 할 수 있다.

이 두 권의 단편집 사이에서 그는 분명히 더 나아졌다.

레이먼드 카버는 자신의 최악의 모습을 뛰어넘는 것이 어떤 의미인지 보여 준다. 그는 자신의 괴물성보다 더 오래 살아남았다. 그는 구원받았다. 이런 면에서 그의 이야기는 그렇게까지 흔치 않은 이야기는 아니다. 20세기 후반에 전향한 알코올 중독자는 셀 수 없이 많은 사람에게 현실에서 있을 법한 이야기가 되었다. 어쩌면 F. 피츠제럴드가 알코올 중독자 모임에 몇 번만 출석했다면 미국인 인생의 제2막을 믿었을지도 모른다.

어떤 경우가 되었건 카버의 구원은 20세기 문학사에서 아주 중요한 이야기의 하나가 되었다. 그는 자기 스스로 구원의 이야기에 윤을 냈다. 환드퓨카 해협 위의 묘비석에는 그의 시 「그레이비소스」가 새겨져 있다. "(…) 술을 끊었어. 그리고 남은 삶은?/ 그 이후에 모든 것은 그레이비소스였지."

그의 이야기와 묘비석은 많은 작가와 애주가에게 중요한 문학적 테마가 되었다. 한 명도 아닌 두 명의 작가, 올리비아 랭과 레슬리 제이미슨은 카버의 묘비석을 작가와 술과 술 마시는 작가와 글 쓰는 술꾼이라는 책의 중심 모티브로 삼았다. 실은 나도 이 작가들과 같은 시도를 할 수 있을 것만 같았다. 포트앤절리스 바람 부는 언덕에 나를 데려다 놓으면 되지 않나. 하지만 나는 갈 필요가 없다. 이미 카버의 풍경 안에 살고 있으니까.

카버의 단편을 읽을 때면 그의 인생사가 독서 경험에 자꾸 끼어드는 것은 맞지만, 우리가 예상한 방식은 아니다.

두 단편집 사이에 정말로 무슨 일이 일어났을까? 기자이자 전기작가인 D. T. 맥스는 조금 더 알고 싶었다. 카버의 작품이 그의 이력에 영향받았다는 건 공공연하게 받아들여진 사실이었다. 맥스는 다음과 같이 쓴다. "많은 비평가가 그의 초기작과 후기작의 차이를 발견하고 전기적 측면에서 설명했다. 카버의 초기작들은 절망 속에서 썼다고 알려져 있다. 그러나 성공을 거듭하면서 작가는 희망과 사랑을 배웠고 이를 소설에 녹여 냈다. 이 구원의 이야기는 테스 갤러거의 글과 이야기를 통해 더욱 빛을 발한다. 대부분의 비평가들은 행복한 작가는 행복한 이야기를 쓴다는 문학적 설명에 만족하는 것 같다.”

『사랑을 말할 때 우리가 이야기하는 것』을 관통하는 독보적이고 개성 있는 목소리에 질문의 핵심이 들어 있다. 이 목소리는 카버의 목소리이기도 하지만, 크노프의 편집자 고든 리시가 이야기를 너무 많이 편집한 까닭에 그 초기작들은 카버의 작품이면서 고든 리시의 작품이라 주장하는 비평가들도 적지 않다.

카버가 『대성당』을 쓸 때 정말 더 건강해지고 더 행복해졌을까? 아니면 그저 담당 편집자가 바뀐 걸까?

1998년 『뉴욕 타임스 매거진*The New York Times Magazine*』의 기자 맥스는 인디애나대학교에서 1991년의 리시의 노트들을 찾아낸다. 맥스는 카버의 초기 단편들이 소문처럼 리시의 공격적인 편집으로 달라졌다는 사실을 알게 되었다. 많은 문장이 삭제되고 다른 문단이 추가되고 결말이 바뀌기도 했다. 맥스가 발굴한 당시의 서신을 보면, 카버는 리시의 과감한 편집이 드러나서 소설가로서의 명성이 훼손될까 봐 두려워했음을 알 수 있다(카멜레온처럼 다양한 색채로 나타나는 이 폭로에 대한 공포는 많은 알코올 중독자의 공통 증상이기도 하다).

이 사실이 카버의 작품을 읽는 데 어떤 영향을 미치는가? 그의 작품에 반영됐다고 하는 한 인간의 구원 이야기가 사실이 아니라면 그것이 그렇게 중요할까? 리시의 과감한 편집이 그의 작품 자체를 바꾸는가? 카버의 글을 좋아하는 나는 사실 그의 황금빛 구원 이야기가 필요했다. 그가 “물은 다른 물과 같이 흐르는 법이지”라고 한 것처럼 환드퓨카 해협보다 더 높아진, 그의 삶이 더 나아졌다는 이야기가 나는 필요했다. 나는 그 이야기가 준 희망이 필요했다.

* * *

어느 햇살 좋은 가을 아침, 트럼프 시대 한복판에서 나는 술을 끊기로 결심했다.

그날 아침 어떤 실체가 나를 방문했는지 모르겠지만, 이제까지 수백 번 반복했던 것처럼 퉁퉁 부은 눈으로 침대에 누워 있었다. 그러다 갑자기, 정말로 난데없이 나의 음주와 나의 절망은 하나라는 인식이 내 안으로 들어왔다. 그날 처음으로 10년 넘게 단 하루도 빠짐없이 술을 마셨다는 사실을 인정했다. 내 개인적인 불행 지수가 급등한 10년이었다. 나는 인정했다. 과음했고 필름이 끊겼고 음주 운전을 했고 거짓말을 했다. 아이들을 버리지 않았지만, 나는 내 삶에서 극심하고 지대한 방식으로 부재하고 있었다. 간단히 말해 나는 술꾼들이 하는 모든 일을 했다. 갑자기 이 모든 것이 멍청한 농담처럼 명백해졌다.

누군가라도 붙잡고 묻고 싶다. 하필 그날 커피 한 잔을 내리고 안락의자에 앉아 노트북을 편 다음 구글 검색창에 "알코올 중독 테스트"라고 친 연유는 과연 무엇이었을까?

비몽사몽 중에 떨리는 손으로 "알코올 사용 장애 식별 테스트"인가 무언가를 클릭했다. 모든 질문에 정직하게 대답하지는 않았으나 나에 대한 일부 사실들을 노출했다. 테스트 결과 나는 "해로운 음주 행동"을 보이고 있었다.

나는 생각했다. 음, 정말로 솔직하게 말하면 어떤 결과가 나올지 궁금하네. 적어도 진실을 실험해 볼 수 있었다. 심호흡을 하고 테스트를 다시 해 보았다. 이번에는 결과가 나왔을 때 내 마음속 어딘가에서 이미 알고 있던 뉴스가 나왔다.

햇살이 온몸으로 쏟아지는 거실에서 기지개를 켜면서 술을 끊겠다고 결심하는 일이 나에게 일어났다. 세상에서 가장 슬픈 결심이었다.

나의 단주 결심을 멋지게 포장하고 영웅적으로 들리게 만들 수도 있다. 마치 이 세상에 대한 나의 절망감을 드러낸 것처럼 할 수도 있었다. 그 또한 진실의 일부이긴 했다. 술을 마시지 않는 친구 크리스티가 술을 끊은 날 이렇게 문자를 보냈다. "나가떨어진 것처럼 와인을 마시면서 『시녀 이야기』나 인용하기보다는 뭔가 창끝에 달린 날카로운 눈처럼 행동하는 사람이고 싶어."

하지만 창끝의 눈이 되고 싶어 술을 끊은 건 아니었다. 술이 나를 끔찍하고 비참한 사람으로 만들고 있기 때문이었다.

술을 마시지 않는 사람은 두 종류다. 술 같은 것에는 관심 없는 사람, 아니면 술에 지나치게 관심 있는 사람. 나는 후자다. 나 같은 사람이 술을 끊는다는 건 어느 정도는 감당할 수 없는 괴물이 되었다고 고백하는 셈이다.

내가 괴물일까? 그 대답은, 너무나 선명하고 큰 소리의 "그렇다"였다.

내가 레이먼드 카버를 태평양 북서부 작가로, 나의 태평양 북서부 작가로 추앙한 시절에 그를 내 사람으로 만든 또 다른 이유가 있었다. 그는 길 잃은 사람이고, 술주정뱅이였고, 내가 그였다. 술을 진탕 마시던 이십 대 시절에 그를 가장 사랑했다. 1년에 한 번 혹은 분기에 한 번씩 아침에 일어나면 알코올 중독자 모임에 가야 할지도 모른다고 생각했었다. 당시에는 인정하기 싫었지만 카버는 나의 아바타였다. 계속 인정하지 않다가 그 이상하게 햇살이 내리쬐던 아침, 새로운 종류의 깨달음이 나를 찾아온 후에야 인정했다. 왜 하필 그때인지는 누가 알까.

* * *

회복의 움직임은 우리 자신이 이제까지 한 최악의 행동보다는 나은 인간임을 말해 준다. 그렇게 믿지 않으면 알코올 중독자는 계속 시궁창에 빠져 있어야 하고 만화 속 술주정뱅이처럼 무슨무슨 술병을 입에 달고 평생을 살아야 하지 않나? 앞으로도 계속 그렇게 한심한 순간들로만 정의될 뿐이라면 노력 따위가 다 무슨 소용이 있겠나?

구원이라는 개념은 술꾼과 중독자들의 생존에 결정적으로 중요하다. 이들은 과거의 자신에게서 조금이라도 자유로울 수 있는 미래를 믿어야만 하기 때문이다.

언젠가부터 이른바 캔슬 컬처라는 것이 가혹하게 느껴졌다. 특히 나처럼 중년 중산층 음주자들이 아닌 좀 더 젊은 중독자들이 참여하는 더 젊고 더 냉소적인 온라인 회복 모임에서 그랬다. 그곳에는 나쁜 사람들을 참지 않고 바로 추방해 버리는 분위기가 있었다. 결국 우리는 모두 나쁜 사람들이었으니까. 혹은 나쁜 사람인데 그렇게 되지 않으려고 노력했던 사람들이므로.

삶의 방식으로서 회복은 괴물의 관점에서 사물을 보게 만든다. 당신은 괴물이기에 괴물의 관점에서 볼 수밖에 없다. 당신은 어떤 방에 앉아서 끔찍하고 끔찍한 이야기에 귀를 기울인다. 하지만 사실은 결국 평범한 이야기라 할 수 있다. 이 방의 모든 사람이 그 끔찍한 시기를 거쳤기 때문이다. 레슬리 제이미슨은 평범함이 주는 선물에 대해 글을 쓰면서 당신의 이야기도 결국 그렇게까지 대단하지 않다고 말했다. 이는 새로운 방식의 공감을 발견하는 경험이었는데, 내 안의 가장 최악의 것, 가장 괴물 같은 것을 말하고 이를 받아들이는 이유는 내가 특별해서가 아니라 특별하지 않기 때문이다(전혀 특별하지 않은 인간 험버트가 떠올라서 불편한 기시감이 든다).

그런 일이 당신에게 일어났을 때, 당신이 특별한 종류의 공감을 받았을 때 당신은 다른 사람에게도 그 공감을 나누어 주어야 한다. 호혜로서가 아니라, 공평성 때문이 아니라, 당신이 착해서가 아니라, 당신의 나쁜 점이 평범하다는 것을 듣고, 그 평범함에 대한 이해를 다른 사람들에게 확장하는 것이 계속 술을 마시지 않는 데 도움이 되기 때문이다. 그렇게 계속 살아갈 수 있다.

물론 설명하기 힘든 복잡한 요소가 있다. 바로 많은 중독자와 알코올 중독자가 학대의 생존자라는 점이다(심지어 #미투 운동이 벌어지는 회복 모임에서도 학대가 이루어질 수 있다). 트라우마와 학대가 약물이나 알코올 남용으로 이어지는 사례는 얼마든지 찾아볼 수 있다. 사실 술은 트라우마 관리에 매우 유용한 방법이다. 단, 유용하지 않을 때까지는 그렇다. 술과 트라우마의 상관관계에 대한 이해는 알코올에 대한 사고 모델을 크게 변화시켰다. 알코올 중독자 모임은 알코올 중독을 질병으로 규정하지만 음주는 하나의 해결책으로 생각할 수도 있다. 음주와 약물 복용은 장기적으로는 형편없는 해결책이지만, 바로 코앞의 나쁜 감정을 관리하는 데 극단적으로 효과적인 전략이다.

한마디로 중독자들은 때로는 다른 사람에게, 때로는 빈곤이나 인종주의 같은 구조적 학대로 인해 심하게 상처받은 사람이다. 우리가 한방에 앉아서 동료 괴물들을 받아들일 때, 고통에 대한 우리 자신의 경험에 따른 지식은 모든 것을 수용하라고 말해 준다. 우리는 괴물이면서도 피해자다.

우리의 이야기가 구원의 이야기 중 하나이기를 바란다. 하지만 모든 일은 그보다 더 복잡하게 흘러간다. 우리의 이야기는 누군가를 망가뜨린 일과 누군가에게 망가진 일로 이루어져 있다. 폭로를 두려워한 카버의 이야기도 되고 비밀스러운 자아를 숨겼던 중독자의 습관에 대한 이야기도 될 것이다.

갤러거는 카버의 시 「그레이비소스」를 자신의 비석에도 새겼지만, 「행운Luck」이라는 시(행운이 다시 등장했다)는 풍요로운 시절 이전에 어떤 일이 있었는지 말해 준다. 이 시에서 화자는 파티 다음 날 아침에 집 안을 서성이는 아홉 살 소년이다. 소년은 술병과 술잔에 남아 있는 술을 마신다. "우와, 운 좋네. 나는 생각했다." 그리고 그는 평생 이렇게 살고 싶다고, 꿈만 같다고 썼다. 혼자서 "아무도 없는 집에/ 나 혼자, 아무도 돌아오지 않는 곳에" 있다가 마시고 싶은 만큼 술을 마시고 싶다고.

우리 술꾼들은 모두 그 소년이었다. 자신을 망가뜨리면서, 주변 사람들을 상처 주면서 자신은 자유롭다고 생각하는 소년. 우리는 모두 그 소년이었기 때문에, 이 세상 사람들이 저지른 최악의 일보다는 더 낫다는 사실을 다시 상기시키는 것이 우리의 최대 관심사가 된다.

결국 이 말을 길게 돌려 말하는 듯하다. 괴물도 사람이다. 내가 술꾼이 아니었고 술을 끊지 않았다면 그 괴물 안의 인간성을 받아들일 수 없었을 것이다. 내가 강제로라도 내 안의 괴물성을 인정하지 못했더라면 그랬을 수도 있다.

술을 끊으면서 내가 옳고 정당하다는 믿음이 약해졌다. 내가 괜찮은 사람이었다는 믿음이 깨졌다. 내가 부분적으로 괴물이었다면 범죄를 저지른 사람들도 부분적으로 인간이었을 것이다.

나의 잘못과 마주할 때 이 세상은 나와 같은 사람들이 오랜 기간 인정하지 않거나 충분히 인정하지 않았던 죄를 심판하는 쪽으로 달려가고 있었다. 술을 끊은 이후 몇 달, 몇 년 동안 역사는 내 어깨를 툭툭 치면서 자신의 존재를 상기시켰다. 팬데믹이 닥쳤고 내 아이들이 먼저, 그리고 내가 거리에 나가 구조적 인종주의에 항의하는 시위를 했다. 내가 가르치는 대학에서 많은 이가 불편해하는 내 안의 백인우월주의에 대해 반성하는 강의를 했다. 우리가 사는 해안가 전체에 화재가 났다. 우리는 세상 종말의 분위기를 흡입했다. 술을 마시지 않는 맑은 정신이라는 차가운 빛은 계속 내 눈을 깜빡이고 깨어 있게 했다. 어째서 내가 이제까지 나쁜 상황을 똑바로 보지 못했는지, 왜 갑판에 쌓인 것을 보지 못했는지 궁금하게 했다. 나의 행운이 무엇이고 행운이 무엇을 의미하는지도 보지 못했다.

내가 알던 많은 사람처럼 나는 점점 더 나의 복잡성을 (정확하게) 이해하게 되었고, 내 피부색과 가족이라는 운에 의존하는 나를 자각했다. 옳은 일이 정확히 무엇을 말하는지 몰라도 옳은 일을 하고 싶다는 열망이 깨어났다.

이 모든 깨어남 속에서 "우리는 이 괴물 같은 남자들의 예술을 어떻게 해야 하는가?"라는 질문을 새로운 방식으로 보게 되었다. 처음에는 이 문제에 책임을 갖는 방식이 그 작품과 창작자를 소비하지 않는 것이라 생각했다. 우리의 돈과 관심을 끊는 것이 진보적인 해결책이 아닐까? 그러나 그게 정말 변화를 가져오는가?

다른 사람이 부적절하게 소비한다는 말은 적절한 소비가 있다는 뜻을 내포한다. 하지만 꼭 그렇지만은 않다.

우리가 "이 괴물 남자들의 예술을 어떻게 할 것인가?"라고 물을 때 우리는 우리 자신을 고정된 소비자의 역할로 밀어 넣는다.

문제를 소비자에게 전가하는 것이 자본주의가 작동하는 방식이다. 소비자는 언제나 윤리를 최우선으로 고려하지 않는다. 일련의 결정이 내려진 다음부터 어떻게 대응하고 무엇이 올바르고 윤리적인 행동인지 스스로 해석해야만 한다. 마이클 잭슨의 행동이 점점 더 이상해질 때도 여전히 마이클 잭슨은 이용당하고 포장되고 공급되고 충족되고 구미에 맞춰지고 있었다. 음악 산업은 음악 종사자와 관련된 윤리에 신경 쓰지 않는다. 그 일은 우리에게 떠넘겨진다. 카페에서 'I Want You Back'이 흘러나올 때 우리는 감정과 반응의 소용돌이에 휩싸인다.

마크 피셔는 2009년의 책 『자본주의 리얼리즘: 대안은 없는가?*Capitalist Realism: Is There No Alternatives?*』에서 우리 모두가 숨 쉬고 움직이는 이 자본의 분위기, 비판이나 저항은커녕 눈에 보이지 않을 정도로 만연한 자본의 분위기에 경각심을 일깨우려고 한다. 우리가 무언가를 적극적으로 구매하고 있지 않을 때도 원자화된, 개별적인 소비자의 역할에만 갇혀 있다.

우리에게 맡겨진 이 역할에 따르면, 개인적 선택으로 이 사회의 부정의와 불평등을 해결하려고 노력하는 것이 타당해 보인다. 하지만 좋은 생각처럼 느껴져도 안타깝게도 실제 효과는 미미하다. "문제는 대부분의 윤리학에서 가정하는 개인 책임 모델이 윤리의 자본이나 기업의 행동에는 큰 효용을 갖지 못한다."

피셔는 재활용이라는 개념을 이용해 소비자들이 어떻게 윤리의 집행자이자 실행자가 되어야 하는지 설명한다. "모든 사람이 재활용해야 한다는 이야기를 듣는다. 정치적 성향에 상관없이 누구도 이 명령에는 저항할 수 없다. (…) 재활용을 '모든 사람'의 책임으로 만들면서 구조는 그 책임을 소비자에게 떠넘기고 자신은 보이지 않는 곳으로 물러난다. (…) 모든 사람—개인 한 명 한 명—에게 기후변화에 대한 책임이 있고 우리 모두 각자의 역할을 해야 한다고 말하는 대신, 아무도 책임이 없고 그것이 문제라고 말하는 편이 낫다."

기후변화와 환경문제를 늦추기 위해 해야 할 일의 규모는 너무 방대하기 때문에 개인이나 기관이 감당할 수 없다. 결국 재활용하고 물병을 재사용하고 플라스틱 빨대를 사용하지 않는 등 개인의 책임이 강조되고 있다. 집단적 힘이 없는 우리 원자화된 개인은 매우 용맹스러워 보이는 우리 소비, 우리 행동, 우리 결정이 실은 궁극적으로 의미 없다는 감각만을 갖게 된다.

피셔는 책에서 고립된 소비자로서의 우리 자신을 이해하고 바로 거기서부터 우리 소비의 비도덕성을 받아들이라 요청한다. 다시 말해서, 우리는 계속해서 소비를 윤리적 선택의 장으로 바라보지만 사실 정답은 이 안에 있지 않다. 우리의 판단은 우리를 더 나은 소비자로 만들어 주는 것이 아니라 오히려 그 광경에 갇히게 만든다. 그래서 피셔가 후기 자본주의의 공기라 부르는 이 분위기에 더 연루되고 만다.

예술은 특별한 위치를 갖고 있다. 미술관에서 전시를 관람하는 경험은 이를테면 드라이버 하나를 사는 것과는 다른 문제일 수 있지만, 우리는 윤리적 딜레마를 해결해야 할 때도 소비자의 역할에서 문제에 접근한다. 소비자란 근본적으로 타락한 역할이다. 왜냐하면 자본주의 아래에서 괴물성은 모두에게 적용되기 때문이다. 나는 괴물인가? 나는 물었다. 그렇다. 우리 모두 괴물이다. 나는 괴물이다.

우리가 괴물 남자들을 어떻게 대해야 하는지에 지나치게 집중하면 #미투가 실제로 해야 하는 일에서 관심이 멀어지게 된다. 사건이 터지면 비평가들은 곧바로 "그래서 그 X의 작품은 다 버릴 겁니까?"라고 물으면서 자본주의의 시녀가 되어 문제의 초점을 가해자와 가해자를 지지하는 시스템에서 개인 소비자로 옮긴다.

개인의 해결은 자유주의적 계몽주의자들의 이상이다. 사람들은 본질적으로 선하게 태어났기에 더 좋은 결정을 한다는 것이다. 자유주의는 시스템에서 시선을 돌려 개인 선택의 중요성에 더 집중하기를 원한다. 후기 자본주의에서 이러한 개인의 선택은 돌이킬 수 없을 정도로 소비자의 선택과 연동된다. 당신의 소비가 당신이다. 당신은 결국 당신의 팬덤이다.

기 드보르가 "외양"이라 부르는 이 순간에 전기는 최고 자리에 군림한다. 우리는 개인의 사생활과 전기를 기반으로 한 미디어를 만들었다. 그 미디어는 우리의 유사 사회 관계에 물을 주고 키웠고, 우리의 팬덤은 우리 자신이라 말한다. 이에 상상을 초월하는 인터넷의 정보 분산 능력이 결합되면서 좋든 나쁘든 우리가 모든 사람에 대해 모든 것을 아는 상황이 만들어졌다. 전기는 우리와 우리가 좋아하는 사람들과의 관계를 정의했다.

그러다가 #미투가 시작되었다. 우리가 권력의 책임을 묻기 위해 시스템을 비판할 시간이 되었을 때 우리는 무너진 시스템이 만든 이미지 안에서 우리 자신을 다시 만들었다. 우리는 개인을 취소하고 개인의 전기를 취소했다. 우리는 이 남자들이 저지른 짓에 계속해서 충격을 받았고 그들을 카리스마 있는 거대 동물의 역할로 복귀시켰다. 한때의 영광스러운 동물이 끔찍한 괴물로 변했다. 그들의 몰락은 궁극적으로 그들의 전기가 중심이 된 권력의 힘을 재확인하는 것뿐이었다. 한편 나는 〈물속의 칼〉을 스트리밍할지 말지가 중요한 척했다.

우리는 물건을 살 때 판단력을 발휘하여 도덕성을 구현하려고 하지만 우리의 판단이 우리를 더 나은 소비자로 만들어 주지는 않는다. 사실상 우리는 통제력이 있다고 믿기 때문에 이 광경에 더 갇히게 된다. 하지만 우리가 이 광경의 허구성을 완전히 받아들이면 어떨까?

유명인을 비난하고 퇴출시키는 일은 결국 얼룩이 없는 긍정적인 유명인이 있다는 개념을 강화한다. 나쁜 유명인이란 존재하지 않는 좋은 유명인에 대한 생각을 다시 한번 주입한다. 유명인이란 도덕성의 주체가 아니고 재현 가능한 이미지일 뿐이다.

사실 우리가 작품을 소비하거나 소비하지 않는 것은 윤리적 행위로서 본질적으로 의미가 없다.

결국 우리에게는 감정이 남는다. 사랑이 남는다. 예술에 대한 사랑은 우리의 세계를 환히 밝히고 넓게 확장한다. 우리는 원하든 원치 않든 사랑한다. 우리가 원하건 원치 않건 얼룩이 생기는 것과 마찬가지다.

나는 카버를 강박적으로 읽었다. 나 자신의 경험은 그 독서를 특별하게 만들었다. 나의 역사, 나의 지리적 배경, 나의 음주벽, 나의 문학적 열망이 카버에 대한 사랑을 형성했다. 또한 카버의 인생에 의해 독서 경험이 형성되기도 했다. 이 모든 복잡한 역사와 흐름에서 평범하고 복잡하지 않은 것이 흘러나온다. 사랑이다.

다시 말해서 정답은 없다. 당신이 그 정답을 찾아야 할 책임도 없다. 책임감이란 케케묵은 생각이며 비극적으로 제한된 소비자의 역할을 강화할 뿐이다. 이 문제에 대해서는 권위자도 없고 권위자가 있어서도 안 된다. 이제 당신은 곤경에서 벗어났다. 당신은 일관적이지 않다. 당신은 마이클 잭슨을 어떻게 들어야 할지에 대해 거창하고 통일된 이론 같은 걸 가질 필요가 없다. 당신은 계속해서 위선자로 살 것이다. 당신은 〈애니 홀〉을 사랑하지만 피카소의 그림을 한 점도 보지 못할 수도 있다. 당신은 화해할 수 없는 모순을 해결해야 할 책임이 없다. 사실 소비로는 아무것도 해결하지 못한다. 당신이 할 수 있다는 생각을 갖고 있다면 막다른 골목을 만날 뿐이다.

당신이 예술을 소비하는 방식이 당신을 나쁜 사람 혹은 좋은 사람으로 만들어 주지는 않는다. 더 나은 사람이 되기 위해서는 아마 다른 방법을 찾아야 할 것이다.

13
사랑받는 이들
마일스 데이비스

우리는 괴물 같은 사람들을 어떻게 해야 하는가라는 주제를 갖고 먼 길을 여행했다. 감정, 주관성, 용서, 연민, 제도적 변화, 침묵의 목소리를 위한 공간 마련, 작품도 변할 수 있음을 이해하기에 대해서 이야기했고, 이 모든 것은 중요하다. 그리고 또 하나가 있다. 미美다.

어느 추운 겨울밤, 외딴 산장에서 몇몇 친구와 어떤 나무가 최고인지에 대해 언쟁을 벌였다. 태평양 연안 북서부 사람들은 이런 논쟁을 즐긴다. 한 친구는 삼나무의 절대적 기능성을 높게 평가했다. 북서부 연안의 원주민들은 삼나무로 집도 세우고 옷도 짓고 약재로도 사용했다. 나는 마드로나madrona라고 했다. 왜? 아름다우니까. 구불구불하게 뻗은 가지는 붉은빛 고동색 나무껍질로 덮여 있는데, 그 얇은 껍질을 벗기면 피스타치오와 비슷한 옅은 황토색 껍질이 드러난다. 참으로 멋스러운 나무가 아닐 수 없다. 이 나무는 캘리포니아에서는 마드론, 캐스케디아에서는 마드로나, 브리티시컬럼비아에서는 아르부투스로 불리는 등 지역마다 이름을 바꾸며 우아한 자태를 뽐낸다. 나에게 마드로나의 아름다움은 이 나무를 사랑하고도 남을 이유가 된다(「그리스 항아리에 부치는 노래Ode on a Grecian Urn」[1]까지 인용하지는 않았다).

당시에는 친구도 나도 깨닫지 못했지만, 실용 대 미학에 대한 중요한 논쟁을 벌이고 있었다. 이런 유의 논쟁에서 거의 대부분 실용이

1 존 키츠의 시로 "아름다운 것은 진리요, 진리는 아름다움이다. 이것이 인간 세상에서 인간이 알고 있는 전부요, 알아야 할 전부다Beauty is truth, truth beauty,—that is all. Ye know on earth, and all ye need to know"라는 구절로 유명하다.

승리한다. 그래서 그날 밤에도 미가 패했다. 하지만 내 마음속에서는 그렇지 않았다.

미는 깨지기 쉬운 원칙이다. 특히 유용성이나 도덕성의 맞수로 나서기에는 우스울 정도로 비실비실하다. 괴물 남자들의 예술을 어떻게 해야 할지에 대해 고민할 때, 아름다움은 민들레 홀씨 정도의 무게를 가졌다고 할 수 있다. 다시 말해 아무것도 아니다. 바로 옆에서 이 남자들의 지저분한 사생활에 대한 목청 큰 나는 고발한다가 이루어지고 있기 때문이다.

미는 지난 몇 년 동안 입지가 점점 좁아질 수밖에 없었다. 수십만 명이 죽고 동료 시민들이 경찰에 의해 일상적으로 살해되고, 후기 자본주의가 가장 잔인한 십일조 징수를 감행하는 시대다 보니 그렇게 되었다.

그럼에도 불구하고. 미도 중요하지 않을까. 우리는 미에 대해서는 어떤 결정도 내리지 않는다. 미는 우리 앞에 툭 하고 떨어진다. 1995년 한 인터뷰에서 평론가 데이브 히키는 아름다움beautiful과 미beauty를 구분했다. "아름다움은 사회적 구성물이다. 무엇이 적절한 시각적 외양을 구성하는지에 대한 공동체의 기준이다. 아름다움은 우리가 좋아해야 하는 무언가다. 반면 미는 우리가 좋아하는 것이다. 좋아해야 하는지 안 하는지에 상관없이 저절로 마음과 몸이 반응하는 것이다."(강조는 나의 표기다. 또한 미에 대한 우리의 비자발적 반응이 얼룩에 대한 비자발적 반응과 얼마나 흡사한지 주목하자.)

히키는 말한다. "따라서 미는 공동체의 산물이 아니다. 이것이 공동체를 형성한다. 원한다면 욕망의 공동체를 만들기도 한다." 어쩌면 팬덤에 대한 설명이라고도 할 수 있겠다. 미는 굉장히 강력한 힘이자 정서적인 힘으로, 우리에게는 개념이 아니라 체험이다.

마일스 데이비스가 최고의 합을 이루는 콜트레인, 캐넌볼 애덜리, 빌 에반스와 함께 연주한 1959년의 'So What' 영상을 본 적이 있다. 카메라는 공간을 서서히 이동하다가 결코 다른 사람과 헷갈릴 일이 없는 데이비스의 멋진 체격과 운동선수처럼 각지고 다부진 어깨와 즉흥 연주를 위해 취한 자세를 비춘다.

과거 헤로인 중독자이며 포주였던 데이비스는 일찍부터 음악의 천재로 알려져 있었다. 그의 역사는 온갖 모순으로 가득하다. 열일곱 살에 한 아이의 아빠였던 그는 세인트루이스에서 빌리 엑스타인과 무대에 올랐고, 얼마 후 일리노이주 올턴에 꾸렸던 중산층 가정을 떠나 줄리어드에 입학하기 위해 뉴욕으로 향했다. 학교를 중퇴하고 빌리지[2]에서 활동하다 찰리 파커를 만나 파커의 밴드에 디지 길레스피 대신으로 들어갔다. 뉴욕에서 유럽으로 진출했을 때도 헤로인 중독은 그를 따라왔지만 주머니가 비었을 때도 연주자들을 모아 연주를 하고 소규모 오케스트라를 만들었다. 1950년대는 격동의 시대였고 마일스의 연주는 발전을 거듭했다. 컬럼비아 레코드의 조지 어배키언은 마일스 데이비스와 음반 계약을 하면서 그의 연주에 대해 단순하게 이렇게 표현했다. "마음을 약하게 만드는 사운드다."

1959년 컬럼비아의 전폭적인 지원과 밴드의 리더이자 편곡자 길 에반스의 지휘 아래 마일스는 기반을 잡으며 자신의 음악을 기적에 가까운 위치에 올려놓는다.

그렇게 〈카인드 오브 블루Kind of Blue〉 앨범이 탄생했다. 처음 몇

2 빌리지 뱅가드. 뉴욕에서 가장 오래된 재즈 클럽

초 동안 피아노, 드럼, 베이스가 연주되다가 두 개의 구슬픈 도입음이 흐르며 재즈 역사상 가장 유명한 앨범의 서두를 알린다. 두 음은 데이비스의 음악이지만 이제는 우리 모두에게 속한 음악이다. 첫 음절부터 음악의 역사에 속하고 너무나 확고하게 영원불멸에 속한다.

나는 마일스를 소 뒷걸음질 치다가 쥐를 잡는 격으로 알게 되었다. 물론 그의 음악을 당연히 알았고 평생 그의 음악과 함께했다고 할 수 있지만, 그의 음악이 내 주요 관심사가 된 건 첫 #미투 고발 이듬해였다. 자동적으로 마일스에 대해 관심이 생겼다기보다는 '작품과 창작자 분리 문제'에 관해 조사하다가 우연히 접한 몇 가지 자료와 몇 번의 헛걸음이 펄 클리지의 에세이 『마일스에게 화나다*Mad at Miles*』까지 닿게 했다.

그 에세이야말로 내가 애타게 찾고 있던 글이고 생각이고 감정이었다. 『마일스에게 화나다』는 열정과 후회가 뒤섞인 뜨거운 야수 같은 글로 가득하다. 물론 감정도 담겨 있다. 지극히 주관적인 글이기도 하다. 흑인 극작가이며 소설가이며 에세이스트인 클리지는 마일스 데이비스의 음악, 특히 〈카인드 오브 블루〉 앨범과 자신의 관계가 세월에 따라 어떻게 진화했는지를 기록한다. 여기서 '관계'란 단어는 저자가 자신의 감정 변화에 대해 쓰고 있기 때문에 더없이 적절하다.

이전 장에서 말했지만, 나는 비평가의 주관적이고 개인적인 관점이 비평 기계의 유령처럼 숨어 버리는 글을 수없이 읽었다. 펄 클리지는 이 유령이 나와서 울부짖게 한다. 그녀는 단 한 순간도 우리가 이 주관성이라는 유령을 잊도록 놔두지 않는다.

펄 클리지는 흑인 여성이자 학대 생존자로서의 개인적 경험에서 비롯된 글을 쓴다. 그녀만의 개인적 경험은 마일스 데이비스 음반을 소비하는 체험을 복잡하게 만든다. 에세이에서 그녀는 자신의 경험을 숨기려 하지도 않고 객관적 시각에서 말한다고 주장하지도 않는다.

데이비스의 음반과 처음 접선한 순간에 그녀는 황홀경에 빠졌다. 'So What'의 첫 소절이 다른 수많은 대중을 사로잡았듯이 그녀의 영혼을 사로잡고 말았다. 〈카인드 오브 블루〉 앨범과의 첫 만남을 묘사하는 그녀의 언어는 즉각적이고 내밀하며 실은 감정적이다. "나는 사랑했다. 들었다. 아무리 들어도 또 듣고 싶었다."

이 앨범은 그녀 삶의 모든 시절을 함께 겪는 하나의 부적이 되었다. 마일스는 각각의 시절을 헤쳐 가는 그녀를 옆에서 지켜본다. "보헤미안 여자 시절, 결혼 생활 10년 만에 다시 싱글 시절, 마지막 데이트를 열여덟 살에 했는데 벌써 서른 몇 살이 되어 버렸네 시절, 이제 난 삼십 대야 시절, 겨우 죽지 않고 버티고 있으니 날 빨리 위로해 줘요 시절, 이 모든 삶의 굽이굽이마다 마일스는 언제나 완벽한 모습으로 내 옆에 있었다."

우리가 작품과 사랑에 빠졌을 때 이런 일이 일어난다. 클리지가 펼쳐 보여 준 것처럼, 특히 음악이 우리 삶의 어떤 시대를 결정짓는 경향이 있다. 쥐라기, 백악기, 신생대 제3기가 있는 것처럼 어떤 이의 인생에는 비틀스기, 다이너소어 주니어기, 벨 앤 세바스찬기가 있다.

역대 재즈 음반 중 가장 많이 팔린 걸작 〈카인드 오브 블루〉의 중요성은 아무리 강조해도 지나치지 않다. 비평적인 면에서도 상업적인 면에서도 역사에 한 획을 그었다. 하지만 펄 클리지의 관심사는 앨범의 비범함이나 우수성이 아니라 이 앨범과 관련된 자신의 감정이었다.

그녀는 무아지경에 빠졌다. 사랑 안에서.

예술 사랑, 작품에 대한 사랑—리베 추르 쿤스트—은 한 인생을 바꿀 수 있다. 이전에도 이 글을 쓰는 거실을 묘사했지만, 이 공간은 나에게 기쁨을(혹은 고통을 혹은 그저 재미를) 가져다주는 책과 영화와 앨범을 열심히 소비했던 곳으로 리베 추르 쿤스트가 처마 장식처럼 드리워져 있다. 예술 사랑은 내 삶을 빚었고 우리의 삶을 빚었다. 펄 클리지와 그녀의 시절이 마일스에 의해 표기된 것처럼 예술 사랑은 내가 사랑하는 사람의 인생에도 진한 발자국을 남겼다.

나의 엄마에게는 소파에 누워 책 읽고 담배 피우고 프레스카[3]를 마시며 보낸 시절이 있었다. 엄마는 책이라는 밧줄에 묶였고 움직일 의지가 없거나 움직일 수 없어 보였다. 이런 시절을 거의 10년, 혹은 20년을 보냈다.

1980년대에 사춘기를 보낸, (스스로에게도) 클로짓 게이였던 내 친구 피터는 레너드 마틴의 영화 리뷰에 나오는 고전 영화들을 하나씩 섭렵하는 중에, 캐서린 햅번과 베티 데이비스와 엘리자베스 테일러 영화에서 무언가 그에게 게이가 되어도 좋다고 말하는 것을 발견했다.

내 친구 빅토리아는 뉴욕 여행에서 발에 물집이 생기고 피가 흐를 때까지 모든 갤러리를 쏘다녔다.

회사 책상에 갇혀 있는 내 동생은 일하면서도 웨일런과 윌리[4]의 옛날 콘서트 영상을 스트리밍해 놓았다.

최근에 은퇴하신 아버지는 시애틀의 레이크 유니언에 떠 있는 자신의 보트하우스에 앉아 토마스 만 소설을 체계적이고 의도적으로 완독하며, 이 두꺼운 고전 소설에서 자신의 남은 삶의 구조와 형

---

3 탄산수 브랜드

4 웨일런 제닝스Waylon Jennings(1937~2002)와 윌리 넬슨Willie Nelson(1933~). 미국의 가수

태를 발견했다.

나는 벨 앤 세바스찬의 베스트 앨범 전곡 연주 콘서트에 가기 위해 아이들을 데리고 시카고로 날아갔다. 딸과 나는 모든 노래를 따라 부르고 아들은 은은한 미소를 지었다.

내 친구 스콧은 어머니의 유골함을 넣을 상자를 만들며 아이폰으로 어머니가 가장 좋아한 옛날 빅 밴드 연주를 들었다.

아버지가 돌아가시기 전에 나는 몇 주 동안 아버지의 병상에 앉아서 책을 읽어 드렸다. 한 손으로 책을 들고 다른 손으로는 아버지의 쪼글쪼글한 손을 잡을 수 있도록 일부러 가벼운 책을 골랐다. 병실에서는 인공호흡기 소리가 일정하게 들려왔다.

나는 수백 수천 권의 책을 읽었다.

일할 때 읽었고 잘 때 읽었고 매일, 종일, 책을 옆에 끼고 다녔다.

내 책은 평생 나를 외로움으로부터 보호해 주었다.

앞서 말했지만 나는 12년가량 섬에서 살았다. 여기서 섬은 은유로서의 섬이 아니다. 페리보트를 타고 들어가는 실제 섬이다. 그 섬에서 나는 세상으로부터 격리되어 있었다. 내 친구 대부분은 바다 건너 도시에 살았다. 의도적 격리였다. 고독이 절실했고 마침내 갖게 되었다. 이렇게 말할 수도 있을 것이다. 여러 종류의 근사한 나무들과 친해질 수 있었다고. 하지만 나의 고독한 섬 생활도 책으로 붐볐다. 책은 어린 시절부터 지금까지 나 자신에게서 나를 구원했다. 책은 모호하고 복잡한 은총으로 채워진 인생에서 모호할 일 없이, 처음부터 끝까지 좋기만 한 어떤 것이었다.

예술 사랑, 이것은 가장 축하받는 사랑이라고는 할 수 없다. 클리지의 에세이는 중요하다. 그녀가 마일스에게 화 나서가 아니라 마일스와 사랑에 빠져서, 마일스가 외로움을 덜어 주어서, 마일스가 자신의 구체적인 경험을 이야기해 주어서다. 클리지는 예술가가 나에게 속한다는 감정에 가장 가까이 다가간다. 이는 고결하고, 영양가 있고, 본질적 감정으로, 아주 좋아하던 밴드가 갑자기 유명해지면 농담 삼아 화가 난다고 말할 때 그 밑에 흐르는 감정이다.

클리지는 자신의 거친 인생들을 나열하면서 경험의 고유성을 환기시킨다. 이는 예술 사랑의 매우 심오하고 개인적인 속성을 반영한다. 이 세상의 모든 사랑과 마찬가지로 예술 사랑도 내밀한 경험이고 그 사람의 본성에 따라 다르다.

『하워즈 엔드*Howards End*』에서 E. M. 포스터는 우리 각자가 예술의 효과를 다르게 느끼는 방식에 대해 설명한다. 그래도 우리 모두 그 안에서 무언가를 느낀다는 것은 확실하다. 그는 콘서트에 참석한 여러 등장인물을 묘사한다.

> 인간의 귀를 뚫고 들어간 소음들 가운데 베토벤의 '5번 교향곡'이 가장 숭고하다는 말은 많은 사람의 공감을 얻을 수 있을 것이다. 어떤 부류의 사람도, 또 어떤 처지에 있는 사람도 그 음악으로 만족을 얻을 수 있다. 먼트 부인처럼 음악이 나오면 가볍게 장단을 맞추는—물론 다른 사람들을 방해할 정도는 아니지만—사람도, 헬렌처럼 범람하는 음악의 물결 속에서 영웅과 난파선을 보는 사람도, 마거릿처럼 오직 음악만을 보는 사람도, 아니면 티비처럼 대위법에 정통하고 무릎 위에 악보를 펼쳐 놓고 있는 사람도, 또 이들의 독일인 사촌 프리다 모제바흐처럼 줄곧 베토벤은 '진정한 독일인'이라는 생각에 잠겨 있는 사람도, 또 프리다의 약혼자처럼 프리다만 생각하는 사람도 말이다. 어쨌든 우리 인생의 열정은 더욱 생생해지고, 이런 소음을 접하는 데 2실링이라는 돈은 매우 저렴하다는 것을 인정할 수밖에 없게 된다.

그의 글은 권위적 선언으로 시작되지만 더 인간적이고 구체적인 반응으로 빠르고 코믹하게 넘어간다. 포스터는 독특한 방식으로 이 음악에 대한 각 개인의 반응이 모두 유효하고 의미 있음을 보여준다. 아마도 이 문단의 소제목은 '미적 경험의 다양성'이라고 할 수 있을 것이다. 이들의 반응 중 어떤 것도 이성적이지 않다(티비는 자신의 반응이 그렇다고 생각할지도 모르지만). 각각의 반응은 모두 개인적이고 모두 감정적이다. 그리고 사랑이다.

클리지가 다음과 같이 말할 때도 그렇다. "나는 고백하련다. 나는 수없이 많은 밤에 〈카인드 오브 블루〉의 절묘한 즉흥 연주를 들으며 내 안에서 활활 타는 열정을 메시지로 띄워 보냈다." 혹은 "와인을 차갑게 식힌다. 초를 몇 개 켠다. 그리고 마일스의 초기 앨범을 올려놓는다." 그녀는 이 음악에 자신이 얼마나 자신만의 방식으로 반응했는지를 말한다. 먼트 부인이 발을 까딱대는 것과 같다고 할 수 있다. 그녀는 자신의 언어로 자신의 반응을 고백하고 있다.

충분히 고백할 수는 있다. 그런데 왜 하필 고백이란 단어를 썼을까? 아마도 자신이 느끼는 감정에 죄책감을 느껴서일 것이다. 그녀는 마일스 데이비스가 여성을 학대했다는 사실을 알고, 그래서 그를 사랑하는 일이 복잡해진다. "복잡해진다"는 너무 납작한 단어다. 그녀의 앎은 그녀의 사랑을 망치고 음악을 망친다. 한편 그러면서도 그녀는 흑인 남성에 대한 복잡한 감정을 만천하에 드러내 놓고 싶지는 않다. 왜냐하면 흑인 남자를 존경하고 싶으니까. 그녀는 이후에 출간된 에세이집 『악마 다루기*Deal With the Devil*』에서 『마일스에게 화나다』를 읽는 사람들이 확인하고 싶어 한 것이 있었다고 이야기한다. "그들은 내가 과연 흑인 남성에 대한 그러한 '부정적 이미지'의 위험을 이해하는지, 그 이미지로 촉발될 불화와 위험을 이해하고 말하는지 알고 싶어 했다.” 하지만 그녀는 확고하다. 그녀를 위기로 몰아넣은 사람은 마일스 자신이었다. 그녀가 선택한 것이 아니었다. 그래서 그녀는 한마디로 화가 난다.

그녀는 친구 A. B.가 〈카인드 오브 블루〉를 처음 들려주었을 때를 기억한다. “나는 순수했다. 친구는 어떤 음악이든 들려줄 수 있었다. 그런데 마일스의 〈카인드 오브 블루〉를 들려주었다. 그는 미리 경고하지 않았다. 마일스는 여자들에게 여러 차례 폭력을 행사했음을 스스로 인정했어. 그러니까 우리는 그의 앨범을 부숴 버리고 그의 테이프를 태우고 그의 CD를 긁어 버려야 해. 그가 인정하고 사과하고 여자 문제에 대한 태도를 바꾸겠다고 동의할 때까지 그렇게 해야 해.”

데이비스는 자서전에 자신이 시슬리 타이슨[5]을 “때렸다”고 매우 솔직하게 고백했다. 2006년 『뉴욕 타임스』와의 인터뷰에서는 첫 번째 아내 프랜시스와의 몸싸움에 대해서도 말했다. “나는 사실 내 인생에서 도망치고 있었다. 한 번 이상 그랬다.” 마일스는 예사로운 개자식 그 이상으로 프랜시스에게 일을 포기하라고 강요하기도 했다. 그는 자서전에서 이렇게 썼다. “프랜시스는 스타였고 슈퍼스타가 되는 길 위에 올라가 있었다. 아마도 당시 최초의 흑인 여성 댄서였을 것이다. 브로드웨이 뮤지컬 〈웨스트사이드 스토리West Side Story〉에 출연한 뒤에 최고 댄서상을 받고 섭외가 물밀듯이 몰려왔다. 하지만 나는 그녀에게 들어오는 일을 거절하라고 했다. 그녀가 집에서 나와 함께 있기를 바라서였다.”

마일스는 자신의 괴물 같은 면을 숨길 생각이 없었다. 클리지는 이 모든 사실을 개인적으로 받아들였다. 그녀는 에세이의 결말에서

5 Cicely Tyson(1924~2021). 미국의 배우로 마일스 데이비스의 세 번째 아내

다음과 같이 묻는다. "우리가 이제 '마일스 초기 앨범'의 리듬을 사랑할 수 있을까? 그가 이 음반을 녹음하던 날 아침에 우리 자매들의 입가에 손바닥을 날렸을 수도 있는데? 우리가 계속 이 괴물의 얼굴 앞에서 그의 천재성을 칭송할 수 있을까?"

클리지는 모욕당했다고 느꼈다. 그녀의 사랑은 개인적이고 그녀의 증오 또한 개인적이다. 그녀의 증오는 자기 경험에서 비롯되었고 데이비스가 그녀의 자매들을 때렸다는 사실에서 비롯되었다. 클리지는 데이비스의 흑인 여성성을 향한 폭력에 분개한다. 그것은 그녀의 자아에 대한 공격이 아니라 그녀 자신에 대한 직접적인 폭력과 마찬가지다.

앞서 말했지만 예술 작품을 소비한다는 건 두 사람의 인생이 만나는 일이다. 예술가의 인생이 예술의 소비를 방해할 수도 있고 한 관객의 인생이 예술 감상의 경험을 완전히 바꿀 수도 있다. 여러 번 반복해서 말하지만 이는 모든 경우마다 일어난다.

* * *

작품에 대한 이런 주관적 반응은 설득력 있는 글을 완성해야 한다는 면에서 클리지의 에세이를 약하게 만들기도 한다. 그녀는 자신의 손을 펼쳐 보임으로써—자신의 경험이 이 작품에 대한 반응을 형성했음을 보여 줌으로써—그녀가 권위에 기대어 하는 말이 아님을 일러준다. 그녀는 권위의 반대편, 개인적 경험에서 말한다. 그녀의 모든 주장이 공격당할 수 있는 입장에 있다. 즉, 감정에 기초하고 있다.

그러나 그녀가 우리에게 준 것은 싱크대 위에 동전이 떨어지는 소리처럼 맑고 선명하다.

감정도 물론 언제라도 변할 수 있다. 클리지와 클리지의 감정은 결국 처음 글을 썼을 때와는 다른 장소로 이동하게 되었다. 2012년 『애틀랜타Atlanta』 매거진과의 인터뷰에서 그녀는 이런 질문을 받는다. “당신이 1990년에 마일스와 여성들과의 관계를 자세히 다룬 책 『마일스에게 화나다: 진실을 향한 흑인 여성의 가이드』를 읽고는 마일스 데이비스를 이전처럼 듣지 못했다는 재즈 팬들이 정말 많다. 그런데도 그의 음악을 듣고 싶다면 스스로 죄책감을 느껴야 할까?”

클리지는 대답했다. “아니다. 전혀 죄책감을 가질 필요 없다. 마일스는 오래전에 죽지 않았나. 그리고 고백하건대 나 또한 그의 〈카인드 오브 블루〉 음반을 포기할 수 없었다!”

나는 이 인터뷰를 사랑한다. 우리와 작품과의 관계에서 열린 결말을 말하고 있어서다. 우리는 변하고 작품과 우리의 관계도 변한다. 권위에 또다시 대항할 수 있다. 클리지는 마일스를 사랑하다가 미워하다가 이제는 조금 다르게, 알면서도 사랑한다. 우리의 관계 또한 성장하면서 변한다. 하지만 그 사랑이 존재하지 않는 척하거나 사랑이 존재해서는 안 된다고 말하는 것은 누구에게도 도움이 되지 않는다.

스티븐 프라이는 바그너를 사랑하고, 나에게 데이비드 보위를 들어도 되냐고 묻는 대학생들은 데이비드 보위를 사랑하고, 나는 폴란스키를 사랑한다.

이 사실들이 이상적이지도 않고 때로는 우울하기도 하지만, 우리의 진실임에는 틀림없다.

마드로나 나무/삼나무 논쟁이 있고 몇 달 후, 같은 외딴 별장에 가족과 친구들과 함께 갔다. 다른 사람들은 별장 안에서 저녁을 준비하고 나는 친구 샘과 별장 밖에서 어둑어둑해지는 하늘 아래에서 불을 피우고 있었다. 다소 쌀쌀하게 느껴지는 북미의 7월 저녁이었다.

돌이켜보면 살면서 내린 결정들이 전부 좋은 결정이었던 것 같은 그런 밤이었다. 나는 잘 살아온 것이 분명해. 친구들과 아이들과 이런 곳에 있을 수 있잖아. 어른들은 요리를 하거나 술을 마시고 십 대들은 느슨한 무리를 지어 놀고 있었다. 여전히 핸드폰에 매어 있긴 하지만 대체로 괜찮았다. 어쩌면 이건 내 결정과 관련 없을지도 모른다. 어쩌면 단순히 운이 좋아 여기까지 왔을지도 모른다.

인생이 무슨 수를 부린 건지 모르겠지만, 내 친구와 우리 아이들은 이 거칠고 막막한 세상에서 여기 이곳, 검게 변하는 바다가 내려다보이고 저 멀리 수평선에는 베이커산과 레이니어산이 웅크린 두 유령처럼 떠 있는 이 높은 절벽까지 오게 되었다.

불쏘시개로 불을 뒤적이던 샘의 얼굴에 희미한 북극의 별이 비쳤다. 샘은 유쾌하고 효율적으로 일을 처리하는 방법을 알았다. 샘은 강건한 사람이다. 그래서 그가 나머지 우리보다 더 울퉁불퉁한 길을 걸어왔다는 점을 쉽게 잊어버리곤 한다.

그는 불을 찔러 보다가 무심하게 물었다. "맞다, 너 괴물에 대한 책 쓴다며. 아직도 쓰고 있어?"

"응."

"나도 생각해 봤는데. 사실 내 새아버지 프레드 있지." 그는 말을 잠깐 끊고 웃었다. "그 사람도 괴물이었거든."

이전에도 샘에게 골칫덩이 엄마와 범죄자 프레드와의 세월에 대해 들은 적이 있었지만, 여기 주황색과 회색으로 변하는 황혼 아래 귀여운 십 대들이 부엌에서 일손을 돕지 않고 도망 다니고 드디어 불이 붙기 시작하는 이런 풍경에서는 그 이야기를 기억하지 못하고 있었다.

"어떤 식으로 괴물이었는데?" 나도 가벼운 말투로 물었다. 꼬치

꼬치 캐물으며 그의 불운한 어린 시절에 사사로운 호기심을 드러내고 싶지 않았다.

샘은 자신의 이야기를 천천히 풀어 놓았다. 여기서 세부적인 이야기를 언급하는 것은 그를 존중하지 않는 일이기에, 그가 유년 시절 약물 중독 엄마를 따라 서부를 떠돌아다녔다는 이야기만으로도 충분할 것이다. 그사이 프레드가 그와 엄마의 인생에 나타났다 사라졌다 하면서 학대를 하고 범죄를 저지르다 결국 수감되었다.

"프레드가 혹시 사람을 죽였니?" 내가 큰 목소리로 물었다. 샘은 말로 답할 수는 없었고 샘 특유의 모습으로 어깨를 으쓱하곤 "사람들은 다 미쳤지 뭐" 하는 식의 웃음을 지었다.

우리는 잠시 침묵 속에 앉아 있었다. 사람들이 피크닉 테이블 위로 음식 접시들을 올려놓았다. 희미해져 가는 저녁노을 아래 불이 환하게 타오르고 있었다. 나는 불쏘시개를 들고 찔러 보았다.

"하지만 중요한 건 말야." 샘은 생각에 빠진 얼굴로 말했다. "나는 아직도 프레드를 사랑해. 그래서 네 책 생각이 난 것 같아. 그가 한 짓들이 있는데도 말이야."(이 표현이 또 나왔다. 그 모든 일에도 불구하고.) "아저씨가 죽기 얼마 전에 연락이 닿아서 다시 친하게 지냈어. 나쁜 사람이었지만 그 사람은 날 사랑했고 나도 아저씨를 사랑했어. 아직도 사랑해."

샘의 생각 앞에서 내 몸은 꼼짝 못 하고 얼어붙어 버렸다. 그렇다. 이게 바로 내가 내내 말하려던 거였다. 나도 이 말을 하고 싶었다.

우리는 괴물 같은 남자들의 예술에 대해서 무엇을 어떻게 할 수 있을까? 이 질문은 거대한 돌기둥 근처를 윙윙거리며 날아다니는 한낱 모기에 불과하다. 더 큰 질문은 이것이다. 우리가 사랑하는 괴물 같은 사람들에 대해 무엇을 어떻게 해야 할까?

우리 모두는 끔찍한 사람들을 사랑해 왔다. 내가 어떻게 알까? 왜냐하면 나는 사람을 알고, 그들은 끔찍하기 때문이다. 샘은 모든 것의 핵심에 있는 진짜 문제로 들어갔다. 인간의 사랑이라는 문제다. 카라바조부터 마이클 잭슨까지 남자들이 우리에게 던져둔 미학적, 윤리적 문제는 이 더 큰 문제를 말하기 위한 비유에 불과하다.

우리가 사랑하는 끔찍한 사람들에 대해서 무엇을 어떻게 해야 할까? 우리 삶에서 삭제해 버릴까? 신속하고 확실하게 정의를 실천할까? 캔슬해 버릴까? 가끔은 그럴 수 있다. 하지만 그렇게 하는 것 또한 매우 고통스러운 과정이고 내가 초반에 소개한 그 계산기로 돌아가야 한다. 우리는 묻거나 묻지 않지만 이 문제를 통과하며 나의 길이 무엇인지를 느낀다. 그들의 끔찍함은 어느 만큼의 끔찍함인가? 우리는 그들을 얼마나 사랑하는가? 그 사랑은 우리에게 얼마나 중요한가?

수년 전 메리 카[6]는 회고록에서 사랑의 문제에 대해 말한 바 있다. 한 인터뷰에서 그녀는 전형적인 나쁜 회고록은 다음과 같다고 설명한다. "처음에 무엇이 문제인지 알아내고 같은 문제가 반복된다. 월요일에 엄마가 벽돌로 머리를 때렸다. 고등학교 2학년 때 엄마가 벽돌로 머리를 때렸다. 고등학교 3학년 때 엄마가 벽돌로 머리를 때렸다. 그래서 자동차 열쇠를 들고 가출했고 지금은 전부 괜찮아졌다."

하지만 이건 인생이 실제로 굴러가는 방식이 아니다. 카는 말한다. "문제는 당신 엄마가 벽돌로 당신 머리를 때린 것이 아니다. 그럼에도 당신이 엄마를 여전히 사랑하고 의존하고 있다는 것이다."

---

6 Mary Karr(1955~). 미국의 시인이자 수필가, 회고록 작가

문제는 그럼에도 불구하고 여전히 엄마를 사랑한다는 것. 정확히 그렇다. 우리는 괴물 남자들의 예술에 대해 말하면서 실은 더 큰 문제를 이야기하고 있다. 인간의 사랑이라는 문제다. “우리는 이 예술로 무엇을 할까?”라는 질문은 하나의 실험이나 연습으로, 그다음에 진짜 중요한 질문을 해야 한다. 끔찍한 사람을 사랑하는 것이란 무엇인가? 그럼에도 당신이 엄마를 여전히 사랑하고 의존하고 있다는 것이다. 얼마나 자주 이 질문이 우리 가족, 우리 배우자, 우리 자녀들과의 관계를 설명하는가? 우리가 던지는 쓰레기, 나쁜 행동, 실망, 발작, 배신도 견디는 사랑의 끈질긴 속성이 문제이자 해답이다.

우리 인생에서 끔찍한 사람들을 어떻게 해야 할까? 대체로 우리는 그들을 계속 사랑한다.

가족이 버거운 존재인 이유는 그들이 우리에게 강제로 맡겨진 괴물이기 때문이다(천사이기도 하고 그사이에 있는 모든 것이기도 하다). 그들은 우리가 선택하지 않은 괴물이다. 생각해 보면 세상에 이처럼 무작위적인 것이 어디 있는가? 그리고 우리는 어떻게든 가족을 계속해서 사랑해 나가고 사랑하면서 끝난다.

어린 시절에 나는 인간의 완전성을 믿었다. 내가 사랑하는 사람들은 완벽해야 하고 나도 완벽해야 한다. 그러나 그것은 사랑이 작동하는 방식이 아니다.

또 하나의 생각. 그 이야기를 듣자마자 허겁지겁 샘을 위로했지만, 아마도 우리가 논의해야 할 유일한 괴물은 프레드만이 아닐 것이다. 어쩌면 샘 또한 가끔은 프레드에게 괴물이었을 것이다. 어쩌면 나도 괴물이었을 것이다. 나는 내가 괴물이라는 느낌을 오래 간직했는데, 그저 술을 마시는 것만으로도 아이들을 버렸다는 느낌이 늘 도

사리고 있어서였다. 내 아이들은 나를 여전히 사랑하고 무슨 일이 있어도 나를 사랑할 것이다. 나는 어떤 면에서 샘보다는 프레드에 가까웠다. 내 약점에도 불구하고 넘치는 사랑을 받았다. 과분한 사랑을 받았다.

우리가 사랑하는 이 끔찍한 사람을 어떻게 할까? 이 질문은 그 안에 내재한 또 다른 질문을 불러온다. 나는 얼마나 끔찍할 수 있나? 얼마나 끔찍할 때 사람들이 나를 그만 사랑하기로 결심할까?

* * *

영국 철학자 질리언 로즈는 짧지만 놀라운 책 『사랑의 작용Love's Work』에서 이렇게 썼다. "개인의 삶에서 그 어떤 계약과 상관없이 한쪽 당사자가 관계의 근본적인 변화를 시도할 수 있다. 그리고 상대와의 재협상 없이 변화를 인정하지 않을 수도 있다. (…) 어떤 사랑의 관계에서든 민주주의란 없다. 자비만 있을 뿐이다."

다시 말해서 사랑은 판단에 의존하지 않고 판단을 옆으로 유보하는 결정에 달려 있다. 사랑은 무정부 상태다. 혼돈이다. 우리는 사랑받아 마땅한 사람을 사랑하지 않는다. 우리는 이성이라는 차가운 기후와는 완전히 다른 기후 시스템인 감정적 논리에서 결점투성이의 불완전한 인간을 사랑한다.

펄 클리지는 더 나이 들고 더 온화해진 후에 마일스를 향한 마음을 누그러뜨렸다. 그에 대해 하는 말에는 다정함, 슬픔, 그리고 감정이 담겨 있다. "제발 다음에는 그의 인품과 성격이 그의 음악만큼 사랑스러워져서 우리 앞에 나타나 주기를 바랄 뿐이다." 우리는 그저 희망할 수 있을 뿐이다.

감사의 말

얼마 전 세상을 떠나신 나의 사랑하는 아버지께 가장 큰 감사를 드리고 싶다. 내가 괴물 예술가들에 대한 책을 쓸 계획이라고 말씀드렸을 때 아버지는 “그런 사람 한 명도 만나면 안 된다!”라고 대답하셨더랬다.

뛰어난 조던 파블린에게 말로 표현할 수 없을 만큼 큰 빚을 지고 있다.

이 책을 만드는 데 도움을 주고 지원해 준 분들—우리의 위대한 애나 스타인, 헤지브룩, 래넌 재단, 나자 스피걸먼, 『파리 리뷰*The Paris Review*』, 리건 아서, 이저벨 야오 마이어스, 리타 매드리걸, 에이미 해기돈, 모건 펜턴, 홀리 웨버, 완벽한 표지를 만들어 준 켈리 블레어에게 감사한다. 이 책을 열렬히 지지해 준 영국 C&W의 소피 램버트와 셉터의 샬럿 험프리에게 감사한다. 영국판 표지 그림을 그려 준 캐시 로맥스에게도 특별히 감사드린다.

중요한 대화를 하면서 올바른 방향을 일러 준 분들—제이슨 지노먼, 존 테이브스, 케이트 로스매니스, 앤디 밀러, 세라 디커맨, 에밀리 홀, 마고 페이지, 에리카 시켈, 코트니 호델, 매슈 클램, 이제오마 올루오, 넬 프로이덴버거, 에이브 칼린, 소노라 자, 노아 차신, 앨릭스 블럼버그, 다나이 구리라, 페이스 차일즈데이비스, 사이먼 레이놀즈, 아마 코조이, 수잰 모리슨, 빅토리아 헤이븐, 진 갈런드, 조애나 라코프, 조니 스투츠먼, 레이철 먼로, 린쿠 센, 킴 브룩스, 쇼바 라오, 산지브 바타차리아, 교도소 폐지 독서 그룹, 퍼시픽대학교 석사 과정 커뮤니티의 모든 분께 감사를 전한다.

책을 집필하며 읽고 참고한 수많은 작가와 사상가들—사이먼 캘로, 켈리 옥스퍼드, 마야 칸투, E. L. 닥터로, 길리언 플린, 클레어 베이 왓킨스, 존 더럼 피터스, 쇼샤나 주보프, 랜들 케넌, 하니프 압두라킵, 도나 해러웨이, 사샤 게펜, 존 버거, 마일스 J. 엉거, 폴 헨드릭슨, 시드니 브라운스톤, 스티븐 프라이, 한스위르겐 지베르베르크, 마틴 에이미스, 데버라 리비, 저드 툴리, 머리사 크로퍼드, 세라 망구소, 수잰 버핌, 일레인 쇼월터, 폴라 폭스, 고故 제니 디스키, 알렉산드라 풀러, 마틴 스태너드, 린다 섹스턴, 스티븐 트래스크, 데이비드 야페, 벨 훅스, 실라 웰러, B. 루비 리치, 브리앤 파스, 캐럴 스클레니카, 제이 매키너니, D. T. 맥스, 마크 피셔, 데이브 히키, 질리언 로즈에게 감사한다. 책에 실수가 있다면 모두 나의 불찰이다. 나를 포함 많은 작가에게 영감의 원천이 되고 사고를 자극해 준 소설 『사색의 부서』를 쓴 제니 오필에게 특별한 감사를 표한다.

이 문제를 똑바로 바라보게 해 준 펄 클리지에게 감사한다.

무한한 관대함과 현명함과 사랑을 보내 준 이들—미란다 베벌리휘트모어, 크리스티 콜터, 토바 머비스.

변치 않은 우정을 보내 준 이들—빅토리아 헤이븐, 데이브 립, 스티브 프래드킨, 린다 메인절, 스콧 러브리스, 테리사 하워드, 진 갈런드, 제프 갈런드, 트릴비 코언, 마고 페이지, 수잰 모리슨, 브루스 바콧.

대체할 수 없는 나의 사랑하는 가족—도나 데더러, 래리 제이, 데이브 데더러.

끝없는 기쁨을 선사해 주는 이들—나의 태양이자 나의 달, 루 바콧과 윌 바콧.

사랑하는 사람—피터 에임스 칼린.

옮긴이의 말

비평서와 자서전이 결합한다다면

* * *

2017년 11월 『파리 리뷰』에 실린 한 편의 에세이가 소셜 미디어와 인터넷을 뜨겁게 달구었다. 하비 와인스틴의 미투 사건이 폭로된 직후였고 모든 분야에서 권력자 남성들의 치졸하고 악랄한 행동이 드러나기 시작할 때였다. 많은 이가 분노와 실망과 안타까움과 슬픔과 죄책감이 섞인 모호하고 복잡한 감정을 느끼면서도 어디서부터 어떻게 말을 꺼내야 할지 모르고 있을 때, 이 에세이의 필자는 이 주제에 대해 이야기해 보지 않겠느냐고 말을 걸었다. 작가들이 너도나도 이 글을 링크했고, 리베카 솔닛 또한 『이것은 누구의 이야기인가』에 이 에세이의 일부를 인용하기도 했다. 화제의 필자는 평론가이자 회고록 작가인 클레어 데더러. 에세이의 제목은 「괴물 같은 남자들의 예술을 어떻게 대할 것인가?」였다. 이 에세이가 던진 화두를 확장한 책이 2023년 출간된 『괴물들: 숭배와 혐오, 우리 모두의 딜레마*Monsters: A Fan's Dilemma*』다.

저자는 5년이 넘는 기간 동안 책을 집필하면서 지인들에게 "괴물 예술가들에 대한 책을 쓰고 있어. 작품과 창작자를 분리하는 문제에 대한 이야기를 해 보려고 해"라고 말했고 사람들은 고개를 끄덕였다. 우리에게는 정말 많은 실례가 있었고 듣고 싶은 말이나 하고 싶은 말이 무수히 많았기 때문이다. 우디 앨런, 로만 폴란스키, 훌륭한 작품과 그렇지 못한 행동, 작품은 사랑하지만 작가는 사랑할 수 없다……. 이러한 키워드만 들으면 이 책이 어떤 내용을 담고 있을지 예상할 수 있을 것 같다. 과거부터 현재에 이르기까지 문화 예술계의 수많은 이른바 '괴물'을 호명하고, 이들의 행동을 고발하고, 당시의 사회 분위기와 팬들의 반응을 돌아보고, 권위자나 저자의 관점과 비평을 곁들일 수 있을 것이다. 예술가들의 무수한 과오가 기록되어 있는 문학사나 예술사의 현대 버전이 될 수도 있고, 그것만으로도 흥미를 유발할 수 있었을 것이다.

그러나 이 책은 예상을 보기 좋게 빗나가며 마치 우리가 쫓아갈 수밖에 없는 헨젤과 그레텔의 빵 조각처럼 다양하고 풍부한 논제를 하나하나 떨어뜨려 놓는다. 저자가 프롤로그에서 로만 폴란스키의 범죄와 영화적 미학을 논하고 우디 앨런의 〈맨해튼〉을 작품 자체로 보아야 한다고 주장하는 남성 비평가의 얘기를 꺼낼 때만 해도, 혹은 천재의 개념과 함께 피카소, 헤밍웨이에 대해 그동안 미처 몰랐던 일화들을 들려줄 때만 해도 추측대로 흘러가는 듯했다. 하지만 이 책은 초반부터 반전의 기미를 보이기 시작하더니 가끔은 메인 도로를 벗어나 갓길로 빠져 의외의 광경을 보여 준다. 생각지도 못했던 예술가의 이름과 한 번도 받아 본 적 없는 질문이 등장하기 시작하는 것이다.

『해리 포터』 시리즈의 팬 문화, 어느 날 아이들을 두고 집을 나가 버린 여성 소설가, 조니 미첼의 음악과 마일스 데이비스에 관한 에세이와 페미니즘 미술가 아나 멘디에타의 죽음이 등장한다. 딸의 친구가 던진 말에 갑자기 깨달음이 찾아오거나, 어느 날 아침에 했던 세상에서 가장 슬픈 결심이 나오기도 한다. 저자 스스로 "혹시 나도 괴물일까?"라고 묻는 부분을 읽다 보면 이 책의 정체에 대해 고개를 갸웃거리게 될지도 모르겠다.

『뉴욕 타임스』는 이 책을 이렇게 평한다. "논문이기도 하고, 회고록이기도 하며, 그 외의 모든 것이기도 하다. 데더러는 자신의 사고 과정을 실시간으로 보여 주면서 의견을 수정하고 실험한다. 풀리지 않은 문제를 풀기 위해 그녀는 역사, 철학, 문학과 영화, 자신의 개인사까지 모두 가져온다."

나는 이 책이 지극히 인간적인 비평, 살아 숨 쉬는 비평의 좋은 예라고 생각한다. 저자가 본문에서 "나에게 가장 심오한 독서의 기쁨은 주로 주관적 글쓰기에서 비롯된다"고 고백했듯이 권위나 객관성을 내려놓고 자신의 펄떡이는 감정과 깊숙이 숨어 있던 목소리를 때로는 어렵게 꺼내 들려주기 때문이다.

하지만 역자가 이 책을 번역하는 과정에서 이 책이 예상과는 다르게 흘러간다는 걸 의식했을까? 실은 전혀 그러지 못했다. 저자의 매력적인 문장을 따라가기 바빴고 새로운 챕터를 시작할 때는 기대감만 가득했기 때문이다. 저자의 필력, 풍부한 지성, 유쾌한 유머 감각, 솔직한 자아 성찰 덕분에 내가 아는 가장 지적인 친구와 차 한 잔 놓고 대화하는 것 같다고 느낄 뿐이었다.

이 책을 통해 괴물 예술가와 그들의 작품을 어떻게 대해야 할지 알고 싶어 했던 독자들도 결코 실망하지 않을 것이다. 저자는 흑백 논리와 냉소주의를 멀리한 채 집요하게 탐구하며 우리가 생각할 수 있는 가장 진보적이고 심오한 결론을 끌어낸다.

파리의 피카소 미술관에서 샀던 엽서를 물끄러미 바라보다 서랍 깊숙이 넣어 버린 적이 있는 사람, 한때 기다렸던 루이 C.K.의 코미디를 더 이상 보지는 않지만 가끔 〈루이Louie〉의 한 에피소드가 생각나는 사람, 좋아하는 음색의 보컬이 부르는 인디밴드의 음악을 생각하면 마음이 아픈 이들이라면 공감과 영감을 충분히 얻을 수 있을 것이다. 물론 대중문화에 대한 논픽션을 좋아하는 이들에게도 즐거운 독서 체험을 제공할 것이라 믿는다.

2024년 여름
노지양

주

프롤로그

17 1977년 3월 10일: Transcript of Samantha Gailey testimony, in Luchina Fisher, "Roman Polanski: What Did He Do?," *ABC News*, September 29, 2009

20 인생이란 결국 분석으로 풀 수 없는 모순 사이에서: William Empson, in notes on the poem "Bacchus," *The Complete Poems of William Empson* (London: Allen Lane, 2000), 290

24 "심장은 원하는 것을 원한다": quoted in Walter Isaacson, "The Heart Wants What It Wants," in *TIME*, Monday, August 31, 1992

1 호명

33 당신이 스타면 여자의 성기를 움켜잡을 수도 있죠: "Transcript: Donald Trump's Taped Comments About Women," in *The New York Times*, October 8, 2016

33~34 "여성 여러분, 당신이 당한 최초의 성추행을 트위터에 올려 주세요": Kelly Oxford (@kellyoxford), Twitter, October 7, 2016

39 "그 사람이 대본에 쓰기 전에는 내 평생 '라-디-다'라는 말을 해 본 적이 없어요": Diane Keaton to Katie Couric, "The Real Annie Hall," *NBC News*, November 12, 2010

44 "헤밍웨이가 초기 위대한 소설에서 이룬 업적이": E. L. Doctorow, "Braver Than We Thought," *The New York Times Book Review*, May 18, 1986

45 "남자들은 항상 그 말을 최고의 칭찬으로서 말한다": Gillian Flynn, *Gone Girl* (New York: Ballantine, 2012), 222

45 "나는 내 마음속에 가부장제의 미니어처 복제품을 만들어 놓았다": Claire Vaye Watkins, "On Pandering," *Tin House*, Winter, 2015

47 "그녀는 열일곱이야. 나는 마흔둘이고": *Manhattan* (United Artists, 1979), directed by Woody Allen

48 "한 가지씩 대 볼까. 그라우초 막스": *Manhattan*, Allen

49 "아저씨 걱정이 내 걱정이에요": *Manhattan*, Allen

49 아이작: 스틸 큐브가 빼어난가요?: *Manhattan*, Allen

50 "드디어 오르가슴을 느꼈는데": *Manhattan*, Allen

51 "이런 일에 논리는 통하지 않습니다": Isaacson, "The Heart Wants What It

Wants"

51 나는 그 여자를 내 맘대로 주물렀죠: "Transcript: Donald Trump's Taped Comments About Women"

56 "시가 시로서 말하는 바에 대해서 최대한 면밀히 탐구해야": Cleanth Brooks, *The Well-Wrought Urn* (New York: Harvest, 1947), xi

2 얼룩

62 "나는 절대 결혼 같은 건 하지 않을 셈이다": Jenny Offill, *Dept. of Speculation* (New York: Granta, 2014), 8

65 최근 MJ의 음악에 대해 미학적, 도덕적 분석을 시도하고 있어: Simon Reynolds, personal correspondence with the author

3 팬

78 "어떤 사람이 연예인을 어떻게 받아들이는지가 정신 건강의 척도다": John Durham Peters, "Broadcasting and Schizophrenia," in *Media, Culture & Society* 32, no. I (2010): 123~140

80 '행동 선물 시장': Shoshana Zuboff, "Surveillance Capitalism," *Project Syndicate*, January 3, 2020

83 "여성들을 '월경하는 사람'이라거나 '외음부를 가진 사람'이라 부르는 '포괄적' 언어": J. K. Rowling, "J. K. Rowling Writes About Her Reasons for Speaking Out on Sex and Gender Issues," jkrowling.com, June 10, 2020

4 비평가

88 "언제 어디서나 참견하며 끼어드는 내 목소리는": Vivian Gornick, *The Odd Woman and the City* (New York: Farrar, Straus and Giroux, 2015), 6

93 "모든 예술 작품은 독자가 판단하기 위해 필요한 모든 요소를 제공한다": Alessandro Manzoni, *The Count of Carmagnola and Adelchis* (Baltimore: Johns Hopkins University Press, 2004), 103

98 "지금 코미디 그룹을 새로 만든다면": Quoted in Rebecca Nicholson, "That's quite enough silly walks from BBC comedy. New voices please," *The Guardian*, June 23, 2018

98 "나도 이런 세상에서 백인 남자로 살고 싶지 않습니다": Quoted in Deborah Frances-White, "Pink Protest," in *Feminists Don't Wear Pink and Other*

Lies: Amazing Women on What the F-Word Means to Them (New York: Ballantine, 2018), ed. Scarlett Curtis, 171

98 '사회공학적': Quoted in Sopan Deb, "For Eric Idle, Life's a Laugh and Death's a Joke, It's True," *The New York Times*, September 26, 2018

100 "페미니즘까지도 공감할 수 있는": Richard Schickel, *Woody Allen: A Life in Film* (Chicago: Ivan R. Dee, 2003), 176

101 "역사와 완전히 무관한 감정이라는 것이 있을 수 있습니까?": Randall Kenan, "Understanding Randall Kenan," University of Mississippi Department of English Lecture Series, April 11, 2019

102 "아무 근거도 없는 정복자의 시선": Quoted in Kate Rossmanith, *Small Wrongs: How We Really Say Sorry in Love, Life and Law* (Melbourne: Hardie Grant, 2018), 20

103 "팬의 정치적 책임은": Quoted in Nawal Arjini, "How to Be Critical of the Things You Love," *The Nation*, February 12, 2019

105 'Five Years': David Bowie, genius.com/David-bowie-five-years-lyrics.

105 "난 순수한 소녀였어요. 하지만 나에게 일어난 일은 정말 아름다웠죠": Quoted in Michael Kaplan, "I Lost My Virginity to David Bowie," *Thrillist*, November 2, 2015

107 원치 않는 성적인 접근: Sasha Geffen, "Queer Kids Deserve Better Than PWR BTTM," *Pitchfork*, May 16, 2017

107 "파워 보텀에 냉소적일 수밖에 없는 이유": Jordan Sargent, *SPIN*, May 16, 2017

5 천재

112 "죽음에 이를 정도로 비인간적": Quoted in Maureen Dowd, "This Is Why Uma Thurman Is Angry," *The New York Times*, February 3, 2018

117 "신동이었던 그에게도": John Berger, *The Success and Failure of Picasso* (New York: Vintage, 1989), 28

117 "여든두 살의 피카소가 말했다": Berger, *The Success and Failure of Picasso*, 29

118 "보편적 혐오를 유발한다": Quoted in Miles J. Unger, *Picasso and the Painting That Shocked the World* (New York: Simon & Schuster, 2018), 344

121 "대중은 놀랍도록 관대하다": Oscar Wilde, *The Critic as Artist* (Los Angeles: Green Integer Books, 1997), 10

122 "피카소는 자신의 이름으로": Berger, *The Success and Failure of Picasso*, 6~7

123 여자들은 그의 시선을 거부할 수 없었고: Jonathan Richman, "Pablo Picasso," 1976, https://genius.com/The-modern-lovers-pablo-picasso-lyrics

124 "여자는 고통을 위해 만들어진 기계다": Françoise Gilot, *Life with Picasso* (New York: McGraw-Hill, 1964), 84

124 "피카소는 그 여인들을 자신의 동물적 성욕에 굴복하게 하고": Quoted in Shannon Lee, "The Picasso Problem: Why We Shouldn't Separate the Art from the Artist's Misogyny," *Artspace*, November 22, 2017

125 "여자들은 냇가의 바위 사이에서": Paul Gauguin, *Noa Noa: The Tahitian Journal* (New York, Dover, 1985), 12

126 한 마디로 표절이었다: Stephen F. Eisenman, *Gauguin's Skirt* (London: Thames and Hudson, 1997), 18

126 "고갱은 자신의 그림에 생명의 힘을 불어넣었다는 의미에서 회화 스타일을 '창조했다'": Wayne V. Anderson in Eisenman, *Gauguin's Skirt*, 16

126 "나는 위대한 화가이고 그 사실을 알아요": Quoted in Michael Fraenkel, "A New Gauguin," *VQR*, Winter, 1928

127 "모든 것, 창조의 모든 것은 적이고": Arianna Huffington, *Picasso: Creator and Destroyer* (New York: Avon Books, 1988), 91

128 마를레네 디트리히는 『뉴욕 해럴드 트리뷴』에 헤밍웨이에 대한 글을 기고하면서: Paul Hendrickson, *Hemingway's Boat: Everything He Loved and Lost* (New York: Vintage, 2012), 31

128 「개의 해」: Archibald MacLeish, *The Collected Poems of Archibald MacLeish* (Boston: Houghton Mifflin, 1962), 145

129 "그가 손찌검을 한 지 1년이 넘었다": Hendrickson, *Hemingway's Boat*, 439

130 "집으로 가다가 그를 생각하면 무엇이 연상되는지를 떠올려 보려고 했다": Ernest Hemingway, *A Moveable Feast* (New York: Scribner, 1996), 115

130 「비극적인 여류 시인에게—그녀의 삶에서 그녀가 이룬 것은 그녀를 좋아하지 않아 떠나 버렸다」: Ernest Hemingway, *Complete Poems* (Lincoln, Neb.: Bison Books, 1983), 87

130 "투우는 예술가가 죽을 위험에 있는 유일한 예술이다": Ernest Hemingway, *Death in the Afternoon* (New York: Scribner, 1960), 77

131 "직접 행동. 그건 입법을 능가하지": Ernest Hemingway, *The Sun Also Rises* (New York: Scribner, 2006), 116

132 "물고기를 살려서 식용으로 팔기 위해서는 물고기를 죽이면 안 된다": Ernest Hemingway, *The Old Man and the Sea* (London: Grafton, 1989), 90~91

133 "그 사람이 '거칠었던' 이유는 정말로 감성적인 사람이 자신의 감수성을 부끄러워해서다": Quoted in Hendrickson, *Hemingway's Boat*, 277

134 '악마짓거리': Ernest Hemingway, *The Garden of Eden* (New York, Scribner, 1995), 29

134 "개념적으로는 모호하지만 감정적으로는 명확하다": Eric Pooley, "How Scribner's Crafted a Hemingway Novel," https://tomjenks.com

135 "최근에 연구 프로젝트 때문에 북부 미시건에 고립되면서": Quoted in Alec Hill, "John Jeremiah Sullivan: There's No Such Thing as Wasted Writing," *Literary Hub*, January 17, 2018

136 "신성한 동물인 예술가는 모든 것을 정당화한다": Doris Lessing, *The Golden Notebook* (New York: Perennial Classics, 1999), 60

137 "결혼하고 어린아이가 둘 있었지만": Quoted in Jim Windolf, "Songs in the Key of Lacerating," *Vanity Fair*, May 22, 2007

139 "나는 록스타다": Quoted in Austin Scaggs, "Kanye West: A Genius in Praise of Himself," *Rolling Stone*, September 20, 2007

141 "무당벌레면 뭐해? 검은색이잖아": Kanye West, "Gorgeous," 2010, https://genius.com/Kanye-west-gorgeous-lyrics

141 "겉으로 드러나는 삶의 전문가": Guy Debord, *The Society of the Spectacle* (Bureau of Public Secrets, 2014), 24

141 "살아 있는 인간이 빚어내는 장엄한 광경": Debord, *The Society of the Spectacle*, 24

142 "나는 모든 종류의 예술가들이 울퉁불퉁한 경계에서 살고 있다고 생각한다": Quoted in Hendrickson, *Hemingway's Boat*, 83

6 반유대주의, 인종주의 그리고 시간의 문제

148 데이브 메이너트: Sydney Brownstone, "Five Women Accuse Seattle's David Meinert of Sexual Misconduct, Including Rape," KUOW, July 19, 2018, https://archive.kuow.org/news/2018-07-19/five-women-accuse-seattles-david-meinert-of-sexual-misconduct-including-rape

151 "나는 이런 몽상을 합니다": Stephen Fry, *Wagner & Me* (2010), directed by Patrick McGrady

151~152 바그너의 오케스트라는 바이로이트 페스티벌의 전속 계약 밴드였다: Rachel Gessat, "Bayreuth's Historical Ties to Nazism," *Deutsche Welle*, July 24, 2012, https://www.dw.com/en/bayreuths-historical-ties-to-nazism/a-16121380

152 "바그너의 반유대주의는 사소한 실수 이상이었다": Simon Callow, *Being Wagner: The Story of the Most Provocative Composer Who Ever Lived* (New York: Vintage, 2017), 185

153 "유대인—모두가 알다시피 자신만의 신을 모시는 사람들": Richard Wagner, "Judaism in Music," in *Richard Wagner's Prose Works: Vol III, The Theatre* (London: Kegan Paul, Trench, Trubner & Co., 1907), 82~83

153 "우리는 유대인의 본성과 성격 때문에 무의식적으로 지니게 된 이 혐오감을 스스로에게 설명해야만 하며": Wagner, "Judaism in Music," 80

154 "오늘날에도 우리는 고의적으로 스스로에게 허위를 저지른다": Wagner, "Judaism in Music," 80~81

155 "나는 유대인이고 홀로코스트에서 친척을 잃었습니다": Fry, *Wagner & Me*

155 "다채로운 색과 복잡한 문양으로 이루어진 크고 아름다운 실크 태피스트리에": Fry, *Wagner & Me*

157 "한몸 편하게 누일 집 하나 없었다": Winifred Wagner in *The Confessions of Winifred Wagner (1975)* by Hans-Jürgen Syberberg

157 "그 사람은 늘 어린이들과 편하고 자유롭게 지내면서": Wagner in *The Confessions of Winifred Wagner*

157 "주머니에 권총을 넣고 다니는 착한 삼촌": Wagner in *The Confessions of Winifred Wagner*

157 "우리는 서로를 너[du]라고 불렀어요": Wagner in *The Confessions of Winifred Wagner*

157 "하지만 순수하게 개인적인 사생활을 대중에 공개하고 싶지는 않습니다": Wagner in *The Confessions of Winifred Wagner*.

158 "'조심해, 여자 운전자!'라고 소리 지르곤 했습니다": Wagner in *The Confessions of Winifred Wagner*

158 여기서 감독은 끼어들어 발터 벤야민의 인용구를 삽입한다: Hans-Jürgen Syberberg, *The Confessions of Winifred Wagner*. The translation of this Walter Benjamin quote I was able to source is: "Such is the aestheticizing of politics, as practiced by Fascism. Communism responds by politicizing art." Walter Benjamin, "The Work of Art in the Age of Its Technological Reproducibility," in Michael W. Jennings, Brigid Doherty, and Thomas Y. Levin, eds., *The Work of Art in the Age of Its Technological Reproducibility and Other Writings on Media* (Cambridge: Harvard University Press, 2008), 42

161 "우리 모두는 우리의 우상과 모범이 완벽하기를 바라지만": Doris Lessing, foreword to Virginia Woolf, *Carlyle's House and Other Sketches* (London:

Hesperus, 2003), 3

162 "이 작은 갈색 조각들이, 시머다스가 멀리서 가져와 보석처럼 아낀 이것들이": Willa Cather, *My Antonia* (New York: Vintage Classics, 1994), 63

162 "그는 니그로 두상이다": Cather, *My Antonia*, 139

163 "그곳에는 아무도 없었다. 오직 인디언들만 살았다": Laura Ingalls Wilder, *Little House on the Prairie* (New York: Harper & Brothers, 1935), I. In later editions the word "people" is changed to "settlers"

163 "유일하게 좋은 인디언은 죽은 인디언이다": Laura Ingalls Wilder, *Little House on the Prairie* (New York: Harper Trophy, 1971), 211

166 "인류는 수천 개의 싹이 다채로운 꽃식물처럼 피어나기보다는": Francis Fukuyama, *The End of History and the Last Man* (New York: The Free Press, 1992), 338~339

7 안티 몬스터

174 "요람은 심연 위에서 흔들거린다": Vladimir Nabokov, *Speak, Memory: An Autobiography Revisited* (New York: Vintage International, 1989), 19

174 "아침에 양말 한 짝만 신고 서 있을 때 키가 약 147센티미터인 그녀는 로, 그냥 로였다": Vladimir Nabokov, *Lolita* (New York: Vintage International, 1997), 9.; 『롤리타』, 블라디미르 나보코프 저, 김진준 역, 문학동네, 2013, 17쪽 번역 참조

174 "나는 독자들이 '아홉 살'과 '열네 살'을 하나의 경계로 여겨 주었으면": Nabokov, *Lolita*, 16.; 『롤리타』, 블라디미르 나보코프 저, 김진준 역, 문학동네, 2013, 29쪽 번역 참조

175 "고양이의 광대뼈를 닮은 얼굴의 윤곽, 솜털이 보송보송한 가냘픈 팔다리": Nabokov, *Lolita*, 17.; 『롤리타』, 블라디미르 나보코프 저, 김진준 역, 문학동네, 2013, 30쪽 번역 참조

176 "작가의 전기에서 가장 읽고 싶은 부분은": Vladimir Nabokov, "Vladimir Nabokov Talks About Nabokov," *Vogue*, December 1969

179 "만약 내가 누군가를 죽였다면, 언론에서 그렇게까지 매력적인 기삿감으로 보지 않았을 거라 생각한다": Martin Amis, "Roman Polanski" in *Visiting Mrs. Nabokov: And Other Excursions* (New York: Vintage International, 1995), 246

180 "내재된 특이점": Nabokov, *Lolita*, 13

180 "아름다운 산문체를 지닌 살인자는 믿을 수 있다": Nabokov, *Lolita*, 9

181 "나는 편지를 주고받으며": Nabokov, *Lolita*, 35.; 『롤리타』, 블라디미르 나보코프 저, 김진준 역, 문학동네, 2013, 59쪽 번역 참조

181 "아마도 밤새도록 내 혈관을 타고 흐르던 뜨거운 불길이 폭발하면서": Nabokov, *Lolita*, 35.; 『롤리타』, 블라디미르 나보코프 저, 김진준 역, 문학동네, 2013, 59쪽 번역 참조

181 "환희의 송가가 울려 퍼지고 나팔 소리가 멀리 뻗어 나가는": Nabokov, *Lolita*, 39.; 『롤리타』, 블라디미르 나보코프 저, 김진준 역, 문학동네, 2013, 65쪽 번역 참조

182 "(내가 어쩌면 돌리에게 한 짓이 1948년 쉰 살의 정비공": Nabokov, *Lolita*, 289.; 『롤리타』, 블라디미르 나보코프 저, 김진준 역, 문학동네, 2013, 466쪽 번역 참조

182 "내 가운과 흡사한": Nabokov, *Lolita*, 294.; 『롤리타』, 블라디미르 나보코프 저, 김진준 역, 문학동네, 2013, 473쪽 번역 참조

182 "그가 나를 넘어뜨리고 나도 그를 넘어뜨렸다": Nabokov, *Lolita*, 299.; 『롤리타』, 블라디미르 나보코프 저, 김진준 역, 문학동네, 2013, 480쪽 번역 참조

183 "'이 얼간이.' 그녀가 살짝 웃으며 말했다": Nabokov, *Lolita*, 141.; 『롤리타』, 블라디미르 나보코프 저, 김진준 역, 문학동네, 2013, 226쪽 번역 참조

184 "생각해 보면 우리의 긴 여행은 이 사랑스럽고 믿음직스럽고 몽환적인": Nabokov, *Lolita*, 175-76.; 『롤리타』, 블라디미르 나보코프 저, 김진준 역, 문학동네, 2013, 280쪽 번역 참조

185 "자동인형처럼 기계적으로 걷던 순간": Nabokov, *Lolita*, 284.; 『롤리타』, 블라디미르 나보코프 저, 김진준 역, 문학동네, 2013, 457쪽 번역 참조

186 "오히려 살인을 한 이상 될 대로 되라는 심정이었고": Nabokov, *Lolita*, 269.; 『롤리타』, 블라디미르 나보코프 저, 김진준 역, 문학동네, 2013, 431쪽 번역 참조

186~187 "거리가 너무 멀어서 들리는 건 아이들이 노는 소리뿐이었다": Nabokov, *Lolita*, 308.; 『롤리타』, 블라디미르 나보코프 저, 김진준 역, 문학동네, 2013, 495쪽 번역 참조

191 "나와 함께 한적한 숲속을 돌아다녔던 팔로는 훌륭한 명사수였고": Nabokov, *Lolita*, 216.; 『롤리타』, 블라디미르 나보코프 저, 김진준 역, 문학동네, 2013, 345쪽 번역 참조

8 침묵시키는 자와 침묵당한 이

193 "십 대 후반에 나는 엄마 책장에 꽂혀 있던": Deborah Levy, *Real Estate* (London: Bloomsbury, 2021), 177

194 '대지-신체 예술': *Ana Mendieta*: *Earth Body*, Hirshhorn Museum and Sculpture Garden, Smithsonian, Sept. 3, 2020, https://hirshhorn.si .edu/exhibitions/ana-mendieta-earth-body-sculpture-and-

performance-1972-1985/

194 피델 카스트로를 반대하는 반혁명파 아버지를 둔: "Ana Mendieta," The Guggenheim Museums and Foundation, https://www.guggenheim.org/artwork/artist/ana-mendieta

194 〈실루에타〉: "Untitled: Silueta Series," The Guggenheim Museums and Foundation, https://www.guggenheim.org/artwork/5221

196 "사고가 생겼는데요…… 아내도 예술가고 나도 예술가인데 우리가 좀 다퉜습니다": Quoted in Jan Hoffman, "Rear Window: The Mystery of the Carl Andre Case," *The Village Voice*, March 29, 1988

196 "칼이 미니멀리스트 재판을 받다": Hoffman, "Rear Window"

196~197 "센트럴 파크 살인 용의자 변호사 측 주장 '거친 섹스 도중 숨져'": Erin Jensen, "'Preppy Murder' spotlights Jennifer Levin, victim-blaming; would the case be different today?," *USA Today*, November 13, 2019

197 "그들은 유색인 예술가라는 이유로 아나를 비하했다": Judd Tully, April 26, 1988, https://juddtully.net/news/andre-acquitted/

197 "행위 예술과 대지 예술의 요소를 결합한 독창적이고 다소 병적인 스타일의 작품을 창조했다": Calvin Tomkins, "The Materialist," *The New Yorker*, December 5, 2011

199 눈물TEARS: From "Crying; A Protest," https://m.facebook.com/events/660897607355966/

200 "3시 15분 전시장 메인 룸에 들어갔을 때 집단 울음의 현장을 보았다": Marisa Crawford, "Crying for Ana Mendieta at the Carl Andre Retrospective," *Hyperallergic*, March 10, 2015, https://hyperallergic.com/189315/crying-for-ana-mendieta-at-the-carl-andre-retrospective/

9 나는 괴물일까?

203 "문화의 기록 중에 문화적인 동시에 야만적이지 않은 기록은 없었다": Walter Benjamin, "Theses on the Philosophy of History," in *Illuminations* (New York: Schocken Books, 2007), 256

206 "섹스를 위해 결혼을 포기하는 건 가치 있고": Sarah Manguso, *300 Arguments* (Minneapolis: Graywolf Press, 2017), 3

206~207 "복도에 있는 유모차보다 더 음울한 예술의 적은 없다": Cyril Connolly, *Enemies of Promise* (New York: Macmillan, 1948), 116

207 "작가들이 아내를 선택하는 기준은 돈도 예술적 취향도 아닌 미모이며": Connolly, *Enemies of Promise*, 115

208 "여성의 사생활을 존중하는 사람은 거의 없다. 아마도 50명 중에 한 명 정도일까?": Doris Lessing, *Under My Skin: My Autobiography to 1949* (New York: HarperCollins, 1994), 369

209 문이 닫힌 샤토 안의 그놈: Philip Larkin, *Collected Poems*, ed. Anthony Thwaite (London: Marvell Press and Faber & Faber, 1988), 202

210 "너무나 고달픈 일이고…… 내 주변 사람들과 나의 아이들도 고달프게 한다": Quoted in Kathy Sheridan, "John Banville: 'I have not been a good father. No writer is,'" *The Irish Times*, October 22, 2016

214 "내 인생에서 천재를 만난 적이 딱 세 번 정도라고 할 수 있는데": Gertrude Stein, *The Autobiography of Alice B. Toklas* (New York: Harcourt, Brace, 1933), 5~6

214 "나를 블랙홀로 만들려던 사람들": Kanye West, "Gorgeous," 2010, https://genius.com/Kanye-west-gorgeous-lyrics

218 "내가 느껴야 할 것 같은, 느껴야 한다고 배운 감정 말고": Ernest Hemingway, *Death in the Afternoon* (New York: Scribner, 1960), 2

218~219 "모티머 애들러는 위대한 책은 위대한 정신에 큰 유익을 주고": Suzanne Buffam, *A Pillow Book* (Marfa, Tex.: Canarium, 2016), 20

219 "남자는 자기가 구역질 나는 인간이라는 점을 만회하기 위해 위대한 천재가 되어야만 할 것이다": Elaine Showalter, "A Hemingway Tell-All Bares His Tall Tales," *The New York Times*, May 25, 2017

10 자녀를 유기한 엄마들

224 스물한 살 생일 2주 후에 나는 딸을 낳았다: Paula Fox, *Borrowed Finery* (New York: Henry Holt, 2001), 208

224 "남자들은 항상 그런 짓을 하고 있다": Jenny Diski, *In Gratitude* (London: Bloomsbury, 2016), 187

225 1949년 도리스 레싱은 첫 결혼에서 낳은 두 자녀를 남겨 두고: Alexandra Fuller, "First Person: Admiring Doris Lessing's Decision to Forgo an Ordinary, Decent Life," *National Geographic*, November 21, 2013

227 아마 6시 정도였을 것이다: Doris Lessing, *The Golden Notebook*, (New York: Perennial Classics, 1999), 318.; 『금색 공책』, 도리스 레싱 저, 권영희 역, 창비, 2019, 519쪽 번역 참조

228 오래전 마더 슈거와의 상담 중에 원망과 분노가 비개인적이라는 사실을 알게 되었다: Lessing, *The Golden Notebook*, 318~319.; 『금색 공책』, 도리스 레싱 저, 권영희 역, 창비, 2019, 520쪽 번역 참조

230 재닛이 방바닥에서 놀다 고개를 들고 말했다: Lessing, *The Golden Notebook*, 222.; 『금색 공책』, 도리스 레싱 저, 권영희 역, 창비, 2019, 377쪽 번역 참조

231 "나는 목숨을 걸고 탈출했다": Quoted in Martin Stannard, *Muriel Spark: The Biography* (New York: W. W. Norton, 2009), 77

232 "우리 아들이 나의 부모님과 함께 에든버러의 안정된 보금자리에서": Stannard, *Muriel Spark*, 137

232 뮤리얼은 시릴 코널리의 『약속의 적들』(1938)에서 묘사한: Stannard, *Muriel Spark*, 77

233 나는 술을 퍼마셔요. 그게 나를 때리는 방법이니까: Quoted in Linda Sexton, *Searching for Mercy Street* (Berkeley: Counterpoint, 2011), 228~229

236 "내가 정확히 언제부터 도리스 레싱의 집에서 살았는지 기억나지 않는다": Diski, *In Gratitude*, 63

237 "레싱의 제안은 누군가를 위해 시간을 내어주는 일이라기보다는": Diski, *In Gratitude*, 81

237 "내가 십 대를 벗어나기 전에 집에 오지 않았다면 분명 죽었을 거라고 단호하게 말했다": Diski, *In Gratitude*, 24

238 "거침없이 위험하게 사는 데다 활동하는 자궁을 가진 여자는 무엇이든 할 수 있다": Quoted in Diski, *In Gratitude*, 106

238 "내가 볼 때 도리스가 셋째 아이만 런던에 데려오고 나머지 두 아이는": Diski, *In Gratitude*, 191

239 고의적이었을까? 예술을 위해 반드시 필요했을까?: Diski, *In Gratitude*, 199.

247 'Little Green': Joni Mitchell, "Little Green," 1971, https://genius.com/Joni-mitchell-little-green-lyrics

247 "조니는 아기 입양 사연이 폭로되면 가수로서의 평판과 장례에 해가 될까 봐": Sheila Weller, *Girls Like Us: Carole King, Joni Mitchell, Carly Simon and the Journey of a Generation* (New York: Atria, 2008), 145

248 "나 스스로 가능할 줄 몰랐던 방식으로 그레이엄에게 마음을 바쳤고": Quoted in David Yaffe, *Reckless Daughter: A Portrait of Joni Mitchell* (New York: Sarah Crichton Books, 2017), 122

249 "내가 원치 않은 아이를 포기하고 그에 대해 아무것도 하지 못한다면": Weller, *Girls Like Us*, 145

249 "조니 자신도 아기를 잃은 것이 곧 노래의 시작과도 같다고": Weller, *Girls Like Us*, 146

250 "내 영웅들은 대체로 괴물이었고 안타깝게도 모두 남자였다": Quoted in Yaffe, *Reckless Daughter*, 344

251 "그녀가 로이 블루멘펠드, 레너드 코언, 데이비드 크로스비를 유혹했던 것처럼":

Weller, *Girls Like Us*, 278

252 "〈블루〉는 팝 음악에서 전례가 없을 정도로 개방적으로 자신을 다 보여 주는 앨범이었다": Quoted in Yaffe, *Reckless Daughter*, 141

253 "크리스를 비롯해 여기 온 모든 사람을 위해 용기 있게 말할게요": Brandi Carlile in *Joni 75: A Birthday Celebration*, Dorothy Chandler Pavilion, Los Angeles, 2018

255 "나는 종국에 내가 떠날 줄 알았다": Doris Lessing, *Under My Skin: My Autobiography to 1949* (New York: HarperCollins, 1994), 261

255 "지금도 옳은지 아닌지 모르겠지만 두 아이와 깨끗하게 헤어지는 편이 더 나았다고 느낀다": Lessing, *Under My Skin*, 401

11 여자 라자러스

262 "우리는 여자로 태어나는 것이 아니라 여자가 되는 것이다": Simone de Beauvoir, *The Second Sex* (New York: Knopf Doubleday, 1953), 267

263 "이 사회에서 삶은 기껏해야 지루하기 짝이 없고": Valerie Solanas, *SCUM Manifesto* (London: Verso, 2004), 35

264 "자기들이 쓰레기만도 못하다": Solanas, *SCUM Manifesto*, 39

264 "진정한 사회 혁명은 남성에 의해 이루어질 수 없다": Solanas, *SCUM Manifesto*, 54

265 모리스 지로디아스가 낸 광고를 발견했다: Breanne Fahs, *Valerie Solanas* (New York: The Feminist Press, 2014), 110

265 1968년 6월 3일: Fahs, *Valerie Solanas*, 132

266 솔라나스는 하루 종일 몇 군데를 들렀다: Fahs, *Valerie Solanas*, 132

268 "1990년대는 라이엇 걸스, 레즈비언 어벤저스": B. Ruby Rich, "Manifesto Destiny: Drawing a Bead on Valerie Solanas," *Voice Literary Supplement*, October 12, 1993, 16~17

270 "시를 읽는 한 방법은 다른 방법보다 작품을 더 선명히 조명한다": Ruth Padel, "Sylvia Plath: The idol, the victim—and the pioneer," *The Independent*, January 12, 2013

272 "지배적이고, 안전하고, 자신감 넘치고, 고약하고": Solanas, *SCUM Manifesto*, 70

273 "자신만의 어록과 함께 홀로 부유하는 사람": Avital Ronell, "Deviant Payback: The Aims of Valerie Solanas," in Solanas, *SCUM Manifesto*, 9

274 "자본주의의 종말보다는 세상의 종말을 상상하는 것이 더 쉽다": Mark Fisher, *Capitalist Realism: Is There No Alternative?* (Winchester, UK:

Zero Books, 2009), 1

276 "돈을 위해 일주일에 최대 두세 시간 이상 일해야 할 인간적 이유는 어디에도 없다": Solanas, *SCUM Manifesto*, 39

12 술꾼들

279 그는 오리건주 클래츠카니에서 태어나 워싱턴주 북동쪽 아래에 있는 야키마에서 유년 시절을 보냈다: Carol Sklenicka, *Raymond Carver: A Writer's Life* (New York: Scribner, 2009), 3~10

280 아내를 괴롭히는 남편이었다: Skenicka, *Raymond Carver*, 230, 279~281, 289

280 치코주립대학: Skenicka, *Raymond Carver*, 3

280 최초의 문학 스승인 존 가드너: Skenicka, *Raymond Carver*, 65

282 그는 부엌에 가서 술을 한 잔 더 따라 마신 후에: Raymond Carver, "Why Don't You Dance?," *Where I'm Calling From* (New York: Vintage Contemporaries, 1989), 155.; 『사랑을 말할 때 우리가 이야기하는 것』, 레이먼드 카버 저, 정영문 역, 문학동네, 2005, 9쪽 번역 참조

283 "그녀는 그 남자 이야기를 계속 했다. 만나는 사람마다 붙잡고": Carver, "Why Don't You Dance?," *Where I'm Calling From*, 161.; 『사랑을 말할 때 우리가 이야기하는 것』, 레이먼드 카버 저, 정영문 역, 문학동네, 2005, 19쪽 번역 참조

283 "우리는 부끄러운 줄도 모르고 그를 모방했다": Jay McInerney, "Raymond Carver: A Still, Small Voice," *The New York Times Book Review*, August 6, 1989

284 "내 손이 종이 위를 움직일 때 그의 손가락이": Carver, "Cathedral," *Where I'm Calling From*, 374.; 『대성당』, 레이먼드 카버 저, 김연수 역, 문학동네, 2019, 311쪽 번역 참조

284 "이거 진짜 놀랍네. 나는 말했다": Carver, "Cathedral," *Where I'm Calling From*, 374.; 『대성당』, 레이먼드 카버 저, 김연수 역, 문학동네, 2019, 311쪽 번역 참조

285 「그레이비소스」: Raymond Carver, *The New Yorker*, August 21, 1988

285 "많은 비평가가 그의 초기작과 후기작의 차이를 발견하고 전기적 측면에서 설명했다": D. T. Max, "The Carver Chronicles," *The New York Times Magazine*, August 9, 1998

286 "물은 다른 물과 같이 흐르는 법이지": Raymond Carver, "Where Water Comes Together With Other Water," in *Where Water Comes Together*

	With Other Water: Poems (New York: Vintage Books, 1985), 17
291	"우와, 운 좋네. 나는 생각했다": Raymond Carver, "Luck," *Fires* (New York: Vintage Books, 1984), 37
293	"문제는 대부분의 윤리학에서 가정하는 개인 책임 모델이": Mark Fisher, *Capitalist Realism: Is There No Alternative*? (Winchester, UK: Zero Books, 2009), 667
294	"모든 사람이 재활용해야 한다는 이야기를 듣는다": Fisher, *Capitalist Realism*, 66

13	사랑받는 이들
300	미는 우리가 좋아하는 것이다: Quoted in Saul Ostrow, "Dave Hickey," *BOMB* magazine, April 1995
301	과거 헤로인 중독자이며 포주였던: *SPIN* magazine interview, November 1985
301	열일곱 살에 한 아이의 아빠였던: Miles Davis and Quincy Troupe, *Miles: The Autobiography* (New York: Simon & Schuster Paperbacks, 2011), 46
301	빌리 엑스타인: Davis and Troupe, *Miles*, 49
301	찰리 파커를 만나: Davis and Troupe, *Miles*, 57
301	디지 길레스피 대신으로 들어갔다: Davis and Troupe, *Miles*, 68
301	"마음을 약하게 만드는 사운드다": George Avakian in the documentary *The Miles Davis Story* (2001), directed by Mike Dibb
303	"나는 사랑했다. 들었다. 아무리 들어도 또 듣고 싶었다": Pearl Cleage, *Mad at Miles: A Blackwoman's Guide to Truth* (Cleage Group, 1990), 40
303	"보헤미안 여자 시절, 결혼 생활 10년 만에 다시 싱글 시절": Cleage, *Mad at Miles*, 40
306	인간의 귀를 뚫고 들어간 소음들 가운데 베토벤의 '5번 교향곡'이 가장 숭고하다는 말은: E. M. Forster, *Howard's End* (New York: Knopf, 1948), 38.; 『하워즈 엔드』, E. M. 포스터 저, 고정아 역, 열린책들, 2010, 45~46쪽
307	"나는 고백하련다. 나는 수없이 많은 밤에": Cleage, *Mad at Miles*, 40
307	"와인을 차갑게 식힌다": Cleage, *Mad at Miles*, 40
307	"그들은 내가 과연 흑인 남성에 대한 그러한 '부정적 이미지'의 위험을 이해하는지": Pearl Cleage, *Deals with the Devil* (New Ballantine, 1993), 22
308	"나는 순수했다. 친구는 어떤 음악이든": Cleage, *Mad at Miles*, 42
308	"때렸다": Davis and Troupe, *Miles*, 366
308	"나는 사실 내 인생에서 도망치고 있었다. 한 번 이상 그랬다": "Wrestling with Davis and His Demons," *The New York Times*, November 16, 2006

308 "프랜시스는 스타였고 슈퍼스타가 되는 길 위에 올라가 있었다": Davis and Troupe, *Miles*, 228

309 "우리가 이제 '마일스 초기 앨범'의 리듬을 사랑할 수 있을까?": Cleage, *Mad at Miles*, 41

310 "당신이 1990년에 마일스와 여성들과의 관계를 자세히 다룬 책": Richard L. Eldredge, "Q&A with Pearl Cleage," *Atlanta* magazine, September 1, 2012

310 "아니다. 전혀 죄책감을 가질 필요 없다": Quoted in Eldredge, "Q&A with Pearl Cleage"

313 "처음에 무엇이 문제인지 알아내고 같은 문제가 반복된다": Mary Karr, "Writers on Writing" podcast hosted by Barbara DeMarco-Barrett

313 "문제는 당신 엄마가 벽돌로 당신 머리를 때린 것이 아니다": Karr, "Writers on Writing" podcast

315 "개인의 삶에서 그 어떤 계약과 상관없이 한쪽 당사자가": Gillian Rose, *Love's Work* (New York: Vintage, 1997), 54~55

315 "제발 다음에는 그의 인품과 성격이 그의 음악만큼 사랑스러워져서": Quoted in Eldredge, "Q&A with Pearl Cleage"